© 2018 Buzz Editora

Publisher ANDERSON CAVALCANTE
Editora SIMONE PAULINO
Assistente editorial SHEYLA SMANIOTO
Projeto gráfico ESTÚDIO GRIFO
Assistentes de design LAIS IKOMA, STEPHANIE Y. SHU
Revisão ELOAH PINA, JORGE RIBEIRO

Dados Internacionais de Catalogação na Publicação (CIP)
(Câmara Brasileira do Livro, SP, Brasil)

Gallagher, Leigh
    A história da Airbnb: como três rapazes comuns agitaram uma indústria, ganharam bilhões... e criaram muita controvérsia / Leigh Gallagher
    Tradução: Santiago Nazarian
    São Paulo: Buzz Editora, 2018.
    264 pp.

ISBN 978-85-93156-38-0

1. Airbnb (firma) 2. Hospedagem 3. Indústria da hospitalidade I. Título.

18-12682   CDD-647.94

Índices para catálogo sistemático: 1. Airbnb: Meios de hospedagem: História 647.94

Todos os direitos reservados à:
Buzz Editora Ltda.
Av. Paulista, 726 – mezanino
CEP: 01310-100 São Paulo, SP

[55 11] 4171 2317
[55 11] 4171 2318
contato@buzzeditora.com.br
www.buzzeditora.com.br

A história da Airbnb

Como três rapazes comuns agitaram uma indústria, ganharam bilhões... e criaram muita controvérsia

Leigh Gallagher

*Para Gil, Zeb, Anna, Noa
e Ava, os derradeiros
compartilhadores de lares.*

Introdução 9

1   **A aposta** 21
2   **Construindo uma empresa** 55
3   **Nação Airbnb** 81
4   **O feio e o sujo** 105
5   **A ira do Air** 132
6   **Hospitalidade renovada** 166
7   **Aprendendo a liderar** 190
8   **E o próximo passo?** 220

Epílogo 241
Agradecimentos 247
Notas 251

Introdução

Brian Chesky e eu sentávamos frente a frente nas luxuosas poltronas aveludadas, de costas altas, do saguão do bar do hotel Fairmont, de São Francisco.

Era começo de novembro de 2015 e estávamos lá para que eu pudesse conversar com ele sobre a ideia de escrever um livro a respeito de sua empresa Airbnb, a plataforma de "compartilhamento de lares", usando o termo que a empresa teve tanto sucesso em popularizar. Havia certa ironia no fato de estarmos num hotel, e não era um hotel qualquer: era exatamente o local que promoveu uma conferência internacional de design em 2007, que esgotou a capacidade hoteleira de São Francisco e deu a Chesky e seu cofundador, Joe Gebbia, a ideia bizonha de alugar colchões infláveis no chão de seu apartamento de três quartos no bairro de South of Market.

Na verdade, a menos de dez metros de onde sentávamos, Chesky havia caminhado até um dos designers que ele mais respeitava para contar essa nova ideia de negócio, só para que fosse tomada como ridícula. ("Espero que não seja a única em que está trabalhando" foram as palavras dele). Esse comentário marcou o começo de um longo período de rejeições e gozações. Mas também marcou o começo da Airbnb, a empresa que Chesky agora comanda, um rolo compressor com valor de u$30 bilhões no capital privado, algo como 140 milhões de "desembarques de hóspedes", para usar o termo da empresa para verificar os viajantes que reservam em sua plataforma, um inventário de três milhões de inscrições oferecendo acomodações. (Uma nota sobre a medição: o termo "desembarque" se refere ao número de pessoas que chegaram a um destino da Airbnb para uma nova viagem, um termo que a empresa usa para ser consistente com padrões internacionais de turismo; este livro irá assim se referir a esse número como "desembarques de hóspedes" ou "hóspedes".) Nesse momento, Chesky frequenta hotéis apenas para reuniões, e ele veio a esse para participar do Fórum Fortune Global, uma reunião anual para CEOs de todo mundo, organizada pelo lugar para onde trabalho. A palestra de Chesky estava marcada entre a do antigo Secretário de Defesa dos EUA, Leon Panetta, e a de Jamie Dimon, CEO da J.P. Morgan Chase. Chesky e eu nos reencontramos depois no saguão para conversar sobre o projeto que eu propunha. Achei que ele estaria aberto à minha ideia, e estava – mas com certas reservas. "O problema do livro é que é uma impressão fixa de uma empresa num momento particular", disse ele, pensando um pouco sobre o assunto. Eu não estava certo de onde ele queria chegar, então pedi que se explicasse melhor. "Tenho 34", ele continuou, "nossa empresa é jovem. Vamos fazer muito mais daqui para frente". Seu argumento era de que o jogo mal havia começado. O que quer que eu publique em 2017 sobre a Airbnb, disse ele, ficará rapidamente ultrapassado, mas ainda assim será o que os leitores vão lembrar. Como ele apontou, a mídia já estava desatualizada: "O que as pessoas acham da Airbnb hoje é o que éramos há dois anos", disse ele.

A ideia refletia tanto a ambição de Chesky como seu pragmatismo. Mas ele disse que estava disposto a cooperar com o livro e confiava em mim para fazer da forma certa. A reunião levou dez minutos. Foi um bom dia: na noite anterior, depois de um voo adiado, a Airbnb conseguiu evitar um plebiscito em São Francisco para limitar dramaticamente suas operações. Chesky logo partiria para Paris para a Airbnb Open, a comemoração anual da empresa para seus "anfitriões" – aqueles que entregam o produto sobre o qual a plataforma Airbnb se baseia. Enquanto deixávamos o saguão, ele falava com entusiasmo sobre o que a empresa havia planejado: numa única noite, centenas de anfitriões parisienses se programaram para abrir seus lares a um grupo, em uma série de jantares coordenados por toda a cidade luz. "Será um dos maiores jantares simultâneos do mundo", dizia ele empolgado.

E com isso o bilionário de 34 anos deixou o recinto.

A primeira vez que eu ouvi sobre a Airbnb foi em 2008. Naquela época, eu comandava a seção da revista *Fortune* que cobria o lado mais esdrúxulo dos negócios, e ouvimos sobre alguns empreendedores toscos que tinham conquistado certa atenção durante a eleição presidencial de 2008 por vender pelas ruas caixas fictícias de cereais para colecionadores, chamadas Obama O's e Cap'n McCain's. Eram recém-formados da Escola de Design de Rhode Island tentando divulgar sua startup recém-criada, a AirBed & Breakfast, que alugava dormitórios em suas casas para quem precisasse de um lugar para ficar. Achei que a ideia do negócio em si não era nenhuma novidade, mas o truque do cereal era ousado e conquistou certa atenção internacional, então fizemos um artigo curto para a *Fortune*. Mas não levei muito tempo nisso.

Um ou dois anos depois, a empresa começou a criar um burburinho, aparecendo no radar de nossa equipe de tecnologia. Alguém apontou internamente que era uma empresa a se observar. Espera aí, pensei, *aqueles* caras? Eu não me envolvia com a cobertura de tecnologia da *Fortune*, o que significava que nem sempre eu sabia do que eu estava falando, quando se tratava de empresas vindas do Vale do Silício. Mas também achava que essa distância me dava uma perspectiva saudável sobre a euforia cheia de si que parecia emanar daquela região. Como guardiã da lista de "40 com menos de 40" da *Fortune*, eu também estava acostumada com alegações esbaforidas de empresas que diziam que mudariam o mundo dali a um ano, apenas para caírem na real em seguida. Às vezes, eu nutria certo prazer em apontar que determinadas ideias eram superestimadas ou pretensiosas. Eu achava que essa nova empresa era um desses casos.

Fiz uma lista mental de outras empresas que já existiam e ofereciam a habilidade de alugar a casa ou um cômodo de alguém: HomeAway.com, vrbo.com, Couchsurfing.com, BedandBreakfast.com. Eu me perguntava como essa nova empresa poderia ser diferente. Eu me lembro de me queixar para um colega: o que dá nessas startups tecnológicas que acham que podem pegar uma ideia velha e nada original, lustrá-la com um site moderninho, minimalista, com bom design, e relançá-la no mercado como algo novo?

Mas essa empresa seria diferente de todas as outras, e em pouco tempo isso ficaria claro. Logo, a Airbnb havia se tornado "algo". Você podia alugar a casa de alguém por uma noite, mas as pessoas também começaram a inscrever lugares mais esdrúxulos: uma casa na árvore, uma casa-barco, um castelo, uma tenda. Os millennials são especialmente atraídos por essa nova maneira de viajar, que é ao mesmo tempo acessível e aventureira; você pode ficar na casa de pessoas em bairros distantes da área convencional de turismo e encontrar almas com mentalidade parecida, por muito menos do que o preço de um hotel. Inscrições e reservas começaram a bombar. Já em 2011, a Airbnb levantou U$112 milhões através de financiadores, foi avaliada por investidores por mais de um bilhão e reservou um milhão de estadias em sua plataforma. Nos próximos anos, deixaria esses números na poeira: um milhão de reservas se tornou cinco, dez, quinze, então 140 milhões de "desembarques" no final de 2016 – e uns setenta milhões apenas nos últimos doze meses. Seu valor saltou de dez bilhões, para U$25 bilhões e para U$30 bilhões, posição enquanto escrevo este texto. Ainda assim a empresa tem pouca visibilidade e pouca penetração no mercado imobiliário. Analistas preveem que ela vai crescer muito mais do que é hoje. É difícil olhar para um fenômeno com esse tipo de crescimento sem tentar entender como ele decolou. Parte do motivo foi econômico: vindo da Grande Recessão, ofereceu uma forma para gente comum ganhar dinheiro com sua casa e uma forma muito mais acessível de viajar. Seus primeiros usuários foram millennials que, em número cada vez mais crescente, se tornavam moradores de apartamentos – mas, curiosamente, a idade média de um anfitrião nos Estados Unidos é de 43 anos. Conforme a renda foi diminuindo nos anos recentes e os preços de imóveis começaram a subir, qualquer um poderia monetizar seu lar via Airbnb, mesmo que não fosse dono. O anfitrião médio dos EUA faturou cerca de seis mil por ano em 2015, mas muitos ganham muito mais do que isso (como "compartilhamento de lares", os termos "anfitrião" e "hóspedes" favorecem a Airbnb, mas foram amplamente adotados como padrão, então uso aqui sem ironia). Viajantes adoram isso, tanto pelo preço como pela possibilidade de uma experiência única. Estudos mostram que, embora muitos ainda não tenham usado a Airbnb, quando usam, eles frequentemente se tornam usuários regulares.

Mas a Airbnb tocou em algo maior do que preços baixos e abundância de vagas disponíveis. Oferecia uma experiência especial e diferente. Mesmo suas imperfeições se alimentavam de um desejo crescente por uma experiência de viagem que parecia menos comprometida e mais "artesanal" do que ficar num hotel padrão. Também abriu acesso para bairros diferentes das tradicionais zonas turísticas, então você poderia ter uma experiência que parecia mais local, uma vantagem que a Airbnb enfatiza bem. Esses elementos foram particularmente poderosos para os millennials, que exibem uma insatisfação crescente com grandes marcas e possuem um senso de aventura maior, e que cresceram tão acostumados a interações exclusivamente digitais que se aventurar no lar de alguém que eles conheceram on-line não seria exagero. Muitos de nós achamos essas características atraentes também.

Mas essa oportunidade recém-descoberta de ficar na casa de outra pessoa também alimentava uma necessidade maior: uma experiência que oferecia mais contato humano. Ficar num Airbnb ou receber alguém na sua casa é uma troca altamente íntima; mesmo que a pessoa que more lá não esteja lá, ela preparou uma experiência para você e se esforçou por você. Entrar hesitante no espaço particular de alguém, no canto de uma cidade ao qual você não teria acesso normalmente, pode mesmo dar a sensação de ter se conectado a outra pessoa, ainda que de leve. Se o morador estiver lá, essas circunstâncias podem frequentemente ser mais intensas. (Um dos primeiros slogans da empresa, que ainda é usado hoje, é "viaje como humano".)

Claro, as coisas podem dar errado, e dão. Mas toda vez que dão certo – na maioria das vezes – geram um pequeno voto de confiança na humanidade. E isso acontece numa época em que nossa sociedade se tornou mais desconectada do que nunca, com número recorde de gente morando sozinha, passando mais tempo isolada em seus carros, espalhada em lares suburbanos, perdida no trabalho, ou simplesmente vagando por aí de cabeça baixa e fones de ouvido.

A Airbnb tem um lema para isso: a missão da companhia é "pertencer a qualquer lugar", conquistada incansavelmente. Diz que sua plataforma permite uma experiência "transformadora", chamada de "jornada de transformação em pertencer a qualquer lugar." O idealismo exagerado da empresa é fácil de ser desprezado, mas a experiência que oferece trata de algo que foi perdido conforme nos tornamos mais distantes uns dos outros.

Ficar num espaço único, autêntico, que foi preparado para você por uma pessoa real – mesmo que seja por uma empresa de gerenciamento residencial, o que a Airbnb mais tem hoje em dia, especialmente em destinos tradicionais de férias – toca algo que talvez não tivéssemos consciência de que sentíamos falta.

Claro, nem todo mundo se sente assim e o crescimento da Airbnb não surge sem complicações. Em muitas cidades e subdistritos ao redor do mundo a atividade principal proporcionada pela Airbnb – indivíduos alugando alguns ou todos os seus lares para outros indivíduos por um curto período – é ilegal. As leis variam de cidade a cidade e de país a país, mas conforme a Airbnb cresce, também cresce a oposição de críticos que começaram a usar essas leis para tentar restringir essa enorme agitação na frente da casa deles. A luta uniu uma estranha colisão de políticos liberais, o lobby imobiliário, sindicato de trabalhadores e a indústria hoteleira, em que qualquer menção à Airbnb se tornou agora uma fonte de atrito. Associações de condomínios e residentes de muitas cidades, por sua vez, protestaram contra o desfile de visitantes que a Airbnb criou de uma hora para a outra em seus edifícios e as mudanças que trouxe aos bairros. Entre outras coisas, os opositores dizem que a Airbnb está cheia de agentes imobiliários profissionais que acumularam habitações para usá-las em uso integral no Airbnb. Eles alegam que isso mantém o imóvel fora do mercado e piora a crise de habitação acessível em muitos lugares. Num punhado de cidades, incluindo Nova York e São Francisco, estão legislando para conter o crescimento da empresa. E quanto maior a Airbnb fica, maior e mais dura é a briga.

Com o passar dos anos, a Airbnb também lidou com as consequências indesejadas de juntar estranhos, incluindo roubos, ataques e falta de responsabilidade por parte dos anfitriões, que levaram a acidentes trágicos do pior tipo. Nos anos recentes, a empresa teve de confrontar outro mal: a presença de discriminação racial e de outras naturezas em sua plataforma.

Talvez isso não devesse surpreender ninguém. Quando você cria um mercado aberto que permite que as pessoas se encontrem umas com as outras, o que está na sociedade se refletirá na plataforma. A empresa construiu sua marca baseada na bondade de estranhos, mas apesar do que a Airbnb gostaria de acreditar, nem toda humanidade é boa. Manchetes como essas alimentaram um tipo de histeria na mente daqueles cuja única experiência com a empresa é o que veem nos jornais. "Melhor você escrever sobre isso antes que venha abaixo", me alertou uma pessoa para quem contei sobre este projeto. No auge da controvérsia de discriminação, recebi uma mensagem de voz severa do meu pai: "Espero que o motivo pelo qual você não está atendendo seja porque você está ouvindo a reportagem neste momento na NPR sobre como a Airbnb discrimina os negros." (A Airbnb não estava discriminando – gente na plataforma é que estava – mas a Airbnb demonstrou falta de habilidade para prever essas grandes questões, de maneira que muitos acharam que a crítica era válida.)

Mas, ao mesmo tempo, o uso da Airbnb explodiu muito além da população de millennials. Hoje em dia, a Airbnb é usada pelos *baby boomers*, gente mais velha, e tantos outros – incluindo celebridades como Gwyneth Paltrow e Beyoncé – que alguns de seus primeiros usuários, aqueles que se consideram pioneiros de um experimento social de ponta, agora acham que ficou mainstream demais.

E, goste-se ou não, a Airbnb conquistou nossa imaginação. Tornou-se parte do *zeitgeist*. Foi piada no programa *Saturday Night Live*. Entrou na trama da série *Silicon Valley*, da HBO. Foi uma resposta do programa *Jeopardy!* Uma comédia romântica com a trama de uma identidade errada de anfitrião provocando altas confusões não deve demorar a ser lançada. Foi usada por marqueteiros para criar extensões espertas de marca: por algumas semanas antes do filme mais recente das *Tartarugas Ninja* estrear em 2016, uma entrada mostrava no Airbnb a verdadeira "toca" das tartarugas, um apartamento em Tribeca que os produtores do filme, Nickelodeon e Paramount Pictures, converteram num esconderijo temático. E pode ser um mostruário para criatividade individual: durante uma nevasca épica que cobriu o nordeste dos EUA em 2016, um hipster ousado do Brooklyn construiu e registrou um "Iglu de Inverno Boutique para 2" no site. ("Este refúgio sedutor está coberto de criatividade e de uma aura alternativa em

Nevepocalipse", escreveu ele. A Airbnb removeu a inscrição porque não podia ser registrada, mas deu um cupom de cinquenta dólares ao hipster pela criatividade.)

A ideia básica por trás do que a Airbnb está fazendo não é nada nova. Chesky gosta de apontar que a única pessoa que não disse a ele que o Airbnb era uma péssima ideia no começo foi seu avô, que, ao ouvir o que seu neto estava fazendo, apenas assentiu e disse: "Ah, claro. Era como costumávamos viajar."

É verdade: seja como inquilinos, hóspedes, babás ou outra categoria, muitas pessoas podem dizer que ficaram em algum tipo de "compartilhamento de lar" muito antes da Airbnb ou mesmo antes da internet. Muitas pessoas conhecidas da história foram, no seu tempo, o equivalente dos usuários da Airbnb. Do começo de outubro até 22 de novembro de 1963, Lee Harvey Oswald pagou oito dólares por semana por um quarto de hóspedes numa residência no bairro Oak Cliff em Dallas (a casa agora é um museu que pode ser visitado). Isadore "Issy" Sharp, fundador e presidente da cadeia de hotéis Four Seasons, disse que experimentou a hospitalidade pela primeira vez, quando seus pais aceitaram inquilinos, enquanto ele crescia no gueto judaico de Toronto. Warren Buffett também diz que por muitos anos sua família recebeu com frequência viajantes como hóspedes em casa – incluindo George McGovern, quando estava fazendo campanha para presidente. Há até uma página da Wikipédia para "compartilhamento de lares", mas Airbnb não é nem citada como referência.

Meu namorado, criado por mãe solteira na cidade de Nova York, cresceu acostumado a ter uma série de hóspedes no segundo quarto da casa. Uma década depois, ele mesmo colocaria isso em prática, enchendo seu apartamento de três andares no Brooklyn com dois ou mais inquilinos estudantes ao mesmo tempo. Eu logo conheci Lucien, o especialista do momento, que ocupou o quarto do andar de baixo, e Gallagher Ariane, o estudante de cinema francês no quarto vago de cima, assim como a comida compartilhada na geladeira e seus estranhos artigos de higiene nos banheiros. Todo aquele espaço extra podia ser usado, meu parceiro dizia, e ele gostava mesmo de ter estudantes globais por perto para ter conversas interessantes e uma perspectiva mais ampla.

E claro, há os aluguéis de curto prazo das férias modernas, que existem há décadas, sejam executados por grandes nomes como HomeAway ou VRBO ou por lugares de nicho como BedandBreakfast.com, ou antes disso, anúncios no Craigslist ou em classificados de jornal. "Um dos elementos registrados de seção de economia é que as ideias em si não são novas", diz Arun Sundarajan, professor da Universidade de Nova York e autor do livro *The Sharing Economy: The End of Employment and the Rise of Crowd-Based Capitalism* ["Economia compartilhada: O fim do emprego e o surgimento do capitalismo com base em pessoas."]

Porém o que é novo e o que a Airbnb fez especificamente foi jogar fora as barreiras e construir uma plataforma fácil, amistosa, convidando todos a fazerem isso. Diferentemente de outros websites, as inscrições na Airbnb são feitas para demonstrar as personalidades dos locatários; a companhia investiu em serviços profissionais de fotografia para se certificar de que os espaços parecessem luxuosos e convidativos; e as buscas, mensagens e pagamentos ficam todos lá, integrados, sem atritos. (Muitos sugerem que a Airbnb não é uma empresa de tecnologia, uma vez que opera em lares e espaços, mas uma das engenharias de infraestrutura *back-end* mais sofisticadas do Vale do Silício.)

A empresa construiu uma série de ferramentas para reforçar a confiança, como resenhas de mão dupla, que podem ser preenchidas apenas por clientes pagantes que completaram a estadia, e um sistema comprovado de identidade. E um dos maiores motivos, porém menos discutido, que torna a Airbnb tão diferente é que ela é urbana. Antes dela, a maioria das empresas de aluguéis de casa se focava em lares secundários ou entradas em destinos tradicionais de férias e lazer. Apesar de toda a atenção dedicada a casas de árvores e barcos no site, a maioria das inscrições da Airbnb são quitinetes (ou studios) e apartamentos de um ou dois quartos, o que a torna tão atraente para tantos viajantes – e tão ameaçadora para empresas hoteleiras. A Airbnb convida gente do dia a dia a lucrar com seu espaço – mesmo que você só tenha uma quitinete alugada –, e isso tem um impacto transformador tanto para os que alugam quanto aos que viajam. Era urbano, fácil, e millennial; e, em mercados on-line, aumento gera aumento, então quando chegou a certo tamanho, seu domínio se tornou difícil de vencer.

Se a Airbnb mexeu com os hotéis, as viagens, o espaço e a confiança, também mexeu com a teoria do gerenciamento convencional. Um dos aspectos únicos do sucesso da empresa é a total falta de experiência corporativa de seus fundadores, quando eles começaram – e o acelerado período no qual Chesky, Gebbia e Nathan Blecharczyk (que Chesky e Gebbia trouxeram depois daquele primeiro fim de semana, como seu terceiro cofundador técnico) tiveram de aprender a se tornar líderes. Rapidamente tornaram-se uma empresa adulta com valores e expectativas de adulto – e problemas de adulto. Ainda assim, diferentemente de outras empresas que cresceram até esse tamanho apenas para fazer a equipe de fundadores se separar ou um "gerenciamento profissional entrar", os três líderes da Airbnb ainda estão juntos, bem no controle do foguete que eles construíram.

A evolução foi mais flagrante para Chesky, agora com 35 anos, o CEO da empresa. Caindo de paraquedas, ele não apenas não tinha nenhum conhecimento de negócios, como também não tinha talento técnico para construir nada além de um website básico – ele teve de evoluir rapidamente de não conhecer nada de investidores e *slide decks* a conduzir uma empresa de U$30 bilhões com mais de 2,5 mil empregados.

Mas, embora Chesky receba o grosso do crédito, a Airbnb nunca teria existido sem a combinação de seus três fundadores. Gebbia, também com 35, é um designer ousado com ideias firmes que denota um talento para empreendedorismo desde a infância. Blecharczyk, que tem 33, é um engenheiro excepcionalmente talentoso que conquistou U$1 milhão construindo e vendendo softwares on-line, enquanto ainda estava no colégio, e que construiu sozinho a espinha dorsal e a infraestrutura de muito do sucesso da Airbnb. Os três são diferentes em quase tudo, e conforme Chesky subiu como líder da empresa, nos anos recentes Gebbia e Blecharczyk abriram seus próprios caminhos e se estabeleceram em papéis de liderança adequados a suas próprias qualidades.

Enquanto este livro ia para o prelo, a empresa preparava um grande anúncio que Chesky prometeu ser o movimento mais significativo na vida recente da Airbnb, e que marcaria o começo de um reposicionamento dramático: uma jogada ambiciosa além das acomodações para "o resto da viagem", com uma série de novos produtos, ferramentas e experiências. Em vez de apenas agendar uma estadia numa casa, a Airbnb agora almeja ser uma plataforma para atividades únicas e superlocais, como treinamento com ultramaratonistas no Quênia ou podar árvores bonsai com entusiastas disso na cidade onde você mora. Eles querem fornecer reservas de restaurantes, transporte terrestre e, em breve, transporte aéreo. É um movimento ousado e uma enorme linha nova de negócio para uma empresa tão jovem – especialmente para uma cujo negócio central está quase dobrando a cada ano.

De fato, a Airbnb está crescendo e mudando tão rápido que depois deste livro ser impresso e publicado, e daí para frente, outras grandes mudanças virão. Apenas no final do processo de escrita eu comecei a entender o que Chesky queria dizer, quando me sentei com ele naquele dia no Fairmont. Quando aprendi mais sobre esses novos negócios, brinquei com Chesky que o negócio básico da Airbnb de oferecer acomodações começou a parecer "velho". Ele olhou bem sério para mim, apontou em direção à apresentação que havia acabado de me mostrar e disse: "Espero que *isso* logo seja a 'velha' Airbnb".

Para esses três fundadores, criar e desenvolver a Airbnb não foi fácil, e não veio sem grandes solavancos no meio do caminho. E muito mais virá: as batalhas legais estão longe de terminar, bem como mais histórias ruins e mais exemplos do terrível comportamento humano. Os fundadores se deparam com grandes testes no futuro conforme expandem em novos negócios – e conforme preparam a empresa para uma eventual comercialização na bolsa. Até agora, a empresa foi capaz de se manter naquele equilíbrio delicado entre crescimento em escala e preservar sua "missão", muito porque fez sua escolha de investidores apenas entre aqueles que compartilham de seu horizonte de longo prazo. Mas conforme se encaminha para a estreia na bolsa, a empresa será forçada a descobrir como manter seu propósito original, enquanto administra a pressão de grandes investidores institucionais incapazes de serem escolhidos a dedo.

O que quer que aconteça, a Airbnb já teve um impacto enorme e duradouro. Estabeleceu recordes de crescimento rápido e mexeu com a noção do que é necessário para comandar uma empresa de U$30 bilhões. Redefiniu como olhamos para o espaço ao nosso redor e como vemos o outro. Modificou a forma como viajamos, abrindo um novo mercado para "acomodações alternativas" que está atraindo o interesse de dúzias de emergentes, assim como das maiores empresas hoteleiras. E agora, a Airbnb almeja mudar a maneira como vivenciamos novos lugares e como vivemos nossa vida em casa. Fez tudo isso indo contra todas as perspectivas, depois de tanta gente dizer não, e com forças tradicionais bem estabelecidas da indústria jogando toda a força contra ela. E tudo porque três caras com pouca experiência tiveram uma ideia estranha e audaciosa. A história de como Chesky, Gebbia e Blecharczyk chegaram tão longe é algo que vai ficar. Também deve ser tomada como um relato inspirador para qualquer um com uma ideia ousada que ouviu que ela nunca iria funcionar.

    Esta é a história deles.

1
A aposta

Preciso te dizer uma coisa.
Vamos começar uma empresa um dia,
E vão escrever um livro sobre ela.
JOE GEBBIA

A história básica de como a Airbnb surgiu já é um fato conhecido no Vale do Silício e além: em outubro de 2007, dois formandos desempregados da Escola de Artes que moravam num apartamento de três quartos em São Francisco, precisando pagar o aluguel, decidiram, do nada, alugar alguns colchões infláveis durante uma grande conferência de design que seria realizada na cidade e que havia lotado os hotéis. Em certos círculos essa história já conquistou o mesmo status místico de algumas histórias lendárias de fundações que aconteceram antes: quando Bill Bowerman derramou uretano líquido na máquina de waffle de sua esposa, criando o sapato Nike com sola de waffle; ou quando Bill Hewlett e Dave Packard construíram um oscilador de áudio na garagem agora famosa de Packard.

Na verdade, a história da Airbnb começa anos antes, a quatro mil e quinhentos quilômetros de distância, em Providence, Rhode Island, numa quitinete no campus da Escola de Design de Rhode Island, a RISD, no verão de 2004. Brian Chesky, recém-formado, e Joe Gebbia, no quarto dos cinco anos de graduação dupla em design gráfico e industrial, fizeram parte de um projeto de pesquisa financiado pela RISD em parceria com a Conair Corporation, a empresa mais conhecida por seus secadores de cabelo e outros produtos de cuidados pessoais. As empresas com frequência se juntam à RISD para ter acesso aos seus estudantes de design. Sob esse programa particular, Conair contratou o colégio, que incumbiu um grupo de estudantes essencialmente a trabalhar exclusivamente em criar produtos para a empresa durante seis semanas. A maior parte do trabalho aconteceria no campus da RISD, mas a empresa ficaria com os direitos para os produtos e os alunos teriam uma experiência real de trabalho e um salário. No fim do período, eles apresentariam suas ideias para os executivos da Conair. Os alunos trabalhavam em duplas, e Chesky e Gebbia decidiram se juntar. Eles já se conheciam bem, tendo se aproximado por um interesse mútuo em esportes. Chesky liderava o time de hóquei no gelo da RISD e Gebbia havia fundado o time de basquete. Dizer que esporte era algo secundário para o corpo estudantil da RISD é ser generoso, mas, determinados a melhorar a imagem de suas equipes, os dois criaram um ambicioso plano de marketing: eles levantaram verbas, elaboraram uma programação, desenharam novos uniformes e prepararam outros floreios criativos – incluindo o uso liberal de humor tosco de banheiro – para dar aos times um clima de irreverência. Conseguiram: os jogos da RISD se tornaram eventos populares entre o corpo estudantil e até atraíram alunos vizinhos da Universidade Brown e o então colorido prefeito da cidade, Buddy Cianci, que concordou em ser "técnico honorário" do time de hóquei. "Acho que foi um dos maiores desafios que se poderia encarar", Gebbia disse posteriormente ao *Fast Company*. "Como você consegue levar alunos de artes para um evento esportivo numa noite de sexta?"

Mas apesar de toda a travessura, o estágio na Conair marcou a primeira vez que Chesky e Gebbia trabalharam juntos num projeto de design. A equipe de estudantes viajava de ônibus para os escritórios da Conair em Stamford, Connecticut, uma vez por semana, para briefings com a equipe de marketing da empresa, e então se refugiava nas oficinas da RISD para trabalhar em seus designs. Gebbia e Chesky trabalhavam duro e frequentemente ficavam acordados a noite toda na quitinete. Eles deixaram a cabeça pirar, mas somente no momento em que tiveram de apresentar suas ideias perceberam o quão loucos estavam. Enquanto o resto das duplas apresentava desenhos diferentes para secadores de cabelo, Chesky e Gebbia propunham uma visão diferente para a empresa, oferecendo produtos fora da caixa como uma camisa feita de sabão que derretia ao lavar. "O olhar no rosto deles dizia tudo", disse Gebbia sobre os executivos da Conair. O gerente de marketing do projeto disse a Chesky que ele havia bebido café demais. "Mas eu não tinha bebido nada", diz Chesky. Para ambos, foi uma epifania, não pelos secadores de cabelo, mas pelo que eles podiam criar quando juntavam suas ideias. "Continuávamos criando em cima das ideias um do outro", diz Chesky. "Quando nos juntávamos, Joe e eu, as ideias ficavam maiores, não menores." Gebbia sentia a mesma coisa: "Tinha a impressão que 'ok, quando [Brian e eu] nos juntávamos na mesma sala e trabalhávamos numa ideia, podíamos fazer coisas diferentes dos outros."

Gebbia já sabia disso. No mês anterior havia sido a cerimônia de formatura de Chesky. Um evento memorável: Chesky tinha sido escolhido pelo corpo estudantil para fazer o discurso de abertura e dera um show, subindo no palco ao som de Billie Jean, de Michael Jackson, tirando sua toga para revelar uma jaqueta branca e dançar ao estilo de Michael na frente da multidão, antes de assumir o pódio. Alguns dias depois disso, Gebbia convidou seu bom amigo e colega para comer uma pizza. O tempo deles juntos no campus logo iria acabar, e Gebbia precisava contar um pressentimento que tinha: "Preciso te contar uma coisa", ele disse. "Vamos começar uma empresa um dia, e vão escrever um livro sobre ela."

Chesky gostou da ideia. ("Ele olhou para mim e meio que riu", diz Gebbia.) Mas, apesar do que eles posteriormente chamariam de "momento Casablanca", Chesky sabia que precisava seguir com sua vida e encontrar um trabalho de respeito. Afinal, não era essa a questão? Tendo crescido no interior do estado de Nova York, Chesky era filho de dois assistentes sociais que trabalharam duro para dar aos filhos a liberdade de seguir quaisquer paixões e hobbies que quisessem. Sua mãe, Deb, agora levantadora de fundos para o Instituto Politécnico Rensselaer, e seu pai, Bob Chesky, aposentado em 2015, após trabalhar para o estado de Nova York por quarenta anos, apoiavam os interesses do filho na arte; a professora de artes de Chesky, na escola, havia dito a eles que achava que ele seria um artista famoso um dia. E seus pais ficaram empolgados quando ele entrou na RISD. Mas tinham consciência das propostas de trabalho que seu filho teria com um diploma em arte. ("Tínhamos medo de que ele passasse fome como artista", diz Deb Chesky.) Para não decepcioná-los, Chesky trocou de especialização na metade do curso da RISD, de ilustração para design industrial, precisamente porque isso abriria um mercado de trabalho bem maior. Então Chesky e Gebbia disseram adeus e, ainda que tivessem se reunido brevemente para o programa da Conair, Chesky acabou se mudando para Los Angeles para começar sua nova vida como designer industrial.

Antes que partisse, os pais de Chesky compraram para ele um terno e um carro, um Honda Civic, que combinaram de ser entregue no aeroporto, quando o filho pousasse. (Deb Chesky coordenou a logística de tudo isso, por fim concluindo a entrega ao telefone com o vendedor no vestiário da Macy's, enquanto seu filho experimentava os ternos. Ela explicou ao vendedor que estava comprando o carro para seu filho, que se mudaria para Hollywood. "Ele disse: 'Ele vai ser um ator?' E eu: 'Não. É tão ruim quanto: ele vai ser um designer", conta ela.)

Uma vez em Los Angeles, Chesky se mudou com amigos da RISD e começou a trabalhar na empresa de design industrial 3DID. Nos primeiros meses, ele gostou do trabalho, desenhando produtos reais para empresas como ESPN e Mattel. Mas logo ficou evidente que o trabalho não era o que ele esperava. Ele sonhava em ser o novo Jony Ive ou Yves Béhar, designers famosos que reinventaram empresas como a Apple e a empresa de tecnologia de consumo Jawbone; mas ele não achava sua rotina nada inspiradora, basicamente era execução de tarefas. "Não era coisa boba, mas obviamente não tinha nada a ver com a promessa da RISD", diz ele. A instituição renomada o havia preenchido com o espírito de idealismo para mudar o mundo: quase todos os problemas mundiais seriam resolvidos pelo design criativo, ele ouvia; se você pudesse conceber algo, você poderia projetar; e era possível criar o próprio mundo em que você queria viver. Como designer, você poderia *mudar* o mundo. "Mas quando cheguei em LA, foi meio que um grande choque de realidade", ele disse posteriormente. "Tá, aqui está o mundo real. Não é o que você pensou que era."

Ele também não havia se apegado a Los Angeles. "Eu passava uma hora e meia só de ida [para trabalhar] no carro, um carro vazio", ele se lembra. Ele se sentia desiludido – que havia feito a escolha errada. "Senti que a vida era como se eu estivesse num carro e pudesse ver a estrada desaparecendo no horizonte à minha frente e como se tivesse a mesma vista do espelho retrovisor", ele posteriormente disse a Sarah Lacy, a jornalista de tecnologia e fundadora do *PandoDaily*, numa conversa íntima em 2013. "Foi, tipo: 'Ah, isso é tudo o que vou fazer da vida. Acho que não era como disseram quer seria na RISD.'"

Enquanto isso, Gebbia havia terminado a RISD e se mudara para São Francisco, onde trabalhava como designer gráfico para Chronicle Books e morava num apartamento de três quartos na Rausch Street, no bairro South of Market. Ele também se aventurou no empreendedorismo, tentando lançar uma linha de almofadas para poltronas que criou na RISD. Concebida para alunos de artes como um assento confortável para aguardar longas críticas ou "crits", foi chamada toscamente de CritBuns e desenhada com a forma de traseiros. Venceu um prestigioso prêmio na RISD, um pagamento da escola para desenvolvimento do produto e entrega como presente para cada aluno da classe que se formava. Gebbia lutou para encontrar um fabricante e alguém que fizesse os moldes para produzir oitocentas CritBuns em quatro semanas, para que estivessem prontas para a formatura; no dia seguinte, ele transformou o empreendimento numa empresa. (Gebbia havia mostrado talento para misturar empreendedorismo e arte desde cedo: no terceiro ano, crescendo em Atlanta, ele vendia desenhos das Tartarugas Ninja para seus colegas de classe por U$2 cada, até que os pais deles disseram aos professores que ele tinha de parar.)

Os dois conversavam frequentemente, Gebbia atualizava Chesky sobre a CritBuns e os dois jogavam ideias para quaisquer produtos que pudessem criar juntos para a 3DID. Gebbia sempre terminava a conversa pedindo a Chesky que considerasse se mudar para São Francisco, para que pudessem começar uma empresa juntos. Chesky relutava, sempre pelo mesmo motivo: sem seguro de saúde, sem mudança.

Um dia, chegou no trabalho um pacote de Gebbia pelo correio, e Chesky abriu para encontrar um par de CritBuns produzido comercialmente. Gebbia havia conseguido lançá-los no mercado, e recebera um grande pedido da Loja de Design do Museu de Arte Moderna, o Santo Graal dos designers. Ele havia conseguido, Chesky se lembra de dizer para si mesmo. ("Foi um cutucão sutil", Gebbia diz. "Foi um lembrete: não se esqueça. Nós poderíamos criar coisas também.")

Foi o suficiente para fazer Chesky começar a procurar trabalhos em São Francisco. No começo de 2007, ele ficou sabendo de uma vaga de emprego na Method, uma empresa de produtos para casa que então crescia rápido, com foco em sustentabilidade e embalagens que ganhavam prêmios. Chesky achou que essa poderia ser sua resposta: isso iria levá-lo a São Francisco e era uma empresa voltada ao design cujos valores estavam mais alinhados com os dele. Ele foi longe no processo de seleção: passou por várias entrevistas, terminou um desafio de design e se apresentou diante de uma banca de cinco executivos, ficando cada vez mais empolgado com a oportunidade. Mas no fim ele não conseguiu o emprego: a vaga foi para outro candidato. Foi uma decepção.

Mas as entrevistas o levaram a São Francisco algumas vezes, e ele instantaneamente amou a cidade. Sua energia e os tipos criativos e empreendedores que ele conheceu por intermédio dos círculos de Gebbia lembraram-no do clima que ele sentia lá na RISD. (Gebbia se tornou o primeiro locatário no apartamento da Rausch Street e o arrumou para ser um tipo de coletivo de designers, entrevistando cuidadosamente e fazendo uma "curadoria" de colegas de casa com mentalidades próximas.) Ele e Gebbia começaram a pensar mais seriamente sobre que tipo de empresa eles criariam. Agora Chesky havia largado seu emprego – para desgosto de seus pais – e começava a criar um plano diferente para si. Pediram que ele ensinasse design industrial na Universidade do Estado da Califórnia em Long Beach, e ele passou a se envolver na comunidade de design de Los Angeles. Ele achava que poderia permanecer com a base lá e viajar para São Francisco por alguns dias da semana para trabalhar com Gebbia.

Naquele setembro, os dois colegas de apartamento de Gebbia de repente se mudaram, depois que o proprietário aumentou o aluguel e Gebbia se empenhou mais duramente em conseguir que Chesky se mudasse para São Francisco e pegasse um dos quartos. Gebbia já tinha fechado um dos quartos e Chesky seria perfeito para o outro. Mas Chesky relutava. Ele não podia pagar e os dois teriam de cobrir o aluguel dos três quartos por um mês, porque o terceiro colega não podia se mudar até novembro. Chesky começou convencendo Gebbia a alugar o sofá três dias por semana para que ele pudesse viajar e viver essencialmente em ambos os lugares. Gebbia achou que isso era ridículo. Com o prazo final chegando e sem colegas de apartamento em vista, Gebbia finalmente decidiu que teria de desistir do apartamento. Mas na manhã que ligaria para o proprietário, Chesky telefonou para ele e disse que estava dentro: ele pegaria um dos quartos. Chesky disse um adeus rápido para sua vida em Los Angeles – terminou com sua namorada, deu a notícia a seus colegas de apartamento, deixou a maioria de seus pertences e saiu para São Francisco em seu Honda numa madrugada de terça-feira. Dirigindo pela costa no escuro, ele mal podia ver a estrada à sua frente, ainda assim só pensava que não era nada como a estrada escura que ele avistara em sua mente por tanto tempo, quando se sentia preso em seu trabalho. Aquilo não era essa estrada. A estrada para São Francisco parecia uma possibilidade.

"Como a Craigslist e Couchsurfing.com, só que com estilo."

Segundo a versão mítica da história, quando Chesky chegou ao apartamento da Rausch Street, Gebbia informou a ele que estava prestes a perder o lugar, que o aluguel havia subido para U$1150 e que vencia naquela semana. Chesky tinha U$1000 na conta bancária. Na verdade, eles sabiam há semanas sobre o aluguel mais caro – além do fato de que teriam de cobrir também o quarto vazio – e estavam discutindo várias formas para conseguir o dinheiro enquanto Chesky ainda estava em Los Angeles. Uma ideia girava em torno do Congresso Anual do Conselho Internacional de Sociedades de Design Industrial/ Designers Industriais da América (ICSID/IDSA), o encontro bienal para a comunidade de design, marcada para o fim de outubro em São Francisco. Levaria alguns milhares de designers para a cidade deles e eles sabiam que a capacidade hoteleira estava sobrecarregada e as tarifas seriam altas.

Eles pensaram: por que não criar um *bed and breakfast* para a conferência com o espaço que estava sobrando no apartamento? A RISD, afinal, os havia ensinado que a criatividade poderia resolver problemas, e por acaso Gebbia tinha três colchões infláveis no seu armário, de uma viagem de acampamento. Era um apartamento espaçoso de três quartos, então haveria a sala, a cozinha e um quarto inteiro. Eles podiam alugar um lugar barato para ficar e até oferecer o café da manhã – e podiam anunciar o apartamento nos blogs de design, pois eles sabiam que todos os participantes leriam.

Os dois refinaram a ideia por semanas e quanto mais falavam sobre isso, mais percebiam que era tão estranho que poderia funcionar – e com um prazo final próximo para pagar o aluguel, eles tinham pouco a perder.

Começaram a desenhar esboços, ou esqueletos e mockups para o website que anunciaria o conceito. Depois de Chesky se mudar, eles contrataram um freelancer que entendia de HTML para montar um site rudimentar usando os designs deles, chamando o serviço de AirBed & Breakfast [Cama Inflável e Café da Manhã]. O produto final mostrava um site robusto anunciando o serviço ("Dois designers criam uma nova maneira de se conectar com a conferência IDSA deste ano"), uma explicação de como funcionava e ainda inscrições para três colchões infláveis no apartamento por U$80 cada (as amenidades incluíam um deque no telhado, uma "biblioteca de design", "pôsteres motivacionais" e tipografia 3D). "É como Craigslist & Couchsurfing.com, mas com estilo", alegava um "patrocínio."

Mandaram e-mails para blogs de design e para os organizadores da conferência e pediram ajuda para promover o site deles, o que foi feito; os organizadores da conferência acharam que era uma ideia engraçada e bizarra, e os blogs de design tiveram prazer em ajudar duas pessoas do meio. Chesky e Gebbia achavam que, com sorte, conseguiriam alguns mochileiros hippies e ganhariam dinheiro suficiente para pagar o aluguel. Nos próximos dias, três hóspedes confirmaram: Kat, um designer de trinta e poucos vindo de Boston; Michael, pai de cinco e com quarenta e poucos anos, de Utah; e Amol Surve, nativo de Mumbai, que havia acabado de se formar em design industrial no programa master da Universidade do Estado do Arizona. Seus hóspedes não eram nada hippies; eram designers profissionais com orçamento apertado que simplesmente precisavam do que Chesky e Gebbia ofereciam. Verdade que era preciso que eles confiassem bem: Surve, o primeiro hóspede a reservar, achou a ideia estranha, mas disse: "Eu estava desesperado para ir à conferência", e, quando viu o site, disse que sabia que era criado por gente que pensava parecido. "Você podia ver pelo conceito que era desenhado por designers para designers." Depois de dar um Google sobre o que era uma "airbed" [uma cama inflável] – nova nos Estados Unidos, ele nunca havia ouvido isso antes – ele preencheu uma ficha pedindo para ficar no "original" AirBed & Breakfast. Quando não teve resposta, ele buscou as informações de Gebbia e ligou no celular. ("Ele ficou completamente surpreso", diz Surve. "Eles não tinham ideia de que alguém se hospedaria com eles.") Surve fez planos para ficar cinco noites por U$80 a noite. "Foi uma gambiarra de ambos os lados. Eu tentava uma gambiarra para ir para a conferência e eles tentavam uma gambiarra para pagar o aluguel. Foi como uma combinação perfeita."

"Eu estava na sala e no *slide deck* ao mesmo tempo."

Depois de aterrissar e seguir as direções do transporte público que seus anfitriões forneceram, Surve chegou à porta do apartamento e foi recebido por Gebbia. "O cara abre a porta e está usando um chapéu de aviador e uns óculos grandes modernosos, e eu fiquei tipo: 'É, isso aí é um designer'", Surve se lembra. Gebbia pediu que ele tirasse os sapatos, fez um tour pelo apartamento e mostrou a ele seu quarto, que continha um colchão de ar, um travesseiro e um pacote de boas-vindas que incluía um passe no transporte público, mapas da cidade e moedinhas para dar aos sem-teto. ("Eles eram tão atentos aos detalhes", diz Surve. "Eles disseram: 'Há algo mais que podíamos ter colocado nesse pacote?' Eu disse: 'Não, já é demais.'")

Depois de deixar suas coisas, Surve se sentou no sofá da sala e abriu seu laptop para se familiarizar com o programa da conferência. Gebbia e Chesky estavam trabalhando duro na mesa, fazendo um PowerPoint para um novo conceito. Surve se inclinou, deu uma espiada e viu uma apresentação sobre ser o primeiro hóspede. "Era irônico. Eu estava na sala e no *slide deck* ao mesmo tempo." Eles começaram a bombardeá-lo com perguntas para ter *feedback* e o convidaram a se juntar a eles numa sessão de *pitch* da qual participariam naquela noite – um Pecha Kucha, uma mistura de poesia *slam* com apresentação de PowerPoint na qual designers apresentam ideias para outros designers. Gebbia e Chesky fizeram sua apresentação; agora eles podiam apresentar seu usuário final também.

Outros hóspedes logo chegaram ao apartamento, Kat e Amol dividiram um quarto e Michael pegou a cozinha. Quando todos se sentaram para a conferência no dia seguinte, Chesky e Gebbia estavam num grande alvoroço para promover a nova ideia. Eles escaparam da taxa de inscrição dizendo aos organizadores que eram blogueiros. Ficaram juntos na conferência, Chesky com uma câmera no pescoço para parecer um blogueiro, falando animadamente do novo serviço. "Eles apresentavam para toda e qualquer pessoa", diz Surve, que era apresentado por eles como uma amostra. "Pergunte a ele como é bom!", dizia Chesky, empurrando Surve à frente. Surve confirmou como estava se divertindo e como não era apenas um lugar para dormir. ("Meu produto se orgulhava de nós!" Chesky disse recentemente, refletindo sobre isso. "Ele era o defensor mais inacreditável.") As pessoas se divertiam. Ninguém levava a sério. Durante uma happy hour no saguão do Fairmon Hotel, Chesky conseguiu entrar no meio de uma multidão que cercava um famoso designer que ele admirava havia anos. Apresentou-se e contou a ele sobre o novo conceito. O designer não se impressionou. "Brian, espero que essa não seja a única coisa em que você esteja trabalhando", disse ele. Foi o primeiro de muitos choques de realidade. ("Eu me lembro tão bem disso; tipo, penetrou no meu cérebro", diz Chesky.)

Fora da conferência, Chesky e Gebbia mostraram a cidade a Surve; eles o levaram a seu lugar de taco favorito, ao San Francisco Ferry Building e à escola de design de Stanford. Serviram a seus hóspedes café da manhã com Pop-Tarts frios e suco de laranja. Em poucos dias, os cinco estavam tão confortáveis uns com os outros no apartamento que Chesky se lembra em dado momento de conversar com Michael, enquanto ele se deitava no colchão do chão da cozinha, de cueca. No total, eles fizeram U$1000 naquele fim de semana.

Mas mesmo assim eles não tinham a impressão de que a ideia deles seria *enorme*. Era esquisita demais. Era algo que haviam criado para ajudar a pagar o aluguel, para dar um respiro e, no máximo, um pouco mais de tempo para pensarem em sua ideia *realmente* grande.

Eles voltaram as atenções ao brainstorm da empresa que começariam para valer. Trouxeram um dos antigos colegas de apartamento de Gebbia, Nathan Blecharczyk, um engenheiro talentoso de Boston que estava entre dois trabalhos. Filho de um engenheiro elétrico, Blecharczyk havia aprendido sozinho a codificar aos doze anos de idade com um livro que encontrou na prateleira de seu pai. Aos catorze, aquilo havia se tornado uma "paixão intensa" e ele começou a trabalhar para clientes pagantes que o encontravam on-line. Quando terminou o colégio já havia feito quase U$1 milhão construindo e vendendo softwares de marketing. Isso pagou seu diploma de ciências da computação em Harvard, mas Blecharczyk gastou a maior parte de 2007 numa startup fracassada de educação e pensava em deixar seu trabalho. Gebbia havia acabado de deixar a Chronicle Books e ainda trabalhava numa nova startup quando concebeu a CritBuns – Ecolect.net, um mercado de materiais sustentáveis para a comunidade de design.

Os três se juntaram num brainstorm, indo de uma ideia para outra. Em certo momento, eles chegaram brevemente ao conceito de um site que reunia colegas de apartamento, que eles imaginaram como uma mistura de Craigslist com Facebook. "Achávamos que ninguém toparia esse troço de AirBed & Breakfast, mas as pessoas precisavam de colegas de quarto", disse Chesky. Após quatro semanas desenhando e aperfeiçoando a ideia, eles digitaram "roommates.com" num navegador e ficaram devastados em ver que a ideia do site já existia. Eles voltaram aos projetos.

Naquele ano, Chesky foi passar o Natal em casa, em Niskayuna, Nova York, desestimulado. Quando seus amigos e família perguntaram a ele o que estava fazendo, ele disse que era um empreendedor. "Não, você está desempregado", sua mãe o corrigia. ("Não, sou um empreendedor!" protestava ele. "Não, você está desempregado", vinha de novo a resposta.)

Além de seus pais, "empreendedor" não era realmente uma palavra conhecida em Niskayuna. "No que está empreendendo?", seus amigos perguntavam. Sem nada significativo para contar, ele frequentemente voltava ao AirBed & Breakfast. Então Chesky e Gebbia começaram a se perguntar: é essa a ideia?

AirBed & Breakfast "Lite"

Chesky e Gebbia voltaram das férias motivados a apostar no AirBed & Breakfast. Discutindo, eles refinaram o conceito: seria uma forma de encontrar quartos durante conferências esgotadas ao redor do país. Eles sabiam que tais reuniões poderiam facilmente lotar a capacidade hoteleira, criando o tipo de demanda que os levou a fechar com os três primeiros hóspedes em São Francisco. E eles tinham a ideia perfeita para onde lançar: South by Southwest, ou "Southby", como é conhecido o festival de tecnologia, música e cinema em Austin, que se tornou uma proeminente reunião da indústria de tecnologia nos Estados Unidos.

Mas eles sabiam que precisavam convencer Blecharczyk; não podiam fazer sem ele. Ligaram para ele e disseram que tinham algo com que estavam bem empolgados, convidaram-no para jantar, e daí lançaram a ideia. Ele relutou. Gostava da ideia, e sabia, pelo tempo que morou com Gebbia, quando ajudaram um ao outro com projetos em noites e fins de semana, que eles tinham uma ética de trabalho parecida. Ele sentia que os três dariam uma boa equipe, mas conforme ouvia a visão mais grandiosa de seus amigos designers, ficava apreensivo sobre a quantidade de trabalho que eles descreviam. A maior parte recairia sobre ele, o único engenheiro dos três, e precisaria ser feita em poucas semanas para que tudo estivesse pronto e funcionando a tempo do South by Southwest. "Acho que minha resposta foi de apoio, mas com ressalvas", Blecharczyk se lembra. Percebendo suas reservas, Chesky e Gebbia deixaram o jantar, reuniram-se e voltaram uma semana depois para reapresentar a ideia a ele. Mas enquanto estavam no elevador a caminho de ver Blecharczyk, Gebbia de repente percebeu que a visão deles era ambiciosa demais. "Nate vai surtar", disse ele balançando a cabeça. "Temos de puxar o freio." Eles rapidamente concordaram com uma alternativa revisada, algo que chamaram de AirBed & Breakfast "lite", uma versão reduzida do conceito com menos atributos e menos dificuldades técnicas, que seria executável em poucas semanas. ("O mesmo grande produto com metade de codificação", diz Gebbia.) Eles tomaram uns drinques e Blecharczyk concordou: ele experimentaria. Naqueles primeiros dias, Chesky estava firme em achar que o serviço deveria ser grátis. "Eu estava um pouco nervoso em começar uma empresa", diz ele. Eles queriam que o AirBed & Breakfast se tornasse um movimento e tinham uma visão idealizada de que tudo fosse compartilhado livremente. "Eu era extremamente progressista no sentido de que, inicialmente, eu achava que talvez o Airbnb devesse ser um site grátis, como o Couchsurfing. Tipo, sem grana." Gebbia e Blecharczyk o convenceram do contrário, e Chesky disse que acabou aceitando. "Eu estava, tipo: 'É, tá certo. Isso deve ser monetizado. Definitivamente deve ser um modelo de negócio.'"

Eles decidiram que no South by Southwest eles apresentariam o Airbedandbreakfast.com como um site totalmente novo, para tentar conseguir outra rodada de imprensa. (É uma tática que desde então Chesky aconselha a outros empreendedores: "Se você lançar e ninguém notar, pode continuar lançando. Fique lançando e as pessoas continuarão escrevendo sobre isso. Achávamos que lançaríamos até termos clientes.") Eles enfeitaram o site, posicionando-o como um alojamento para conferências lotadas ("Finalmente uma alternativa para hotéis caros", dizia o site), e avisaram alguns blogs de tecnologia. Mas quase nada aconteceu. "Não foi realmente um grande momento de impulso", diz Blecharczyk. Isso é dizer pouco: eles só conseguiram apenas dois clientes pagantes – sendo que um era Chesky. Mesmo a pessoa com quem Chesky ficou – Tiendung Le, um doutorando da Universidade do Texas em Austin – era alguém que os fundadores haviam recrutado do Craigslist para colocar no AirBed & Breakfast. Quando Chesky chegou, ficou impressionado com a forma como Le enfeitou o colchão inflável em seu quarto, colocando até uma balinha de menta no travesseiro. De sua parte, Le se lembra de Chesky passar muito tempo na varanda, fosse ao telefone ou "pensando profundamente." Ele fazia um expresso para ele toda manhã (e diz que Chesky bebia "em dois segundos") e o levava para o festival, durante o qual Chesky descrevia sua visão de empresa e seu desejo fervoroso de conhecer Mark Zuckerberg, que falaria na conferência.

Apesar de não gerar nenhum negócio, o lançamento no South by Southwest acabou servindo para alguns propósitos. Ao usar o site para si, Chesky identificou alguns problemas no sistema de pagamento. Ele havia se esquecido de ir ao caixa eletrônico não uma, mas duas vezes, então por duas noites ficou na posição desconfortável de estar na casa de um estranho que não tinha razão para acreditar que ele de fato pagaria. Ele sentia que, um ou dois dias depois de se tornarem amigos, era esquisito pedir dinheiro. Os três fundadores perceberam que precisavam criar um sistema mais sofisticado de pagamento. Além disso, depois do evento acontecer, eles ouviram de alguns clientes em potencial que disseram estar trabalhando para outros lugares, mas não para uma conferência: "Ainda é possível usar o AirBed & Breakfast?" Os fundadores disseram que não.

O poderoso fundador

No South by Southwest, Chesky e Gebbia também fizeram um contato vital. O terceiro colega de quarto deles na Rausch Street, Phil Reyneri, era empregado de uma startup chamada Justin.tv, e ele também estava lá em Austin junto de seu CEO, um empreendedor de 25 anos chamado Michael Seibel. Chesky havia decidido ficar uma noite a mais e Seibel o deixou ficar em seu quarto de hotel. Chesky contou a Seibel sua ideia e ele gostou. "Eu estava, tipo: 'É, faz sentido'", Seibel se lembra. Ele havia usado o Couchsurfing.com, e ainda que não visse o AirBed & Breakfast se tornar uma potência de vários bilhões de dólares, ele também não achava que era uma viagem; afinal, eles estavam apertados num pequeno quarto de hotel durante uma conferência. "Estávamos sentados no cerne do problema", diz Seibel.

Seibel agora é um consultor empresarial estabelecido com dois grandes sucessos na pasta: ele e seus cofundadores venderam o Twitch (que foi o que Justin.tv acabou se tornando) para a Amazon por U$970 milhões e a Socialcam, um aplicativo de vídeos para a Autodesk por U$60 milhões. Mas naquela época ele tinha 25 anos e havia se tornado um CEO pela primeira vez, e não tinha muita experiência. "Eu não era alguém a quem as pessoas apresentavam ideias", diz ele. Chesky e Gebbia foram os primeiros fundadores que pediram conselhos a ele. Mas ele havia acabado de passar pelo Y Combinator, o prestigiado programa acelerador de startups criado em conjunto pelo empreendedor e capitalista aventureiro Paul Graham (Seibel agora é CEO do programa Y Combinator). Seibel disse que iria ajudá-los na consultoria e, conforme começassem a criar algo mais tangível, ele talvez pudesse apresentá-los a alguns anjos. Chesky não tinha ideia do que ele estava falando ("Eu pensava, tipo, 'ai, Deus, esse cara acredita em *anjos*. Que diabos?'"). Seibel explicou a Chesky que estava se referindo a investidores, gente que num jantar poderia assinar para ele um cheque de U$20 mil. Chesky achou que isso soava ainda mais estranho. "Não, não, você faz uma apresentação a eles, um *slide deck*", insistiu Seibel. Chesky também não sabia o que era um *slide deck*, mas sentia que Seibel era alguém a quem ele deveria escutar.

 Depois da South by Southwest, com o fluxo do site morrendo, os fundadores voltaram a São Francisco. Estavam desanimados, mas Chesky e Gebbia já tinham uma ideia para uma nova tentativa: era ano de eleição e a Convenção Nacional dos Democratas (CND) aconteceria em agosto, em Denver. Eles podiam tentar novamente. Mas a cautela inicial de Blecharczyk se tornou um ceticismo total. Ele estava trabalhando em outra ideia que o empolgava muito mais, uma rede de anúncios sociais para o Facebook. Ele ainda gostava do AirBed & Breakfast, mas era muito prático em aceitar os resultados do South by Southwest, e não se comprometeria totalmente até que Chesky e Gebbia tivessem uma estratégia melhor. "Joe e Brian realmente queriam seguir em frente, mas eu estava hesitando bastante até entender como tornaríamos o produto melhor, e como conquistaríamos um resultado melhor", diz ele. Então nos meses seguintes Blecharczyk passou a maior parte do tempo em sua própria startup enquanto Chesky e Gebbia seguiam em frente refinando a ideia e o produto, atualizando Seibel semana a semana, que oferecia conselhos e sugestões. "Ele [Seibel] nos mantinha na real", diz Gebbia. "Sempre que cruzávamos a linha, ele falava: 'Gente, o que estão fazendo? Voltem aqui.'" Eles o chamaram de "o Poderoso Fundador." Mas sem a atenção total de Blecharczyk, muitas das sugestões de Seibel não foram implementadas. Chesky e Gebbia não queriam soltar para Seibel que Blecharczyk não estava totalmente no barco, porque Seibel havia começado a apresentá-los a investidores e uma startup sem um fundador engenheiro não teria chance. Até onde Seibel sabia, Blecharczyk estava trabalhando integralmente no Airbedandbreakfast.com.

Gebbia e Chesky assumiam que na realidade era algo como poucas horas por dia, mas não ousavam contar a Seibel. Na verdade, Blecharczyk não passava mais de uma hora a cada dois ou três dias nisso. "Só mais tarde é que começamos a entender o quão ciente Nate estava", Chesky diz. "Ele trabalhava cada vez menos, e o contato era cada vez menos frequente."

Então, em maio, Blecharczyk soltou uma bomba: ele estava se mudando de volta para Boston para ficar noivo de sua namorada (agora esposa) que estudava medicina. "Isso provavelmente foi demais para Joe e Brian", admite Blecharczyk. "Havia uma noção naquele ponto de que talvez a equipe estivesse se desmantelando." Estava. Na manhã seguinte, Chesky e Gebbia começaram a procurar outro cofundador. Colocaram anúncios para "cofundador e CTO [Diretor Técnico]" no Moscone Center de São Francisco durante a Conferência de Desenvolvedores Globais da Apple. Blecharczyk diz que não se sentiu muito ameaçado por isso. "Os mesmos motivos que me faziam ser cético me faziam pensar que outra pessoa seria mais cética ainda", diz ele. "Eu não estava muito preocupado que alguém pudesse surgir do dia para a noite."

Mas Chesky e Gebbia continuaram refinando sua visão, recebendo retorno de Seibel e conversando com Blecharczyk ao telefone e foi durante esse tempo que uma visão nova e muito mais ampla para o AirBed & Breakfast se cristalizou: em vez de apostar em conferências lotadas, seria um site em que reservar um quarto na casa de alguém seria tão fácil quanto reservar um hotel. Era essencialmente a mesma versão da Airbnb que existe hoje. Mas significava que eles tinham de construir um sistema de pagamento sofisticado que pudesse lidar com as transações sem tirar o cliente do site; e significava que eles precisariam de um sistema de avaliações e um site muito mais robusto, de maneira geral.

Essa era uma visão muito mais ambiciosa, mas também era exatamente o que Blecharczyk precisava ouvir. Ele também havia decidido jogar a toalha quanto a sua ideia de anúncio, porque percebeu que o conceito precisava de mais qualificação na engenharia e ele não tinha cofundadores. Então voltou a se comprometer com o AirBed & Breakfast, concordando com o conceito lá de Boston.

Enquanto isso, Chesky e Gebbia começaram a se encontrar com os "anjos" que Seibel havia mencionado – ou pelo menos tentaram. (Nesse ponto, o grupo decidiu que Chesky seria o CEO. "Não foi uma grande conversa", Chesky se lembra. "Houve um momento em que um de nós teve de colocar o título." Os três cofundadores tinham habilidades muito diferentes; estava claro que Chesky era o líder nato entre eles. "Eu sabia muito menos do que Joe e Nate", diz ele. "Eles estiveram envolvidos em startups e eu não. Então acho que eu sempre tentei me tornar útil e isso migrou para começar a construir uma empresa.)

O alcance dos investidores logo se tornaria uma lição em rejeição. Entre sete investidores a quem Seibel os havia conectado, a maioria não escreveu de volta. E aqueles que escreveram disseram todos a mesma versão de não: não era a área de foco deles; eles não haviam tido sorte na categoria de viagens; o mercado potencial não parecia grande o suficiente; estavam comprometidos com outros projetos; estavam fora da cidade; não estavam disponíveis; desejavam tudo de bom:

Brian, bom te ver – ainda que isso soe interessante, não é algo que faríamos aqui – não é a nossa área de foco, te desejamos sorte.

Infelizmente não achamos que seja a oportunidade certa para a empresa de uma perspectiva de investimento... o potencial de mercado não parece grande o suficiente para nosso modelo.

Obrigado pelas informações. Eu não pude falar com você hoje, já que estou fora da cidade até quinta. Gosto bastante dos progressos que vocês fizeram, mas entre as questões do ABB e meu atual tempo de comprometimento com outros projetos, não vou conseguir seguir com um investimento nesse ponto. Meus maiores problemas são:
    – Aumento significativo de movimento depois do CND e RNC
    – Equipe técnica
    – Investimento de consórcio

Brian, ontem decidimos não levar isso para a próxima fase. Sempre lutamos contra viagens como uma categoria. Reconhecemos que é uma das categorias top para e-commerce, mas por algum motivo não conseguimos nos entusiasmar com negócios relacionados a viagens.

As poucas reuniões que Chesky e Gebbia montaram foram basicamente desastrosas. Os investidores achavam que a ideia de alugar espaço para estranhos era totalmente bizarra e inacreditavelmente arriscada. Eram desestimulados pelo perfil de estudantes de arte de Chesky e Gebbia; achavam que faltava a eles o DNA técnico (naquela época, os investidores ainda buscavam o próximo Google, isto é, dois doutores de Stanford). Um investidor que eles encontraram no Café da Universidade em Palo Alto simplesmente se levantou sem aviso e saiu andando no meio da reunião, deixando um smoothie quase cheio na mesa. Gebbia e Chesky tiraram uma foto do smoothie.

Deve-se dizer que, nesse ponto, os fundadores buscavam alguém que comprasse 10% da empresa por U$150 mil, valorizando a empresa em U$1,5 milhão. Em certos cenários, aqueles U$150 mil poderiam valer alguns bilhões de dólares hoje. Mas naquela época era uma ideia arriscada. "Ninguém queria tocar nisso", diz Chesky.

"Continuem lançando"

Sem se deixar intimidar, os três cofundadores continuaram refinando o produto, então, quando a CND, em Denver, se aproximou, eles haviam aperfeiçoado uma forma de realizar os pagamentos no site, tinham um sistema de avaliações em prática e haviam criado um novo slogan: "Fique com um morador local quando viajar." A empolgação com a CND também aumentava: a nomeação de Barack Obama como presidente levou a um frenesi de cobertura da mídia e um crescente interesse pela convenção. Os organizadores da CND decidiram mudar o local do discurso de lançamento de Obama do Pepsi Center para o Invesco Field, com capacidade para oitenta mil pessoas. Artigos locais começaram a ser publicados sugerindo que Denver tinha apenas 27 mil quartos de hotel e que previam uma enorme carência. "A histeria era perfeita para nós", contou Chesky depois, numa audiência no Urban Land Institute. Esse poderia ser o momento deles.

Chesky, Gebbia e Blecharczyk lançaram o site – agora pela primeira vez – em 11 de agosto de 2008, algumas semanas antes da convenção. Com persistência e conexões, eles conseguiram uma matéria no proeminente blog de tecnologia TechCrunch ("AirBed and Breakfast leva o hóspede do sofá a um outro patamar" era a manchete; o autor Erick Schonfeld escreveu que a "combinação do AirBed e da internet agora transformava todos em donos de pousada.") A história conseguiu divulgação, mas gerou tanto movimento que o Airbedandbreakfast.com caiu. Naquele dia, Chesky e Gebbia por acaso tiveram outra reunião com um anjo investidor, Mike Maples, e como o site deles agora estava vivo, eles decidiram pular o *slide deck* e apenas mostrar a Maples a coisa para valer. Mas quando tentaram abrir o site, perceberam que havia caído – e não haviam trazido o *slide deck*. "Foi basicamente a gente olhando um para o outro por uma hora", disse Chesky depois. Maples não investiu.

Os fundadores tinham outro problema a caminho da CND, que era a oferta: ninguém colocaria sua casa, se ninguém mais reservasse; e com poucas casas inscritas, ninguém usava o site. Eles não conseguiriam fazer a coisa deslanchar, quanto menos acionar algum tipo de efeito em rede, em que quanto mais gente usa algo, mais valioso ele se torna – levando mais pessoas a usar. O alcance preliminar mostrou a eles que as pessoas ou não queriam alugar seus lares ou achavam que estavam sendo convidadas a participar de algum tipo de experimento social esquisito.

Chesky talvez não soubesse desde sempre o que eram anjos ou *slide decks*, mas ele e seus fundadores sempre tiveram um bom instinto para usar a mídia e, assim como aquele primeiro fim de semana de outubro, eles sabiam que o sucesso ou o fracasso estava na habilidade de conseguir cobertura da mídia. Também sabiam que a imprensa especializada em política estava desesperada por qualquer novo detalhe que pudesse encontrar. Pensando criativamente, os fundadores se apresentaram aos menores blogs que podiam encontrar, com a ideia de que, quanto menor fosse, mais propensos estariam a prestar atenção neles. Conseguiram algumas histórias em microblogs, o que fez começar um efeito dominó: as histórias de blogs menores foram então replicadas por blogs maiores, que foram vistos e replicados por jornais locais, como o *Denver Post*, que por sua vez chamaram atenção de canais de TV. E essas histórias então foram vistas e cobertas pela mídia nacional: a organização Político, o *New York Daily News*, o *New York Times* e outras. A estratégia de imprensa funcionou e as coisas começaram a acontecer: oitocentas pessoas inscreveram seus quartos e oitenta hóspedes fizeram reservas. Foi eletrizante. Os fundadores estavam usando uma conta no PayPal para lidar com todos os pagamentos, mas quando o PayPal notou o enorme pico de atividade, ficou desconfiado e congelou a conta. Blecharczyk passou horas com o serviço de atendimento ao consumidor do PayPal, na Índia, enquanto Chesky e Gebbia imploravam freneticamente aos clientes irritados para serem pacientes, que eles seriam pagos (eles foram, no fim da semana).

Apesar disso, os fundadores estavam exultantes. "Para mim, nós éramos os Beatles", disse Chesky a Lacy na conversa privada que tiveram.

Mas novamente, o sucesso duraria pouco. Apesar das reservas e da cobertura de mídia, logo que a convenção acabou, o fluxo despencou. "Nós percebemos que, enquanto houvesse convenções políticas toda semana, seríamos enormes", Chesky disse. Em vez disso, eles voltaram ao ponto de partida. Posteriormente, Chesky diria em termos médicos: estavam perdendo o paciente.

"Não me lembro de Mark Zuckerberg montando caixas de cereal."

De volta a casa em São Francisco, com Blecharczyk de volta a Boston, Chesky e Gebbia estavam lançados, sem dinheiro, com dívidas e sem fluxo. Desesperados e quase sem opções, eles ressuscitaram uma ideia que tiveram antes da CND, que era mandar a seus "anfitriões" café da manhã gratuito para que eles pudessem servir a seus hóspedes. Afinal, o café da manhã fazia parte do nome e era grande parte do conceito. Eles decidiram por cereais – e com a convenção em mente, criaram a marca fictícia chamada de Obama O's. Desenharam uma caixa de cereal, acrescentaram slogans: "O café da manhã da mudança" e "Esperança em cada tigela", criando também uma versão republicana: Cap'n McCain's, "Uma nova opção a cada mordida". Um ilustrador desenhou a caixa e Jonathan Mann, um autor de jingles que foi um dos primeiros anfitriões do site, criou uma música para cada. (Ambas podem ser encontradas em uma rápida busca e valem a pena serem ouvidas. A letra do Obama é a seguinte:

42

Oh-my-god it's Obama O's
Mommy, can I have some please?
There's a really cool cereal that you oughta know
Everybody's talking about Obama O's
Just one bite and you will understand
Cause every single O sings "Yes, we can!"
Oh-my-god it's Obama O's
Mommy, can I have some please?

Ai, meu deus é O de Obama
Mãe, por favor, me deixa comer?
Conheça você o cereal bacana
Só uma mordida para entender
Pois cada O diz "Sim, podemos!"
Ai, meu deus é O de Obama
Mãe por favor, me deixa comer?[1]

De volta à cozinha depois da convenção, Gebbia e Chesky começaram a se empolgar com a ideia de ressuscitar a caixa de cereal. Se eles pudessem produzir cem mil caixas e vendê-las por dois dólares cada, eles achavam que seriam capazes de financiar a empresa. Chesky até argumentou que seria como se os "anjos" com quem eles haviam falado tivessem dado o dinheiro. A essa altura, eles tinham fichários lotados de dívidas no valor de U$20 mil cada. Inicialmente, Blecharczyk achou que era loucura, que estavam fazendo alguma pegadinha com ele (eles eram conhecidos por isso). Disse a eles que podiam fazer, mas que não queria se envolver com isso e os fez prometer não gastar nenhum dinheiro com esta ideia. "Cada um estava sem trabalho havia quase um ano", diz Blecharczyk. "Eles estavam sozinhos."

Chesky e Gebbia voltaram ao modo com que estavam familiarizados – o alvoroço criativo – e encontraram um diplomado da RISD, em Berkeley, que tinha uma gráfica rápida. Não estava disposto a fazer cem mil caixas, mas dis-

[1] Tradução adaptada.

se que faria quinhentas de cada, de graça, se dessem a ele uma porcentagem das vendas. A escala menor destruiria o modelo econômico deles, mas decidiram remodelar a ideia como caixas de "edição limitada"; eles numerariam as caixas, lançariam como edição de colecionador e cobrariam U$40 por caixa.

Eles varreram os supermercados de São Francisco para descobrir qual vendia o cereal mais barato e encheram caixas e mais caixas até terem mil de um cereal de um dólar, carregarem no Jeep vermelho de Gebbia e levarem para casa. Na cozinha, com mil caixas desmontadas e uma pistola de cola quente eles trabalharam, dobrando as caixas a mão e selando com a cola. "Foi como fazer um origami gigante na mesa da minha cozinha", Chesky se lembra durante a entrevista de Lacy. Ele queimou as mãos. Pensou consigo que não se lembrava de Mark Zuckerberg colando nada ou queimando as mãos montando caixas de cereal para promover o Facebook. Talvez isso não fosse um bom sinal, pensou ele.

Mas eles terminaram as caixas e, numa última tentativa de conquistar atenção para a empresa fracassada, alertaram a imprensa. Jornalistas de tecnologia eram bombardeados com lançamentos, eles pensavam, mas provavelmente não recebiam com frequência cereais nas suas mesas. Talvez não respondessem; e se mostrassem as caixas em suas mesas ou em estantes na redação, todos os outros repórteres também as veriam. O truque funcionou: a imprensa engoliu e as caixas começaram a trabalhar. O Obama O's acabou em três dias, daí as pessoas começaram a revender no Ebay e no Craigslist por até U$350 por caixa. (O Cap'n McCain's nunca esgotou.)

Os fundadores saldaram as dívidas, mas a ideia original, que não tinha nada a ver com cereal, ainda não tinha fluxo e eles não tinham noção de como desenvolvê-la mais. Foi um tempo sombrio. (Durante uma conversa por telefone, Deb Chesky perguntou ao filho: "Espere aí: você é uma empresa de cereal agora?" Pior ainda do que a pergunta era o fato de Chesky não saber como responder.) Eles haviam feito menos do que U$5 mil com o negócio principal e entre U$20 e U$30 mil vendendo cereal. Blecharczyk, desde o início profundamente cético com o plano do cereal, decidiu que era o bastante. De volta a Boston, voltou a fazer consultoria e ficou noivo. De fato, Chesky e Gebbia haviam retornado à estaca zero, no apartamento deles, sem dinheiro. Chesky tinha perdido dez quilos no ano. Sem dinheiro e sem comida, nos meses seguintes eles viveram do cereal Cap'n McCain's seco – até o leite era caro demais. (E ainda assim, mesmo nesses momentos difíceis, Chesky ainda planejava. Num certo momento, Deb Chesky se lembra de mandar seu filho comprar leite. "Não, vamos enfrentar", disse ele. "Será uma história melhor assim.")

Uma noite em novembro de 2008, Chesky e Gebbia jantavam com Seibel, que sugeriu que eles se inscrevessem no Y Combinator. Chesky se ressentiu com a sugestão. Y Combinator era para empresas ainda não lançadas. O AirBed & Breakfast já tinha começado – eles tinham clientes! Eles haviam aparecido na TechCrunch! Mas Seibel entregou a verdade que, no fundo, todos sabiam: "Olhe para você", disse ele. "Vocês estão morrendo. Faça o Y Combinator."

A data limite de inscrição havia passado, mas Seibel mandou uma mensagem para Graham, que disse que os consideraria, se eles se inscrevessem até a meia-noite. Ligaram para Blecharczyk em Boston, acordando-o à uma da manhã para perguntar se poderiam colocar o nome dele na inscrição. Ele mal se lembra de concordar, mas concordou. Eles se inscreveram, tiveram uma entrevista e alguém convenceu Blecharczyk a voltar para São Francisco para isso. O processo de inscrição do Y Combinator é notoriamente brutal; as entrevistas são de apenas dez minutos cravados, consistindo em perguntas disparadas por Graham e seus parceiros; não é permitido fazer apresentações. Após horas de exames e entrevistas falsas um com os outros, os fundadores estavam prontos para sair para a entrevista. No caminho, Gebbia foi pegar uma caixa de Obama O's e Cap'n McCain's para colocar em sua bolsa, mas Chesky e Blecharczyk o detiveram. "Você está louco?", perguntou Blecharczyk. "Deixe o cereal em casa." (Gebbia diz: "Eu era minoria naquele momento.") Eles se meteram no Jeep de Gebbia e dirigiram até Mountain View, onde ficava o quartel-general do Y Combinator.

A entrevista não foi bem. Depois que os fundadores explicaram a ideia, a primeira pergunta de Graham foi: "As pessoas estão mesmo fazendo isso? Por quê? O que há de *errado* com elas?" Chesky sentiu que Graham havia se impressionado com o fato de eles conhecerem tanto o mercado e os clientes, mas parecia desprezar totalmente a ideia. (Graham e os outros frequentemente apontam que naquela época a ideia da empresa ainda era a de que o anfitrião estaria presente; os fundadores não haviam ainda concebido a ideia de os usuários alugarem toda a casa ou apartamento.)

Enquanto arrumavam as malas para partir, Gebbia tirou as caixas de cereal; contra os desejos de Blecharczyk, ele as havia metido na mala. Caminhou para onde Graham conversava com seus parceiros e lhe deu uma. Graham o agradeceu, sem graça – achou que eles haviam lhe comprado cereal como um presente bizarro ou esquisito. Os fundadores disseram-lhe que não, eles fizeram e venderam caixas de cereal – na verdade foi assim que financiaram a empresa. Contaram a ele a história por trás do Obama O's. Graham se sentou e escutou. "Uau", ele se espantou. "Vocês são como baratas. Simplesmente não morrem."

Os fundadores ouviram que receberiam uma ligação de Graham logo mais, se fossem aceitos. Mas as regras eram severas: se eles tivessem uma oferta, precisariam aceitar na hora; do contrário, Graham seguiria a lista e ofereceria a posição para o próximo.

No Jeep, a caminho de volta para São Francisco, Chesky viu o número de Graham aparecer no celular. Ele atendeu, com Gebbia e Blecharczyk escutando ansiosamente. Quando Graham começou a dizer "Eu adoraria..." a ligação caiu. Eles estavam num trecho da I-280 entre o Vale do Silício e São Francisco famoso por não ter sinal de celular.

"Eu fiquei, tipo, NÃÃÃÃÃO!", Chesky se lembra. "Eu e Joe estávamos surtando e Joe falou, tipo: 'Vai, vai, vai!'" Eles costuraram pelo trânsito para conseguir sinal. "Eu dizia, tipo: 'Ai, meu Deus, estraguei tudo'", conta Chesky.

Só depois de eles voltarem para São Francisco foi que Graham ligou novamente e conseguiu completar a frase: ofereceu a eles o lugar. Chesky fingiu que tinha de verificar com seus colegas, colocou no mudo para perguntar se eles aceitavam – eles é claro, não tinham opção – e disse a Graham que estavam dentro. Graham posteriormente contaria a Chesky que o cereal funcionou. "Se você consegue convencer alguém a pagar U$40 por uma caixa de cereal de U$4, provavelmente pode convencer alguém a dormir em colchões infláveis dos outros", disse ele.

Os fundadores receberiam U$20 mil em um financiamento que acompanhava a admissão, em troca de uma participação de 6% na empresa, e eles se matriculariam no próximo trimestre, que começaria em janeiro. Eles tinham de se apresentar para um jantar de boas-vindas na terça, 6 de janeiro de 2009. Depois do que Chesky chamou posteriormente de "intervenção", Blecharczyk finalmente concordou em se mudar para São Francisco por três meses, para o apartamento da Rausch Street. A banda estava junta novamente. Eles tiveram outra chance.

"O que você ainda está fazendo aqui?"

Fundado em 2005 por Paul Graham e três parceiros, o Y Combinator rapidamente se tornou uma das plataformas de lançamento mais prestigiosas do Vale do Silício, "quase uma fábrica de startups, universidade e capital de risco numa coisa só", como a *Fortune* o chamou. Não era fácil entrar, mas as startups que ele avaliava como merecedoras conseguiam financiamento inicial de U$5 mil, além de outros U$5 mil por fundador e uma riqueza incalculável em conhecimento, conexões, ajuda operacional e mais benefícios oferecidos por Graham e seus parceiros. Entre a expertise e a rede influente de formados, investidores e consultores do programa, o Y Combinator trazia orientação ativa para tudo, desde associações e aconselhamento jurídico a contratações, plano de negócios, venda para investidores e mediação de disputas entre fundadores. Era uma escola completa de startups, tão conhecida pelo acesso que fornecia – por meio de jantares, conversas e o alto grau de contatos fornecidos por seus líderes – assim como sua forma específica de fazer as coisas. Seu lema: "Faça algo que as pessoas querem" originalmente atribuído a Paul Buchheit, o criador do Gmail e agora um parceiro do Y Combinator, é um dos vários princípios do Y Combinator que frequentemente se tornam sabedoria convencional de MBA. Chesky posteriormente diria que apesar de ter ido para a RISD, ele se formou na escola do Y Combinator. Graham se tornou um herói do povo do Vale do Silício, um pensador prolífico e autor de livros sobre empreendedorismo, conhecido tanto por sua sabedoria quanto por seu método duro e comprometido.

Hoje em dia, o Y Combinator seleciona mais de cem empresas a cada estação, mas em janeiro de 2009, a AirBed & Breakfast era apenas uma das dezesseis startups participando. Era o auge da Grande Recessão e o capital de risco havia secado. Alguns meses antes, a Sequoia Capital fez uma reunião em que parceiros notoriamente apresentavam um *slide deck* chamado de "Fim dos Bons Tempos." Todos que foram aceitos no YC naquele ano receberam a chance de adiar e esperar por um clima melhor de investimento. Mas os fundadores da AirBed & Breakfast não podiam adiar. Estavam no fim da linha.

Em parte por causa das condições de financiamento, Graham disse ao grupo todo para focar numa coisa: ser lucrativo no "Demo Day", o evento que acontecia duas vezes ao ano em que as classes mais novas de empreendedores apresentavam seus planos de negócios para investidores. O Demo Day estava marcado para março; Graham definiu que deveria ser "lucrativo como miojo" – ganhar dinheiro o suficiente para que os empreendedores pudessem se alimentar, mesmo se fosse com macarrão instantâneo barato. Eles tinham três meses. Entrando, Chesky, Gebbia e Blecharczyk fizeram um pacto entre si de que por três meses eles dariam tudo. Acordavam às 8 da manhã e trabalhavam até a meia-noite, sete dias por semana. Pela primeira vez, eles estavam 100% focados; nenhum deles trabalhava em projetos paralelos. E decidiram que, se no último dia eles não tivessem conseguido financiamento, eles se separariam. Depois da palestra introdutória de Graham, os três fizeram sua própria versão do gráfico de rendimentos para mudar o curso que ele havia mostrado, e o prenderam no espelho do banheiro para que fosse a primeira coisa que vissem ao acordar e a última antes de ir para a cama. Eles o atualizavam toda semana. Havia uma quantidade quase infinita a se aprender, mas os três se esforçaram ao máximo para absorver tudo. Desde o começo, Graham lhes ensinava lições importantes. Primeiro, perguntou a eles quantos usuários eles tinham e eles disseram que não eram muitos – apenas uns cem, se tanto. Ele disse para eles não se preocuparem, que é bem, bem melhor ter cem usuários que te amam do que um milhão que "meio que gostam de você". Era um princípio que passava longe da sabedoria convencional do Vale do Silício, que priorizava escala e crescimento acima de tudo, mas eles absorveram o ensinamento e tiveram esperança. Em seguida, Graham perguntou a eles sobre esses usuários. Onde eles estavam exatamente? Os fundadores disseram que estavam principalmente em Nova York. Graham parou, então repetiu para eles o que haviam acabado de dizer: "Então você está em Mountain View e seus usuários estão em Nova York?", perguntou ele. Os três se entreolharam e depois olharam para ele. "É", disseram. "O que ainda estão fazendo aqui? Vão para Nova York! *Vão para seus usuários.*", disse a eles.

Então eles foram. Nos três meses seguintes, Gebbia e Chesky voaram para Nova York todo fim de semana. Enquanto Blecharczyk ficava atrás da codificação, eles iam de porta em porta, atravessando a neve e encontrando ou se alojando com cada usuário que podiam. Aprenderam muito ao conversar com seus clientes, mas aprenderam mais simplesmente por parar na sala deles e observar como eles usavam o produto on-line. Chesky e Gebbia rapidamente identificaram dois pontos delicados: as pessoas tinham dificuldade em precificar suas propriedades e as fotos eram um grande problema. Os usuários não tiravam fotos boas e lá em 2009 muitas pessoas não sabiam como postá-las corretamente.

Como resultado, lares que eram convidativos ao vivo pareciam desgastados e encardidos no site. Então decidiram oferecer fotógrafos profissionais para cada anfitrião, sem custo. Como não tinham dinheiro, Chesky pegou uma câmera emprestada de um amigo da RISD e fez isso por si, batendo frequentemente como fotógrafo na porta dos mesmos anfitriões que visitara no dia anterior como CEO.

Chesky também era o sistema de pagamento de um homem só, e geralmente tirava um livro de contabilidade de sua mochila, assinando cheques individuais para os anfitriões que eles visitaram. Qualquer ligação do serviço de clientes ia para Gebbia, que a recebia em seu celular. Eles iam de porta em porta cadastrando pessoas no site, fazendo encontros e apresentando, sempre que podiam, como esse novo e ótimo serviço os faria monetizar seus apartamentos. Todo retorno que tinham na semana levavam a Blecharczyk, e semanalmente faziam melhorias e ajustes no site.

Também foram para Washington, D.C., onde tinham um pequeno grupo de usuários, e fizeram um jogo rápido no fim de janeiro para juntar outro ousado lançamento a outro grande evento: a posse de Barack Obama. Começaram um site chamado crashtheinauguration.com e combinaram táticas de imprensa que já haviam funcionado no CND em Denver com o novo enfoque

49

de *microtargeting* de visitar anfitriões de porta em porta, fazer reuniões, seduzir pessoas para se inscrever e despertar a comunidade em geral para a vida. Terminaram conseguindo que setecentos moradores de D.C. cadastrassem suas casas, e que 150 fizessem reservas. Entre outras coisas, essas experiências abriram seus olhos para a visão estreita que tinham de seus negócios. Para se qualificar para a AirBed & Breakfast, os anfitriões tinham de alugar colchões infláveis, mesmo que tivessem de fato uma cama sobrando. (Chesky se lembra de sugerir a um usuário que queria alugar uma cama de verdade que inflasse um colchão de ar e colocasse sobre a cama para poder se qualificar). Outro anfitrião, um músico que estava prestes a entrar numa turnê, perguntou se podia alugar o apartamento todo, mas Chesky e Gebbia disseram que não; se ele não estava lá, como poderia servir o café da manhã? Esse músico era David Rozenblatt, baterista da turnê de Barry Manilow, e ele mudou para sempre o negócio do AirBed & Breakfast: seu pedido levou os fundadores a ver que esse negócio poderia ter um potencial muito maior. Eles eliminaram o pedido de café da manhã e acrescentaram a opção de alugar a casa toda. (Dando uma palestra na Escola de Startups do Y Combinator, Chesky posteriormente se lembrou que Rozenblatt ligara para ele enquanto estava nos bastidores de um show, para reclamar, em meio aos cânticos abafados de "Barr-y! Barr-y!", que ele não conseguia entrar em sua conta.) Graham também havia percebido as limitações do primeiro modelo da empresa, e por volta dessa época sugeriu que retirassem o "airbed" do nome para aumentar o potencial de mercado. Compraram o domínio Airband, mas como parecia muito com "AirBand" escolheram "Airbnb" no lugar.

Durante uma das viagens a Nova York, eles se encontraram com um capitalista de risco estimado, Fred Wilson, cofundador da Union Square Ventures.

Paul Graham achava que, se algum investidor veria potencial no Airbnb, seria Wilson, um dos primeiros a investir em muitas das startups da Web 2.0. Mas depois de conhecê-los, Wilson abriu mão; ele e sua equipe gostaram dos fundadores, mas não achavam que a ideia tivesse um mercado enorme. "Não conseguíamos mergulhar de cabeça [na ideia de] colchões infláveis na sala serem o próximo quarto de hotel, e não fizemos negócio", escreveu ele posteriormente num blog.

Enquanto isso, os cofundadores ainda eram alunos-modelos do Y Combinator, com Chesky e Gebbia voando de volta toda semana e aprendendo tudo que podiam. Eles chegavam aos eventos do Y Combinator cedo, mesmo se tivessem acabado de tirar suas bagagens do avião, vindos de Nova York. Os três incomodavam Graham constantemente para se encontrar com eles. "Nós tínhamos hora marcada com Paul Graham toda semana, mesmo que ele não tivesse tempo para marcar horários", Chesky se lembra. "Aparecíamos antes de todo mundo e ficávamos depois de todos. Tínhamos menos vergonha do que os outros e éramos mais curiosos."

Graham concorda que esse era um retrato preciso. "Com certeza conversava horrores com eles". Ele também notava que, tendo visto várias centenas de startups passarem pelo programa, observava um padrão interessante: as empresas mais bem-sucedidas sempre eram aquelas que participam mais avidamente. "Não são as mais bem-sucedidas que pensam ser boas demais para isso", disse ele. "São sempre as bagaceiras."

Conforme o Demo Day se aproximava, os fundadores passaram a ter sinais da força – o que Graham chamava de "ondas de esperança". As reservas começavam a aumentar, subindo em direção a vinte por dia; as sessões com usuários em Nova York e o marketing de guerrilha estavam trazendo frutos, e eles podiam ver isso nos números. As reservas e as taxas para o Airbnb começavam a chegar. Algumas semanas depois eles tinham "lucro de miojo": haviam chegado ao alvo de rendimento – U$1000 por semana – que buscaram no gráfico do espelho do banheiro, todo dia por três meses. Comemoraram com champagne no telhado da Rausch Street.

O foguete decolou

Os cofundadores só tinham outro grande problema para resolver: eles precisavam de financiamento. Os investidores sempre vinham ao Y Combinator para cumprimentar Graham e seus parceiros e ver o que estava rolando; um dia, em abril de 2009, Greg McAdoo, um parceiro da Sequoia, a louvada empresa de capital de risco que fundou o Google, Apple, Oracle e muitas outras, veio fazer uma visita. McAdoo, assim como seus parceiros, acreditava que o clima econômico desolador criava um momento esperto para investir, e perguntou a Graham que tipo de fundador ele achava que era bom para erguer companhias do zero em tempos econômicos de baixa. Graham disse que eram fundadores com "tenacidade intelectual". McAdoo perguntou a ele se alguns dos fundadores da turma atual exibiam esse traço, e Graham disse que havia uma equipe interessante de três fundadores com uma ideia única para alugar casas, com quem talvez ele quisesse falar. Conforme se revelou, McAdoo, por um acaso, havia acabado de passar um ano e meio fazendo uma análise profunda do negócio de aluguel de férias e sabia muito sobre isso. Ele disse que adoraria conhecê-los.

McAdoo encontrou Chesky, Gebbia e Blecharczyk sentados num banco, debruçados sobre um laptop. Eles conversaram, e McAdoo perguntou se sabiam que a indústria de aluguel de férias era uma indústria de U$40 bilhões, como a Sequoia havia descoberto. Chesky disse a ele que nem havia pensando em colocar as palavras "férias" e "aluguel" juntas quando descrevia sua empresa; a última vez que eles haviam escutado essa expressão foi quando seus pais alugaram casas no verão quando eram crianças. "Nós não havíamos ligado os pontos", diz ele. Mas a conversa levou a uma série de reuniões, para grande surpresa dos fundadores espantados, que não conseguiam acreditar que, depois de terem sido sumariamente desprezados por cada investidor que buscaram, uma das empresas mais prestigiosas de capital de risco do mundo agora estava interessada.

E McAdoo estava interessado. Estava impressionado com a filosofia deles de construir uma comunidade de anfitriões e hóspedes, assim como com os mecanismos sociais que haviam desenhado para tratar de questões de confiança. Esses conceitos, disse ele, "eram muito distantes da ideia do negócio tradicional de aluguel de férias; ainda assim estava claro para mim que eles resolveriam alguns – se não todos – os desafios de juntar anfitriões e hóspedes em grande escala."

Por volta dessa época, os fundadores também conversaram com a Youniversity Ventures, um fundo recém-fundado criado por Jawed Karim, cofundador do YouTube; com Kevin Hartz, o cofundador do Xoom e Eventbrite, agora no Founders Fund; e com Keith Rabois, antigo alto executivo na PayPal, LinkedIn e Square, agora na Khosla Ventures. Os três haviam sido atraídos para a ideia porque parecia radical, mas remetia à época antes dos hotéis, quando as pessoas abriram seus lares. "Essa era quase uma volta a uma prática muito padrão", diz Hartz. E eles gostaram dos fundadores também, que "pareciam ser uma equipe com um equilíbrio ideal".

Algumas semanas depois, os fundadores do Airbnb receberam uma carta de intenções da Sequoia, de U$585 mil. Youniversity investiu U$30 mil para um total de U$615 mil. Os investimentos valorizaram a empresa em U$2.4 milhões.

É difícil enfatizar como isso foi significativo. "No momento em que a Sequoia investiu em nós, o foguete decolou", diz Chesky. "Não havia volta." Ainda mais significativo do que o dinheiro foi a legitimação. O fato de que após tanto desprezo e rejeição, a empresa mais prestigiosa do Vale do Silício se comprometera com a Airbnb foi a validação de que o trio sempre teve algo. Foi uma enorme injeção de confiança. "Foi de longe a coisa mais importante", relembra Chesky. "O maior inimigo de uma startup é sua própria confiança e sua própria determinação. Ouvimos por um tempo que aquilo era péssimo. Então ouvimos que era empolgante." Havia muita dor e dificuldade por vir, mas pelo menos até esse ponto crítico eles provaram que estavam certos. Receberam uma chance. (Também seria significativo para a Sequoia: aquele investimento de U$585 mil vale U$4.5 bilhões no momento da escrita deste livro.)

Outras coisas se encaixavam. Blecharczyk havia dito à sua noiva, Elizabeth Morey, que ele voltaria em três meses para começarem a vida juntos em Boston. Mas no mesmo dia em que Chesky, Gebbia e Blecharczyk conseguiram sua carta de intenções, Morey ficou sabendo que ela havia sido escolhida no hospital infantil Lucile Packard de Stanford, para sua residência médica. Blecharczyk podia investir na startup e Morey podia se mudar para São Francisco.

Nos meses seguintes, a base que eles haviam construído em Nova York continuou a render. Em agosto, as vinte ou trinta reservas por dia se tornaram setenta. Começaram a receber atenção de inscrições mais excêntricas, como casas na árvore, iglus e tendas. Com o investimento da Sequoia, puderam pagar a si mesmos um salário anual de U$60 mil cada, que parecia uma fortuna depois dos dias de cereal sem leite. Os pais de Chesky começaram a relaxar um pouco. Nenhum dos três jamais esqueceu quão dolorosa foi a luta. "Se você tiver sucesso, será na coisa mais difícil que fará", disse Blecharczyk para a Escola de Startup do YC em 2013. Chesky diz que agora já contou a história da fundação centenas de vezes, mas havia uma época em que ele achava que não contaria duas. Quando eu o conheci, em 2012, pedi que descrevesse o ponto mais baixo de sua carreira. Ele disse que havia sido o começo da Airbnb. "Era empolgante, e em retrospecto é nostálgico e romântico, mas naquela época não era nada assim. Era bem assustador mesmo."

Chesky insiste que a ideia em si não era tão louca e que havia pouco nele em Gebbia que o fizeram criá-la. "Não fomos visionários", diz ele. "Somos caras normais. Pensávamos: 'Deve haver outras pessoas comuns, como a gente, com um espaço extra, que queiram ganhar dinheiro.'"

Alguns dos primeiros consultores da Airbnb dizem que havia de fato muita coisa especial neles. "As pessoas falam em equipe mínima viável", diz Michael Seibel. "Aquela era uma equipe incrível." Ele também aponta que eles eram extremamente sérios com o negócio. "Você precisa entender que o número de pessoas com que você fala sobre fazer negócio é diferente do número de pessoas com que de fato faz. Eles fizeram." "Quando eles não entendiam de algo", ele diz, "iam aprender". Se você dissesse a eles para procurar algo para aprender, eles procuravam. Eles não passavam muito tempo 'imaginando as coisas', diz Seibel. "Eles faziam."

Alguns anos depois, o investidor de risco Fred Wilson escreveu um post raro de mea-culpa para a indústria, descrevendo como desprezar o Airbnb foi um erro. "Cometemos o erro clássico que todos os investidores cometem", escreveu ele. "Focamos demais no que eles estavam fazendo na época, e não no que poderiam fazer, fariam e fizeram." A empresa de Wilson agora tem uma caixa do Obama O's na sala de conferência como um lembrete diário daquilo que ele deixou escapar.

2
Construindo uma empresa

*É como saltar de um penhasco e
montar um avião em queda.*
BRIAN CHESKY, citando Reid Hoffman,
parceiro da Greylock Partners

Eles conseguiram.

Ainda que tenham chegado muito perto, eles não morreram, não tiveram de se separar e seguir cada um com seus próprios projetos. A Airbnb encontrou um público e começou a crescer; eles decolaram. Nos termos de startups do Vale do Silício, Chesky, Gebbia e Blecharczyk conquistaram o que era conhecido como "Product/Market fit", um santo graal, um marco de vida que uma startup atinge quando seu conceito encontra um bom mercado – com muitos clientes reais em potencial – e demonstra que criou um produto que pode satisfazer esse mercado. A popularização do termo é frequentemente creditada a Marc Andreessen, o festejado empreendedor de tecnologia que se tornou capitalista de risco e guru filosófico de legiões de fundadores de startups no Vale do Silício. Milhares de startups fracassam tentando chegar a esse ponto. Product/Market fit é uma primeira conquista-chave; sem isso, não há empresa. É outra forma de dizer o mantra do Y Combinator: "fazer algo que as pessoas queiram". Seja como você chame, Chesky, Gebbia e Blecharczyk chegaram a essa conjuntura crítica em abril de 2009, quando suas "ondas de esperança" se elevaram a um completo fluxo de renda. Eles tinham um produto que as pessoas queriam. E estava crescendo: em agosto de 2009, a renda de U$1000 por semana se tornou U$10 mil e o volume mensal de reservas no Airbnb totalizou quase U$100 mil.

Agora vinha a parte difícil. O foco tinha de mudar para o longo prazo: eles precisavam de um plano, um mapa, uma estratégia. Precisavam de empregados. Precisavam de uma cultura. Eles tinham o produto; agora precisavam construir a empresa que *faria* esse produto.

Mas ainda eram apenas os três, trabalhando dezoito horas por dias, sete dias por semana, fazendo basicamente tudo juntos. "Nós podíamos pegar um paraquedas", disse Chesky posteriormente durante uma conversa sobre cultura com o parceiro da Sequoia e membro do conselho da Airbnb, Alfred Lin, para o curso "Como começar uma startup" da Stanford University. Eles já haviam começado a pensar sobre a necessidade mais premente desde os dias do Y Combinator – contratar o primeiro engenheiro –, mas agora isso havia se tornado crucial. Blecharczyk ainda fazia toda a parte técnica. Eles também começaram a imaginar o tipo de empresa que queriam construir e chegaram à conclusão de que ter as pessoas certas na porta teria um impacto dramático a longo prazo.

Tais decisões não eram algo para se fazer sem pensar. Chesky havia lido vários livros sobre cultura corporativa e sentia que ele e seus colegas precisavam ter cuidado com quem eles iriam trazer. "Acho que contratar seu primeiro engenheiro é como trazer DNA para sua empresa", disse ele aos alunos da Stanford. Em outras palavras, eles não estavam procurando alguém para construir apenas as próximas novas características; se tudo corresse bem, essa pessoa acabaria trazendo centenas de outras como ela. Então, fazer a primeira contratação importava muito.

Eles fizeram uma lista de empresas cujas culturas queriam imitar. Agora, tendo acesso a contatos de alto nível por meio da rede da Sequoia – Greg McAdoo havia se tornado um consultor próximo, e todos tomavam café uma ou duas vezes por semana juntos no Rocco, um lugar logo na esquina – Chesky, Gebbia e Blecharczyk foram capazes de buscar empresas como Zappos, cuja cultura de amizade e "zaninnes" eles admiravam particularmente, assim como Starbucks, Apple, Nike e outras. Durante uma reunião no café da manhã, eles pediram a McAdoo que os apresentassem ao CEO da Zappos, Tony Hshied, que McAdoo conhecia desde que a Zappos fazia parte do portfólio da Sequoia. McAdoo disparou uma rápida troca de e-mails enquanto seguia para seu carro, e quando Chesky ligou no dia seguinte, ficou surpreso em saber que os fundadores já estavam em Las Vegas, visitando o quartel-general da Zappo.

Uma coisa que os fundadores notaram era que todas as empresas que eles admiravam tinham uma missão forte e um conjunto de "valores de base", um termo de certa maneira desgastado para designar os princípios gerais que guiam a conduta interna de uma organização, assim como o relacionamento com seus clientes, sócios e outros acionistas. Valores de base são meio "algo" no Vale do Silício. Mas são vistos por especialistas de comportamento organizacional como críticos na hora de ajudar uma empresa a definir o tipo de gente que quer trazer, e especialmente úteis quando moldados durante os dias de formação de uma empresa.

Chesky, Gebbia e Blecharczyk decidiram compor seus valores de base antes de contatarem alguém. Definiram dez requisitos, incluindo "animal olímpico trabalhador", "construir espírito de família", e "paixão pela Airbnb." (Esses posteriormente seriam substituídos por um conjunto de outros seis novos valores de base em 2013, e depois reduzidos e refinados novamente em 2016.) Então começaram a entrevistar pessoas – muitas, muitas pessoas.

Após meses vetando currículos e entrevistando candidatos, eles ficaram com um colega do Y Combinator, Nick Grandy, que fundou uma startup de busca que não havia decolado. Ele acreditava no produto da Airbnb e via que estava funcionando e sendo usado por gente, e era atraído pela ideia de aumentar isso.

Após uma série de entrevistas, ele começou como engenheiro no fim de 2009, montando seu escritório na sala da Rausch Street.

O número de empregados cresceu lentamente, e, dentro de alguns meses, os fundadores acrescentaram alguns engenheiros e o primeiro pessoal de atendimento ao consumidor. "Houve uma agitação silenciosa", disse Grandy sobre seu apartamento, quando chegou lá. "Eu me juntei bem nessa época em que eles haviam trabalhado muito duro para encontrar o Product/Market fit... bem no começo da curva íngreme de crescimento, que foi uma enorme montanha-russa."

O processo de entrevistas foi intenso mesmo para os padrões de recrutamento de engenharia do Vale do Silício. Joe Zadeh, doutor em bioengenharia da Caltech, que começou em maio de 2010 como o terceiro engenheiro, e agora é VP de produto, se lembra de um processo de um mês que envolveu duas telas de celular e reuniões ao vivo com os engenheiros número 1 e 2, antes que ele pudesse se encontrar com Blecharczyk. Então veio uma reunião com Gebbia e Chesky juntos, e depois disso ele veio duas vezes para uma série de reuniões com cada pessoa do escritório na época ("Acho que alguns deles eram estagiários de verão – era difícil saber", diz Zadeh). Ao todo, ele passou por quinze horas de entrevistas, depois das quais ele recebeu um desafio de codificação de três horas para levar para casa.

Zadeh diz que sabia que buscava uma oportunidade singular, ele adorava a energia e a empolgação que sentia ao entrar no apartamento da Rausch Street – "Era palpável", diz ele – e chama sua reunião com Chesky e Gebbia de "talvez a entrevista mais divertida que já tive" (entre outras coisas, eles conversaram sobre seus superpoderes favoritos). Houve também o que Zadeh viu como uma série de coincidências estranhas que lhe disseram que se juntaria à empresa. A primeira vez que ouviu falar do Airbnb fora semanas antes, quando alguns amigos mandaram mensagem sobre um novo serviço que estavam usando chamado Airbnb. Alguns dias depois, ele tinha uma entrevista em outra empresa no Vale do Silício, quando o empregado encarregado de levá-lo a estação Caltrain depois da entrevista passou a viagem toda falando como o Airbnb era ótimo. De volta a seu apartamento naquela noite, ele entrou no Airbnb.com e a primeira coisa que ele viu foi uma casa de Frank Lloyd Wright alugável por U$300 a noite em Wisconsin. Morando em Los Angeles durante a faculdade, Zadeh se interessou por arquitetura e por Wright, e agora esse site estranho em que ele se inscrevia, dessa empresa estranha da qual ele tanto ouvia falar oferecia a chance de ficar num dos lares de Wright. No dia seguinte, quando ele se deparou um post no *Hacker News* de Blecharczyk dizendo que a Airbnb estava buscando engenheiros, ele mandou um e-mail. "Havia praticamente uma placa de neon que dizia: 'Você precisa entrar nessa empresa'", diz Zadeh.

No verão de 2010, havia mais ou menos 25 pessoas trabalhando no apartamento da Rausch Street. Os quartos haviam se tornado salas de reunião e os fundadores começaram a fazer entrevistas em escadarias, no banheiro e na cobertura. Em parte para ganhar espaço e em parte para experimentar o produto, Chesky se mudou, morando em um Airbnb pelo que acabou sendo um ano.

Hackeando o crescimento

Durante essa fase, a empresa acrescentava mais e mais usuários, mas ainda era bastante desconhecida; então, conseguir divulgação ainda era um desafio enorme. Os fundadores ainda faziam tudo o que podiam para gerar crescimento. Muitas das novas acomodações e usuários vinham da assessoria e de boca a boca, assim como das frequentes viagens que Gebbia e Chesky faziam ao redor de grandes convenções para tentar "acionar" novos mercados com eventos, fazer encontros e outras táticas de marketing de guerrilha.

Mas eles tinham outra arma secreta em Blecharczyk, que fazia um sábio uso de novas ferramentas e tecnologias para implementar vários "hacks de crescimento". Ele havia criado, por exemplo, uma tecnologia de interface com o serviço de anúncio AdWords do Google, para permitir que a Airbnb mirasse com mais eficiência usuários em potencial para cidades específicas. Ele também criou uma ferramenta inteligente ao construir uma porta dos fundos no Craigslist. Em 2009, Craigslist era um dos poucos sites que tinha uma escala massiva – reunia dezenas de milhões de usuários – porém ainda assim facilmente penetrável por marqueteiros e empreendedores sagazes. Blecharczyk criou uma ferramenta de integração de um clique através da qual usuários de Airbnb poderiam clicar num botão presente num e-mail enviado a eles e instantaneamente republicar seus anúncios no Craigslist. Os anúncios seriam visíveis pelos milhões de usuários do Craigslist, mas a ferramenta trazia as verdadeiras reservas de volta ao Airbnb. Muitos na comunidade de engenharia tiraram o chapéu para a Airbnb pela pura engenhosidade do feito, chamando-a de uma "integração notável" – especialmente porque o Craigslist não tinha uma API pública ou interface de programação de aplicação, um conjunto oficial de regras e instruções para um software trabalhar com o outro. "Isso era algo que, francamente, mais ninguém tinha", diz Blecharczyk. "Mas, por causa de nosso conhecimento, fomos capazes de fazer." Eles experimentaram o Craigslist de maneiras que atraíram críticas também. Em certo momento, contrataram sistemas que enviavam e-mails automáticos para usuários do Craigslist que haviam anunciado lá suas casas para alugar, sugerindo que, em vez disso, eles experimentassem o Airbnb. (A empresa diz que "varrer" o Craigslist era comum naquela época, mas não estava ciente de que estavam fazendo spam, o que não resultava em negócios significativos e que, quando descobriram, eles acabaram com isso.) E claro, quando foram para o South by Southwest lá em 2008, eles conquistaram seu primeiro anfitrião, Tiendung Le, saído do Craigslist, para receber Chesky na AirBed & Breakfast.

Os hacks de crescimento se tornaram menos significativos conforme o impulso real crescia. Mas é difícil superestimar a importância da habilidade em encontrar essas "formas grátis de crescimento", como Blecharczyk as chama; se os fundadores não as tivesse implementado, a empresa não teria desabrochado da forma como fez.

Então, como exatamente a Airbnb funciona? O modelo de negócio da empresa é bem parecido com o eBay: ela liga compradores e vendedores e pega uma comissão, o que é conhecido como "taxa de serviço", educadamente descrito no site como a taxa "cobrada por todas as reservas para ajudar a Airbnb a funcionar suavemente e oferecer serviço ao consumidor 24 horas por dia, 7 dias por semana." Essa é a renda da empresa. Para viajantes, a taxa varia de 6% a 12%; quanto maior o subtotal, menor a taxa. O anfitrião paga 3% da taxa de reserva para cobrir o custo de transferência de pagamento.

Então, se um viajante reserva uma acomodação por U$100 a noite e a taxa é de 12%, a Airbnb acrescenta U$12 sobre isso, o viajante paga U$112 (além de qualquer outra taxa, incluindo de limpeza, de acordo com o anfitrião), e a Airbnb fica com os U$12 assim como com os 3% de taxa dos U$100 do anfitrião (então o anfitrião fica com U$97). A Airbnb cobra de viajantes na hora que a reserva é feita, mas fica com o pagamento até 24 horas depois do check-in, antes de liberar para os anfitriões para se certificar de que tudo correu como o viajante esperava. Os anfitriões podem pegar o dinheiro através de depósito direto, PayPal ou cartão de débito pré-pago (até bem recentemente os clientes também podiam escolher um cheque antiquado por correio.)

A Airbnb é um mercado com via de mão dupla, servindo a viajantes e potenciais viajantes e também a pessoas que alugam espaço em seus lares. Mas é uma equação torta: o lado do viajante – a demanda – é naturalmente muito maior; há muito mais gente que viaja e é muito mais fácil dimensionar esse lado conquistando gente interessada num lugar barato e interessante de ficar do que encontrar gente que queira passar pela complicação de abrir seu lar para hóspedes. "É o jogo de oferta mais difícil que já vi alguém jogar", diz Arun Sundararajan, autor de *The Sharing Economy* ["Economia de Compartilhamento"]. Então, enquanto a empresa tem mais de cem milhões de hóspedes, tem apenas três milhões de inscritos – durante a escrita deste livro – nem todos ativos o tempo inteiro. Sempre que a Airbnb entra num novo mercado, tem que crescer dos dois lados, mas a oferta, ou lado do anfitrião, é inevitavelmente mais difícil de crescer. É por isso que quase toda a estrutura de comissão fica do lado do hóspede. A taxa de 3% basicamente cobre apenas o processo de pagamento; no final, a Airbnb subsidia os anfitriões não apenas com a taxa, mas também com a política da fotografia profissional gratuita e muitos outros mimos, desde enviar canecas de presente, postar no site histórias sobre alguns dos anfitriões até mandar passagens para alguns eventos de lançamento e convenções anuais.

O negócio da Airbnb é basicamente alavancar um efeito de rede: quanto mais gente você inscreve no Airbnb, mais natural e atraente a plataforma se torna para qualquer um que queira viajar, porque há mais escolhas; e quanto mais gente viaja, mais sedutor se torna para as pessoas se inscreverem, porque há mais clientes. No caso da Airbnb, pelo produto ser viagem e o próprio ato de usar isso envolver se mover do ponto A para o ponto B, é um efeito global de rede possibilitado por uma polinização cruzada rápida e barata; quando um viajante da França usa a Airbnb em Nova York, ele tem mais chances de voltar para França e considerar receber gente ou falar sobre a empresa para seus amigos, divulgando o serviço e levando a mais inscrições e atividade no mercado. Esses dois pontos estão a distância de um continente, geralmente; ainda assim, novos mercados são formados de maneira rápida, barata e orgânica, sem que equipes e funcionários tenham que colocar os pés lá. Essa é uma grande diferença entre a Airbnb e, digamos, a Uber, que tem de se lançar fisicamente em cada novo mercado com um novo investimento pesado de marketing, empregados e outros recursos. A vasta maioria do crescimento da Airbnb, tanto de viajantes quanto de inscritos, veio através desses padrões de viagem e desse efeito de rede global.

Você pode olhar para o tamanho e a escala da Airbnb de várias formas. A mais fácil é se deter nesses 140 milhões de "desembarque de hóspedes" desde sua abertura. Seus três milhões de inscritos ativos – 80% dos quais estão fora da América do Norte – fazem da Airbnb a maior fornecedora de acomodações no mundo, maior do que qualquer cadeia de hotel. (Com sua aquisição do Starwood, o Marriott International tem o maior acervo de qualquer empresa hoteleira, com 1.1 milhão de quartos.) Porém, a Airbnb não é como um hotel – seu número de registros muda dia a dia e infla com grandes eventos, e um grande número deles ficam vagos toda noite, dependendo da agenda de quem aluga e de preferências frequentes. Então esse número completo de inscritos não tem correlação com ocupação ou volume de transação, apesar de indicar amplitude e escala. A empresa opera em 191 países – em todo lugar, menos Irã, Síria e Coreia do Norte, como gosta de apontar – e em 34 mil cidades. Duas das coisas de que os investidores da Airbnb mais gostam é da sua eficiência e seu crescimento. Por poder expandir com um custo tão baixo – gastou menos de U$300 milhões no total em oito anos, de acordo com as estimativas –, estima-se que sua economia conjunta com o Uber foi de U$1.2 bilhões apenas na primeira metade de 2016. E, em oito anos, a Airbnb ainda está crescendo como mato. Enquanto escrevo isso, a empresa acrescenta 1.4 milhão de usuários por semana, e esses 140 milhões de "desembarques de hóspedes" foram projetados para crescer a U$160 milhões no começo de 2017. Os investidores esperavam que a empresa tivesse renda de U$1.6 bilhão em renda e se tornasse positiva no fluxo de caixa em 2016.

A regra de três cliques de Steve Jobs

Uma questão muito colocada sobre a Airbnb é por que ela decolou quando tantos outros sites similares já existiam – Couchsurfing.com, HomeAway.com, VRBO.com, até o próprio Craigslist. Por que a Airbnb conseguiu popularizar aluguéis de curta duração enquanto outros não?

Grande parte da explicação está no produto em si. "Produto" é um termo vago que engloba tudo que vem depois da ideia no mundo da tecnologia: é o site ou aplicativo, a aparência, a forma como funciona, as coisas que faz, a engenharia que o sustenta e a forma como você usa e interage com ele (a "experiência do usuário"). O primeiro produto da Airbnb era simplesmente a ideia bizarra e um site no WordPress, mas quando chegou a hora de se preparar para o terceiro lançamento na CND em Denver, os fundadores expandiram a visão, indo de uma plataforma simples que trazia ofertas para conferências lotadas para um site onde você podia alugar um quarto na casa de alguém tão facilmente quanto reservar um hotel. Mas no começo, Chesky e Gebbia eram enfáticos sobre certas coisas em relação ao site e à experiência: especificamente, não podia gerar atrito, tinha de ser fácil. As inscrições tinham de parecer bonitas. E, baseada na famosa regra de três cliques de Steve Jobs, um herói do design para Chesky e Gebbia – quando Jobs concebeu o iPod, ele queria que nunca estivesse a mais do que três cliques de uma música –, os fundadores queriam que seus usuários nunca estivessem a mais de três cliques de uma reserva.

Na verdade, o que tantos investidores viram como um sinal de alerta durante aquelas primeiras entrevistas – que Chesky e Gebbia eram designers da RISD carentes de conhecimento técnico – acabou se tornando um dos maiores trunfos deles. Para eles, o design não era apenas um objeto ou, no caso deles, um site; era como algo funcionava – do produto, passando pela interface até a experiência. Mais tarde, esse enfoque se infiltraria em cada aspecto do negócio, incluindo a maneira de construir a cultura, conceber os escritórios, estruturar a empresa e fazer reuniões de diretoria. Mas nesses primeiros dias era basicamente a aparência, simplicidade e a experiência geral do site. Em termos tecnológicos, era para isso que eles se "otimizaram".

O foco em design, junto ao fato de se estar relacionada a lares, quartos e viagens, às vezes alimenta a percepção de que a Airbnb não é uma empresa de tecnologia, mas a profundidade do desafio técnico que a plataforma apresentou desde o começo era significativa. Havia muitos elementos com que o site precisava lidar: pagamento, serviço de atendimento ao consumidor e avaliações, cada um deles representando um esforço de engenharia importante, levando tempo para construir e refinar – e por muito tempo havia apenas Blecharczyk para fazer isso.

A parte mais complicada de se acertar eram os pagamentos.

Para atingir seu objetivo de reservar um quarto tão facilmente quanto em um hotel, os fundadores sabiam que precisavam de um mecanismo de pagamento on-line fluido e sofisticado – e diferentemente dos hotéis, eles precisavam lidar não apenas com receber os pagamentos, mas também reemitir 97% deles de volta aos anfitriões individuais. Na corrida para o lançamento na CND, Blecharczyk se voltou para a Amazon para construir seu mecanismo; graças ao novo serviço de pagamento em nuvem da varejista, tinha a habilidade de coletar o dinheiro de uma pessoa e reenviar a outra sem dar à Airbnb qualquer responsabilidade de ser um banco. O sistema era novíssimo na época e ainda não muito bem documentado no mundo da engenharia, então Blecharczyk levou um mês para conseguir fazer com ele funcionasse.

Mas quando ele mostrou a Chesky e Gebbia, eles não se impressionaram: acharam a experiência de usuário terrível, levava passos demais e a marca da Amazon estava muito presente. Eles limparam e decidiram tentar se tornar o intermediário; eles iriam coletar o dinheiro, mantê-lo na conta deles e só depois reenviá-lo para o cliente. Isso trazia suas próprias complicações: se ele fossem pegos no meio de uma transação fraudulenta, tardia ou contestada, seriam responsáveis pelos encargos, a quantidade apaziguadora devolvida ao cliente. Justamente por esse motivo eles se afastaram desse enfoque. Mas decidiram que assim seria mais fácil e mais fluido para o usuário, então tinham de pensar numa maneira de fazer esse sistema funcionar. A tempo da CND, Blecharczyk substituiu o esforço da Amazon pela solução proposta pelo PayPal, mas no final ele construiu um sistema de pagamento de ponta a ponta que era capaz de lidar com as complexidades dos mercados globais e moedas e poderia reenviar pagamentos para indivíduos centenas de vezes por dia. O sistema de pagamento da Airbnb evoluiu com o tempo e, enquanto sua sofisticação mal é percebida pelos viajantes que o usam, é considerado um feito entre engenheiros.

Dado que a empresa estava juntando estranhos de noite no lar das pessoas, um sistema robusto de atendimento ao consumidor era imprescindível. O serviço de atendimento ao consumidor – a empresa agora chama de experiência do consumidor – forma hoje o maior grupo único de empregados da empresa, mas em meados de 2009 Gebbia ainda cuidava de todas as ligações de seu celular. Assim, na lista de coisas a fazer de Blecharczyk também estava construir uma plataforma de serviço ao consumidor 24/7 através do site, que funcionaria como uma "recepção" para centenas de milhares de hóspedes que ficavam nas propriedades da Airbnb em determinada noite.

Outro desafio era a busca ou a construção de um mecanismo que juntasse hóspedes que buscavam um lugar para ficar com aqueles que ofereciam acomodações. Isso pode parecer tão simples como encontrar alguém com uma inscrição disponível numa certa localidade para as datas selecionadas de um hóspede. Ainda assim, pensar em como conseguir as inscrições certas na frente das pessoas certas era e ainda é um processo complicado. Cada inscrição é única, não apenas em sua aparência, sensação, localização e preço, mas também na disponibilidade, em seu anfitrião e no conjunto de regras e preferências dele. E o que é ótimo para uma pessoa pode ser terrível para outra. É um problema superpersonalizado de junção de duas vias, e ainda assim os fundadores sabiam que para o site funcionar ele precisava entregar um produto que tanto o hóspede quanto o anfitrião não apenas gostassem, mas gostassem tanto que ambos usassem a plataforma novamente e contassem a seus amigos.

Nos primeiros dias da Airbnb, a capacidade de busca era bem direta, mostrando as inscrições de mais qualidade, que atendessem alguns filtros básicos – número de viajantes, datas, amenidades – dentro de determinada área geográfica. Porém, com o tempo, os algoritmos da empresa ficaram mais avançados, capazes de transformar em fatos coisas como a qualidade, padrões de comportamento do anfitrião e preferências de reserva. Por exemplo, a Airbnb pode dizer pelo comportamento anterior de seus usuários que alguns anfitriões gostam de agendar meses antes, enquanto outros ficam confortáveis com o planejamento de última hora; ela se esforça ao máximo para juntar um agendamento de urgência com um anfitrião que mostra disponibilidade em aceitar esse tipo de reserva para reduzir as chances de um hóspede tentar agendar e ser negado.

Com o tempo e com a tecnologia impulsionando a busca e os resultados, a Airbnb se tornaria muito mais sofisticada. A empresa agora tem quatrocentos engenheiros e um sistema de aprendizado de máquina que marcha cada vez mais em direção ao Santo Graal da Airbnb: a agilidade de extrair de possíveis dez mil inscrições disponíveis para certas datas, digamos, em Paris, apenas aquelas cinco ou seis de que determinado usuário mais gostaria.

A Airbnb continuou a investir em produto ao longo dos anos de 2010 e 2011, lançando novos mecanismos como listas de desejos, que permitem aos usuários criarem listas de aspirações, no estilo do Pinterest, de espaços que eles mais cobiçam, e possam ver publicamente celebridades bem conhecidas que criaram as suas, e a ainda a habilidade de ligar a conta de um usuário da Airbnb à conta do Facebook. Depois que a empresa viu que inscrições com fotografia profissional geravam duas ou três vezes mais reservas do que a média do mercado, em 2011 ela expandiu o programa de fotografia de mil fotos por mês para cinco mil, o que alimentou um aumento nas reservas.

A habilidade da Airbnb de dimensionar tudo isso rapidamente foi muito auxiliada pelo fato de ela ter nascido na nova era da nuvem na computação. Em vez de precisar ter e construir servidores caros que demandam recursos intensivos, armazéns e centros de dados, ela podia guardar toda sua infraestrutura on-line na nuvem; podia alugar serviços e ferramentas de fornecedores que também estavam na nuvem; podia essencialmente deixar toda as suas formas de computação externas. Ela migrou todas essas funções para o Web Services da Amazon, a subsidiária da gigante varejista on-line que passou a dominar o mercado de terceirização de nuvem de computação para as empresas. Sem ter de gastar nenhum tempo ou energia pensando em como manter e operar uma infraestrutura complicada, a equipe de engenharia da Airbnb podia focar em apenas construir um site robusto, resolvendo os problemas exclusivos de seu negócio central. Se a empresa tivesse sido fundada antes, talvez esse não fosse o caso.

Mas embora a Airbnb tenha tido o benefício dessas inovações, essas ferramentas eram novas e jovens, e nem sempre funcionavam tão bem como hoje. Independentemente do dia, somente manter o site funcionando direito já era um desafio, porque poderiam aparecer *glitches* ou "coisas aleatórias acontecerem", diz Blecharczyk. Após dezoito meses e mesmo depois, uma boa parte de seu trabalho seria simplesmente manter a plataforma em pé funcionando. Ele programou o celular para alertá-lo sempre que o site caísse com um pop-up que dizia "Airbeds murchando!" Quando voltava, o pop-up dizia "Airbeds infladas!". "Eu estava apitando com esse troço toda hora, a cada dois dias mais ou menos, frequentemente em plena madrugada", diz ele.

Mesmo assim, toda essa sofisticação do *back-end* permitiu o crescimento da empresa. Desde o primeiro investimento da Sequoia, o maior desafio não foi gerar o crescimento, mas acompanhá-lo. Em 2010, a empresa aumentou as noites reservadas em 800% de acordo com o TechCrunch. Em novembro daquele ano, a Airbnb já tinha reservado setecentas mil noites – 80% das quais aconteceram nos últimos seis meses. Naquele ponto, a equipe havia se mudado para novas bases na Tenth Street em São Francisco. A empresa também começou a atrair atenção de alguns investidores de alto perfil, que anteriormente a haviam recusado. No primeiro semestre de 2010, os fundadores conseguiram uma reunião com alguém que eles tentavam encontrar há algum tempo: Reid Hoffman, cofundador do LinkedIn e parceiro na empresa de capital de risco Greylock Partners. A ideia havia sido apresentada originalmente a Hoffman como um modelo de Couchsurfing e ele não se interessara. "A primeira pessoa que me contou sobre eles apresentou mal o negócio", diz ele, acrescentando que a pessoa era "meio tapada, quando se trata desse negócio." Mas Jeremy Stoppelman, cofundador da Yelp e um dos primeiros anjos investidores do Airbnb, disse a Hoffman que era uma ideia empolgante e que ele precisava mesmo conhecer os fundadores.

Dez dias depois, os fundadores da Airbnb dirigiram para os escritórios da Greylock em Sandhill Road em Menlo Park – a meca para o capital de risco – para se encontrar com Hoffman. Em poucos minutos, Hoffman diz, tornou-se claro para ele que o conceito não tinha nada a ver com Couchsurfing; era o eBay para espaço, o que ele via como uma ideia infinitamente maior e mais original. Ele os deteve no meio da conversa e disse-lhes que não havia mais necessidade de se apresentar. "Olha, com certeza farei uma oferta de investimento", disse ele. "Então seguiremos com o pitch, mas vamos de fato fazer uma reunião de trabalho. Vamos falar sobre quais são os desafios e trabalhar isso no pitch." Em novembro, a empresa anunciou sua série A de financiamentos: U$7.2 milhões numa rodada liderada pela Greylock Partners. (Hoffman disse que aprendeu a lição por ter deixado passar antes: quando um "tapado" apresenta mal um negócio, não suponha que foi com precisão. "Espere por um bom pitch que seja confiável", diz ele.)

Uma das coisas de que Hoffman mais gostou não foi apenas a ideia, mas também a cara de pau e a energia que os fundadores demonstraram – talentos que Hoffman vê como especialmente críticos para empreendedores que estão começando negócios num mercado on-line. "Diferentes tipos de negócios requerem fundadores com diferentes forças primárias", diz ele. "E uma das forças para fundadores do mercado é uma propensão a pensar fora da caixa e ser durão." Algumas das coisas que os fundadores da Airbnb já realizaram – fazer coisas imensuráveis para depois colocar em escala – eram comportamentos clássicos de fundadores de mercado, diz Horffman. "Se fosse uma rede de TV ou uma empresa de jogos, poderia não importar muito. Mas nos mercados é realmente crucial, e essa é a história de fundação deles." O desafio de pagar o aluguel, os Obama O's, a busca por sobrevivência – "Esses foram os motivos pelos quais eu fui logo ao 'vou investir imediatamente'", diz ele.

Dois meses depois, a Airbnb anunciou que havia atingido um milhão de noites reservadas. Apenas quatro meses depois disso, eles dobraram novamente, para dois milhões. Mas a maior notícia ainda estava por vir: após meses de boatos nos círculos de tecnologia, na metade de julho de 2011, a Airbnb confirmou que havia conquistado uma nova rodada de U$112 milhões em financiamento, liderado por Andreessen Horowitz. A empresa desistira antes, mas deu meia-volta. A rodada também incluía outros investidores fundamentais como DST Global e General Catalyst Partners e elevou a valorização da empresa a U$1.2 bilhões, tornando-a oficialmente o que chamam de "unicórnio", uma empresa privada que vale ao menos U$1 bilhão – apesar do termo só ter sido cunhado dois anos depois. O site de tecnologia AllThingsD chamou o valor levantado de "impressionante", visto que a primeira rodada da Airbnb havia totalizado apenas U$7.8 milhões.

Mais do que tudo, a rodada de financiamento era um sinal apenas de que a empresa havia chegado lá, mas também de que muitos achavam que tinha potencial para ser muito maior. O tamanho e escala do financiamento, junto dos nomes dos investidores reverberou ao redor do Vale. As notícias trouxeram ao mundo dos investidores um medo palpável de perderem a nova grande ideia. "A Airbnb se tornou um azarão do mundo das startups", escreveu a TechCrunch. Durante uma entrevista em vídeo em maio de 2011, Chesky se impressiona com o fato de que a empresa ainda não houvesse tido nenhum problema com a segurança dos hóspedes. "Então, nenhuma prisão, nenhum assassinato, nenhum estupro – você ainda não teve seu momento de Craigslist", apontou a entrevistadora Sarah Lacy, na época, no TechCrunch. "Tivemos 1.6 milhões de noites reservadas, ninguém se feriu, não houve relatos de nenhum problema grave", vangloriava-se Chesky. Lacy o pressionou: "uma hora haverá, certo?". "Já dirigi carros por períodos menores e tive três acidentes", disse Chesky, "então, vou dizer que é mais seguro do que um carro." Seus comentários pareciam desafiar o destino e suas palavras taziam um mau prenúncio, enquanto ele as dizia.

Os fundadores passaram por obstáculos quase inconcebíveis para chegar onde estavam. Ninguém acreditara neles. Passando por cola quente, investidores frios, noites com o coração na boca e pais em pânico, eles derrotaram as imensas obstruções no meio do caminho. Mas agora eles entravam na série A. E iriam deparar com alguns problemas de peixe grande.

Alguns "socos bem na cara"

Durante o primeiro boom da internet, um trio de irmãos na Alemanha – Marc, Alexander e Oliver Samwer – começou a ganhar a vida pegando as ideias das startups de tecnologia mais bem-sucedidas dos EUA e clonando-as no exterior. Sua firma de capital de risco com base em Berlim havia financiado o lançamento de clones do eBay, Zappos e Amazon. Em 2007, eles começaram outra firma: Rocket internet, para aplicar essa mesma estratégia em uma nova safra de startups. Seu manual de instruções era sempre o mesmo: começar cedo na Europa com cópias de sites, enquanto os originais ainda estavam focados primariamente nos Estados Unidos e sem a largura de banda e capital para a expansão além-mar; gastar abundantemente para fazê-los crescer quase de um dia para o outro para dominar o mercado; vender a ideia de volta à empresa original, que naquele ponto pagaria uma enorme soma para retomar a "propriedade" de sua própria marca no exterior.

Em 2010, os três haviam focado no Groupon, com grande sucesso – a Groupon acabou comprando o clone por U$170 milhões – e em 2011 eles voltaram sua atenção à Airbnb. Começaram uma empresa chamada Wimdu e sua subsidiária chinesa, Airizu, ganharam U$90 milhões e em poucos meses haviam contratado quatrocentos empregados, aberto mais de uma dúzia de escritórios e alegavam ter dez mil inscrições. De acordo com a Airbnb, eles começaram a ouvir de membros de sua plataforma comentários sobre a tática agressiva da Wimdu, que incluía caçar inscrições do negócio nascente da Airbnb por lá e pedir que os anfitriões mudassem para o Wimdu. "Foi uma guerra declarada", diz Alfred Lin, da Sequoia. Quando a Airbnb ficou sabendo da atividade, enviou um e-mail para sua comunidade, alertando os usuários a não entrarem na desses "picaretas".

A Airbnb estava numa séria desvantagem. Contava com apenas quarenta funcionários à época e sabia que precisava pegar o mercado europeu, e rápido – a Airbnb não podia se autointitular uma empresa de viagens e não estar disponível no mundo todo, sobretudo na Europa ("Seria como um celular sem sinal – não haveria razão para existir", disse Chesky durante uma entrevista com Reid Hoffman, na aula dele de Technology-Enabled Blitzscaling, na Universidade Stanford.) Assim, logo os irmãos Samwer fizeram uma proposta de vender a Wimdu para a Airbnb. Foi um momento de muita reflexão para a empresa. Naquele momento, eles tinham acesso às maiores mentes no Vale do Silício, como Chesky contou aos alunos de Hoffman, e por isso ele pediu ajuda a uma mesa de conselheiros da alta cúpula: Mark Zuckerberg, Andrew Mason, Paul Graham e Hoffman. Cada um tinha uma opinião diferente: Mason, que havia passado por essa experiência, disse que a Wimdu tinha o potencial de matar a Airbnb. Zuckerberg aconselhou Chesky a não comprar, porque quem tivesse o melhor produto ganharia. No fim, o conselho que Chesky seguiu veio de Paul Graham, que disse a ele que a diferença entre Airbnb e Wimdu era de que os proprietários da Airbnb eram missionários e os da Wimdu eram mercenários. Os missionários geralmente ganham, disse ele.

No que Chesky posteriormente chamaria de momento de "apostar a empresa", os fundadores decidiram não comprar a Wimdu, basicamente pelo motivo que Graham havia mencionado: Chesky não queria absorver quatrocentos novos empregados possivelmente mercenários e de cuja contratação a Airbnb não havia participado. Eles também decidiram que uma vez que os irmãos Samwer provavelmente não tinham interesse em dirigir a empresa a longo prazo – todo o modelo de negócios deles girava em torno de vender empresas, não dirigi-las – a melhor vingança era de fato forçá-los a administrar a empresa gigante que eles haviam acabado de criar. "Você teve o bebê, agora tem de criar a criança e está preso a isso", disse Chesky a Hoffman.

Mas embora dizer "não" tenha sido a coisa certa para os valores da empresa e a cultura, a pressão agora estava em tomar o mercado europeu. A Airbnb imediatamente adquiriu outra empresa alemã, Acooleo – uma imitadora, mas não extorsiva – e começou um avanço internacional em termos de contratar e treinar gerentes de países, deixando-os com a tarefa de abrir e crescer em seus mercados locais. Nos três meses seguintes, a Airbnb abriu dez escritórios e contratou centenas de pessoas no exterior. (A Wimdu ainda está operando e se vangloria de dez milhões de noites reservadas.)

No geral, foi algo arriscado e uma grande lição. Mas em termos de crise, não foi nada como o que aconteceu algumas semanas depois.

Por anos, uma das maiores razões pelas quais os investidores hesitaram com a Airbnb foi a questão da segurança; na mente de muita, muita gente, a maior razão de a ideia de deixar estranhos dormirem em suas casas ser idiotice é que aquilo era procurar encrenca. Mas, desde o começo, os fundadores da Airbnb insistiam que as ferramentas que eles haviam criado – perfis pessoais e fotos para os hóspedes e anfitriões, além do sistema robusto de duas vias com avaliações e reputações – ajudavam a proteger os usuários de preocupações com segurança. E em 2011, como nada de mau havia acontecido ainda, eles se sentiam confiantes de que estavam fazendo tudo certo.

Em 29 de junho de 2011, como foi bem documentado, uma mulher chamada EJ publicou uma postagem devastadora em seu blog sobre como os hóspedes da Airbnb haviam bagunçado sua casa no começo do mês. Não era apenas bagunçado, era destruído violentamente. Os locatários destruíram tudo o que EJ possuía, virando o apartamento e o mundo dela pelo avesso. Eles arrombaram uma porta de armário trancada e roubaram sua câmera, iPod, computador, as joias da avó, certidão de nascimento e cartão do seguro social. Encontraram cupons e fizeram compras na internet. Queimaram as coisas dela na lareira sem abrir a chaminé, então cinzas cobriram todas as superfícies. Cortaram etiquetas de travesseiros e viraram água sanitária nos móveis, balcões, mesa e impressora. Suas roupas e toalhas foram deixadas numa pilha molhada e mofada no chão do closet. A pia do banheiro ficou coberta numa "substância amarela incrustada". Enquanto isso, a pessoa ou conta que alugou o apartamento – um usuário da Airbnb chamado "DJ Pattrson" – enviava e-mails amistosos sobre como ele ou ela estavam adorando o "belo apartamento banhado na luz do sol", especialmente "a pequena área de loft" no andar de cima.

Foi uma versão extrema do que poderia dar errado, bem além da imaginação de alguém. E a vítima não poderia ter sido mais solidária: uma freelancer que tentava fechar as contas havia escrito de forma tocante como tornara seu lar o seu "retiro particular, meu loft ensolarado, iluminado, aconchegante em que eu me derretia nas raras ocasiões em que eu não estava viajando", e como ela refletia "uma vida que era toda minha, um lugar que era pacífico e seguro." Ela escreveu sobre sua decisão de alugar: "Pareceu tolo deixar um apartamento perfeitinho ficar vazio enquanto eu viajava, quando havia tantos visitantes em São Francisco precisando de um lugar para ficar, que queriam experimentar uma cidade como eu preferiria: na casa de alguém, fora da bolha de turismo de um hotel." Ela não era novata em dividir a casa, já havia alugado o lugar pelo Craigslist várias vezes, quando morava em Nova York, com "resultados excepcionais". Ela havia experimentado a Airbnb como viajante recentemente e tinha adorado. Resumindo, se a Airbnb pudesse ter feito um pôster de usuário modelo, alguém que incorporasse todos os valores que a empresa tentava transmitir entre seus membros, eles não arrumariam ninguém melhor do que EJ.

Em sua postagem, ela foi bastante razoável em relação ao papel da Airbnb, e até deu à empresa o benefício da dúvida. "Creio que talvez 97% dos usuários da Airbnb são pessoas boas e honestas", escreveu ela. "Infelizmente, peguei os outros 3%. Alguém iria pegar, creio eu, e haverá outros." Mas ela perguntou o que exatamente ela havia recebido pela taxa da Airbnb. Craigslist era de graça, ela escreveu, mas a alertava seguidamente que o uso do site era de seu próprio risco, e a encorajava a se comunicar com hóspedes em potencial. A Airbnb controla com rigidez a troca de informações pessoais até a reserva ser paga. A implicação, como ela escreveu, era que a Airbnb já havia feito a pesquisa para ela e que a taxa que cobravam era para isso. Mas o sistema havia fracassado enormemente.

EJ escreveu que os invasores roubaram algo que não poderia ser substituído: seu "espírito". Ela escreveu sobre ficar com amigos, sofrer ataques de pânico e passar tardes varrendo lojas de penhores buscando seus pertences roubados.

EJ mandou um e-mail para o canal de emergência "urgente@airbnb", mas não teve resposta até o dia seguinte e até entrar em contato com um amigo que havia trabalhado para a empresa. Imediatamente depois do serviço de atendimento saber da situação, eles foram solidários e proativos; como EJ escreveu em sua primeira postagem: "Eu seria negligente se não parasse aqui para enfatizar que a equipe do serviço de atendimento ao consumidor do airbnb.com foi maravilhosa, dando ao crime atenção total. Eles ligaram com frequência, mostrando solidariedade, apoio e preocupação genuína com meu bem-estar. Ofereceram ajuda para eu me recuperar emocional e financeiramente e estamos trabalhando com a polícia de São Francisco para localizar esses criminosos."

Poucas pessoas souberam da história por quase um mês. Mas então a postagem de EJ foi pega pelo *Hacker News* e se tornou viral. Internamente, a Airbnb estava se contorcendo. Nunca havia passado por uma crise assim antes, e não estava preparada para isso. Chesky, Gebbia e Blecharczyk, a equipe executiva, e todo o departamento de serviço ao consumidor, incluindo uma dúzia que havia vindo de lugares remotos, permaneceram lá quase 24 horas por dia nas semanas seguintes – trouxeram colchões infláveis, mas ninguém riu da ironia – e os fundadores também recorreram a sua equipe completa de conselheiros. Seus investidores mais novos, Andreessen Horowitz, chegaram a dividir suas tarefas em dois turnos: Jeff Jordan, sócio geral e novo membro da diretoria da Airbnb, cuidava dos dias e Marc Andreessen, das noites. (A mega rodada de financiamento tinha acabado de ser anunciada e muitos acharam que foi a atenção gerada pela notícia que fez a história de EJ viralizar.)

Ainda assim, cada um tinha uma opinião diferente sobre como lidar com a crise. Alguns discutiam que assumir a responsabilidade iria apenas abrir a porta para mais preocupações; outros diziam que a empresa deveria admitir que havia dado mancada; e outros ainda diziam que deveriam apenas se retirar e ficar em completo silêncio.

Em 27 de julho, Chesky soltou a primeira resposta pública da empresa e tentou assegurar à comunidade que alguém havia sido preso, que a Airbnb tinha a segurança como sua prioridade número um e que estava em contato com EJ e as autoridades para "acertar tudo". Ele ressaltou algumas melhorias na segurança que a empresa começaria a implantar.

A carta piorou as coisas.

EJ escreveu outra postagem contradizendo as alegações de Chesky: ela disse que o serviço de atendimento ao consumidor, que havia sido tão atencioso, de repente desapareceu, quando ela escreveu publicamente sobre o ataque e disse que um fundador, não o Chesky, ligou para ela pouco depois e disse que tinham conhecimento sobre a pessoa que fora presa, mas que não podiam compartilhar a informação. Ela disse que esse fundador – era

Blecharczyk – expressou preocupação sobre o impacto negativo que o blog dela poderia gerar e perguntou se ela poderia apagar. Ela disse que a empresa não havia feito nada para garantir a segurança dela ou para compensá-la pelos prejuízos. Ela terminou a postagem sugerindo que qualquer um que quisesse ajudá-la deveria ficar com o dinheiro e usar para reservar um hotel da próxima vez que viajasse.

Enquanto isso, outro usuário do Airbnb veio com outra história igualmente terrível sobre como usuários de *crystal meth* haviam destruído seu apartamento de forma similar alguns meses antes.

A situação que era ruim estava piorando. E apesar de ter acesso aos melhores consultores, Chesky ainda recebia muitos conselhos conflitantes. Quase todo mundo se concentrava no impacto sobre a empresa e tinha medo de fazer ou dizer alguma coisa que exacerbasse a situação. Consultores diziam a Chesky para não se preocupar com EJ, que ela dizia que queria ser deixada em paz. Os advogados pediam que ele fosse muito cauteloso no que dizia. Mas ser cauteloso e silencioso era exatamente o que estava piorando tudo. A certa altura, Chesky finalmente percebeu que precisava parar de ouvir esses conselheiros. "Tive esse momento bem sombrio onde não digo que parei de me importar, mas minhas prioridades mudaram completamente", diz. Ele percebeu que precisava parar de administrar pelo resultado e administrar de acordo com os valores da empresa. Ele sentia que precisava se desculpar, e de forma grandiosa.

Em 1º de agosto, uma segunda-feira, Chesky postou uma carta de palavras fortes. "Nós realmente estragamos tudo. Na semana passada escrevi uma postagem tentando explicar a situação, mas ela não refletiu meus verdadeiros sentimentos. Então vamos lá." Ele disse que a empresa havia lidado mal com a crise e com a importância de sempre manter seus valores. Disse que a Airbnb decepcionou EJ e que eles deveriam ter respondido mais rápido, com mais sensibilidade e com uma ação mais decisiva. Ele anunciou uma garantia de U$50 mil contra danos, que também funcionaria retroativamente. (Alguns meses depois, o Airbnb aumentou a garantia para U$1 milhão.) Ele anunciou um canal de atendimento 24 horas – algo que EJ disse que eles deveriam ter – e que estavam dobrando o setor de atendimento ao consumidor.

Tudo isso contrariava os conselhos que Chesky recebia. "As pessoas diziam: 'Precisamos discutir isso, precisamos fazer testes'", e eu dizia 'Não, vamos fazer isso'." O conselho que ele aceitou: Marc Andreessen, que leu a carta atentamente à meia-noite, disse a Chesky para acrescentar seu endereço pessoal de e-mail às desculpas, e ele acrescentou um zero, mudando a garantia de u$5 mil para u$50 mil (o Departamento de Polícia de São Francisco depois confirmou que havia feito uma prisão. A Airbnb diz que houve um acordo no caso, mas recusou-se a comentar mais do que isso.)

O primeiro aprendizado de Chesky depois dessa experiência: pare de tomar decisões por consenso. "Uma decisão consensual num momento de crise geralmente vai ser um meio termo, e talvez a pior decisão. Geralmente numa crise você tem de ir para a direita ou para a esquerda." Dali em diante o "acrescente um zero" se tornou um eufemismo para levar o pensamento de alguém para o próximo nível. Posteriormente ele chamaria a experiência de "um renascimento" para a empresa.

Chesky disse que esses desafios eram como golpes repentinos que vinham quando ele menos esperava. "É como se você cruzasse a rua e alguém batesse no seu rosto sem você esperar", contou ele a Reid Hoffman durante a conversa em Stanford.

Como parte do renascimento da Airbnb, os fundadores fizeram algumas contratações essenciais. Se a experiência com EJ havia lhes ensinado algo era que precisavam de um profissional de comunicação. Encontraram Kim Rubey, uma veterana do partido democrata que depois migrou para o eBay e depois para o Yahoo. Ela tinha experiência em crises, consumidores e governos, o que parecia a combinação certa. Kim entrevistou os três fundadores e montou um plano de cem dias. Depois de ser aceita, eles disseram a ela que, por sinal, abririam dez novos mercados na Europa em poucas semanas. "Era tipo: 'Ah, esquecemos de te dizer...'", conta ela. E Chesky fez uma contratação executiva estratégica com Belinda Johnson, a antiga consultora-chefe jurídica do Yahoo. Johnson havia ido para a gigante das pesquisas após a empresa adquirir a Broadcast.com, onde havia sido consultora jurídica, ajudando a conduzir os dias nascentes do streaming de rádio, violação de copyright e questões de privacidade, tudo nos primeiros tempos da internet. Ela deixara o Yahoo e buscava a próxima oportunidade, que esperava que fosse um negócio nos primeiros estágios, para lidar com os consumidores, e ela estava seguindo as notícias do Airbnb. "Eu estava empolgada com o que eu lia", diz. Ela começou no segundo semestre de 2011, no quartel-general de São Francisco, para onde a empresa havia se mudado recentemente, em Rhode Island Street.

Sobrevivendo versus Apagando incêndios

Os três fundadores da Airbnb começaram a dimensionar, mas também estavam aprendendo algumas grandes lições sobre se tornar uma empresa de bilhões de dólares. Antes, nos dias em que Chesky, Blecharczyk e Gebbia tentavam desesperadamente erguer a ideia do chão, o foco era simplesmente sobreviver. "Mas, antes do Product/Market fit, pensar a longo prazo parecia pretensioso", disse Chesky posteriormente. "Quando você está morrendo, você não pensa 'O que quero ser quando crescer?', você pensa 'Como não morrer?'"

Em retrospecto, esses dias de cereal seco foram mais objetivos. Agora, eles tinham crises e competidores. Decisões de pegar ou largar aconteciam num instante. Todo mundo começava a pensar mais em objetivos de longo prazo, mas ainda havia decisões minuto a minuto para tomar, porque a empresa não tinha construído uma simples base de sustentação.

Como Reid Hoffman uma vez disse para Chesky, era como "saltar de um penhasco e montar um avião em queda". Num breve período os fundadores tiveram de contratar muita gente – no final de 2011 eles tinham por volta de 150 pessoas no escritório e mais 150 no exterior – para então descobrir o que gerenciamento de fato significava. Tinham de desenhar e construir uma cultura e precisavam de coisas como mapas de estradas – não apenas para o próximo dia ou as duas próximas semanas, mas para os próximos três meses, para que os novos empregados soubessem no que trabalhar. Do lado do cliente, agora havia milhões de pessoas se hospedando pela Airbnb e em alguns dias o serviço ao consumidor não era mais suficiente.

As pessoas perguntam a Chesky com frequência sobre os dias de fundação, mas ele diz que pensar na empresa apenas nesses termos vai do estágio 2 até o 5, que é muito, muito mais difícil; ele os descreve como "apagar incêndio". Essa fase pode ser solitária – há muitos livros sobre como começar uma empresa, diz ele, e muitos sobre como gerenciar pessoas em grandes organizações, mas não há muitos livros sobre os estágios intermediários.

No caso da Airbnb, a fase de supercrescimento duraria por um tempo bem longo. Chesky me contou, no começo de 2012, que finalmente estavam naquele ponto, quando ele começou a desenvolver um ritmo e foi capaz de pensar mais a longo prazo. A empresa não sairia do supercrescimento por um bom tempo – ainda está nele –, porém mais contratações de executivos-chave viriam, assim como uma mudança em 2013 para novas instalações gigantescas. A Airbnb foi de "um eBay para espaço", no linguajar de conversa de elevador do Vale do Silício, para um padrão no qual outras startups se espelhavam. Boatbound se lançou como a Airbnb dos barcos, dukana era a Airbnb dos equipamentos e DogVacay como a Airbnb para cães.

Hoje em dia, a Airbnb é um rolo compressor. Há mais de 2500 funcionários, incluindo quatrocentos engenheiros e um departamento de atendimento ao consumidor maior ainda. E isso é apenas dentro da empresa. Há também o grupo mais importante na história da Airbnb, e fica do lado de fora das quatro paredes de seu quartel-general: os anfitriões e viajantes. Em outras palavras, os milhões de pessoas que transformaram a Airbnb de uma empresa a um movimento.

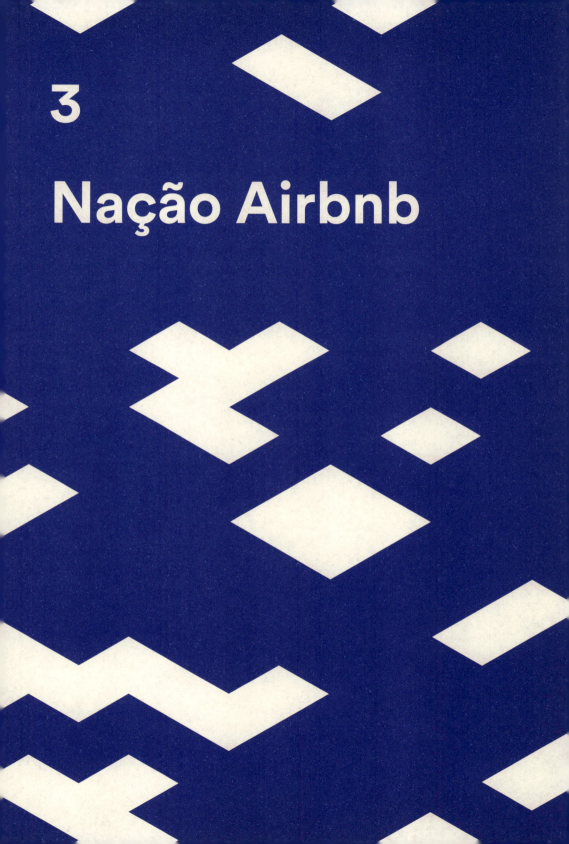

> *Uber é transacional;*
> *Airbnb é humanidade.*
> ELISA SCHREIBER, Greylock Partners

A formação e o crescimento da Airbnb são uma saga de empreendedorismo. A luta que os fundadores enfrentaram para tirá-lo do chão, a tecnologia, os produtos, a cultura que construíram e a forma como se tornou rapidamente uma máquina de alta performance compõem uma história de agilidade corporativa surpreendente. É notável que eles tenham feito isso em poucos anos e com pouca experiência prévia. Mas estudar apenas o que acontece dentro das quatro paredes da empresa em si seria perder quase toda a "história" da Airbnb.

Airbnb, a empresa, é aquela com mais ou menos 2500 funcionários, a maioria em São Francisco. Airbnb, o movimento, são milhões de pessoas no solo, em todo lugar.

Vários milhões de pessoas usaram a Airbnb. Seu negócio é sazonal, mas a empresa chegou a um novo pico durante o verão de 2016, quando 1.8 milhão de pessoas hospedaram-se nas acomodações oferecidas pela Airbnb numa única noite. Mesmo com esses números, a penetração da empresa ainda é baixa: muitas pessoas nunca ouviram falar de nada disso, e quando você menciona o conceito para elas, soa tão bizarro quanto soava para os primeiros investidores, que nem chegariam perto.

Enquanto eu escrevia este livro, muitas pessoas para quem mencionei isso estremeceram, quando ouviram a ideia. Para alguns, há um fator "eca". "Eu *nunca* faria isso", diz a amiga de uma amiga. "E se você terminasse nos lençóis sujos de alguém?" Certa manhã, a reação de um motorista contratado por um grande telejornal matutino para me pegar e me levar para um estúdio foi típica. Ele não havia ouvido falar sobre esse tipo de serviço, mas, depois que expliquei a ideia, balançou a cabeça e disse que simplesmente nunca o usaria. Primeiro, disse ele, é assim que você pega pulgas. Depois, apontou, se você abre sua casa para estranhos, você não tem ideia de quem está deixando entrar. "Você pode ter um assassino à solta!" Ele está certo. Pode. Muitas coisas podem dar errado: houve a situação da EJ, claro, e mais incidentes ruins estavam/estão por vir. Mas qualquer estudo do fenômeno da Airbnb tem de olhar primeiro a necessidade que ela identificou e o buraco que preencheu. Porque você não chega a milhões e milhões de clientes sem fazer algo que as pessoas queiram, como diria Paul Graham do Y Combinator.

Nos poucos anos da Airbnb, ela ganhou a reputação de ser um site em que millennials buscavam opções baratas, e se hospedavam na sala de estar ou num quarto de hóspedes de alguém. Mas, com o tempo, ela evoluiu. Se houve três fases da Airbnb, elas podem ser mais ou menos categorizadas como a fase *couch-surfing* dos primeiros dias; a fase do iglu e castelo, quando o crescimento começou a aumentar e a empresa ficou conhecida por lugares estranhos, bizarros e variados; e a fase Gwyneth Paltrow, quando sua base de usuários e inscrições expandiu de tal modo que a atriz passou as férias de janeiro de 2016 numa acomodação de U$8 mil por noite na Airbnb, em Punta Mita, México, então voltou alguns meses depois para reservar uma *villa* na Cote d'Azur por U$10 mil por noite. O significado da fase de Paltrow teve dois lados: primeiro, a Airbnb se tornou uma opção legítima para os viajantes mais exigentes e sofisticados; e, segundo, se tornou uma plataforma tão grande que, basicamente, atende a qualquer um.

Hoje, a amplitude da lista da Airbnb reflete a diversidade do mercado habitacional no mundo. Suas três milhões de inscrições são únicas, e a diversidade de propriedades e experiências disponíveis é difícil de imaginar. Você pode pagar U$20 para dormir em colchões infláveis na cozinha de alguém ou pode pagar dezenas de milhares de dólares por semana por uma *villa* no México, como Paltrow. Numa data recente, as opções em Nova York iam de U$64 a noite num apartamento de porão na Jamaica, Queens, até U$3711 para uma casa de cinco andares com terraço em East Tenth Street. Em Paris, u$24 garantiriam a você um quarto com uma cama de solteiro e uma pia no subúrbio do sudoeste de Fontenay-aux-Roses, mas se gastasse u$8.956 você poderia passar a noite num apartamento tríplex no Décimo Sexto Arrondissement, com um jardim privativo dando para a Torre Eiffel e "serviços vip de hotel".

A amplitude e os caprichos das opções oferecidas tornam passear pelas listas da Airbnb um exercício de escapismo. Há quase três mil castelos no site, como o Château de Barnay na Borgonha, França, ou a fortaleza medieval em Galway, onde os viajantes dormem na torre. Há pencas de moinhos e barcos. Centenas de casas na árvore – que são das inscrições mais populares no site. A propriedade que está em mais "listas de desejos" é uma série de três quartos suspensos feitos de madeira em árvores de uma vizinhança em Atlanta, conectados por pontes de corda e cobertos de luzes piscantes. A inscrição mais popular é o Mushroom Dome [Cúpula de Cogumelo], um chalé com cúpula rústica geodésica em Aptos, Califórnia, que tem cinco estrelas e mais de novecentas avaliações e reservas com até seis meses de antecedência.

Reid Hoffman diz: "Se eu fosse dar um conselho a alguém, diria para pensar seriamente em construir uma bela casa na árvore. Elas têm listas de espera de meses". Outras listas incluem fazendas de cavalos, trailers retrô, contêineres de navio, vagões, *yurts* e ônibus, como um localizado numa comunidade vegetariana na Suécia (regras da casa: "Pedimos que você não coma ou traga carne para o ônibus"). Há cem faróis marítimos.

Com o tempo, a Airbnb começou a ocupar um lugar nos círculos culturais: durante a eleição presidencial de 2016, a revista *New Yorker* fez um artigo de humor colocando resenhas de clientes de Airbnb dos candidatos. "Durante a disputa de 2000 entre Al Gore e George W. Bush, a pergunta do dia era: com quem você preferiria tomar uma cerveja?" dizia a sátira. "Nas prévias de 2016, a pergunta era: para quem você preferiria alugar sua casa na Airbnb?". As empresas começaram a usar a Airbnb como uma plataforma de marketing, criando listas de temas especiais ao redor de suas marcas: no verão de 2016, junto ao lançamento do filme *Procurando Dory*, a Pixar inscreveu uma noite numa jangada flutuante chique na Grande Barreira de Corais, para trazer vencedores o mais perto possível do hábitat natural de Dory e Nemo.

Claro, nem todo mundo quer ficar numa jangada ou suspenso em árvores (a cúpula geodésica de Aptos tem um sanitário de compostagem, então você tem que jogar seu papel higiênico no lixo), ou mesmo dormir numa torre de um castelo do século XV. Acima de tudo, as inscrições mais requintadas podem servir como alavancadores de imagem, combustível para um fluxo infinito de histórias boas para a Airbnb do tipo "Dezoito castelos de contos de fada na Airbnb que farão seus sonhos se realizarem".

A vasta maioria das inscrições é mais utilitária. Estão em todos os mapas, tanto literalmente – apenas um quarto dos negócios da Airbnb está nos Estados Unidos – quanto figurativamente, vindo em todos os tamanhos, formas, preços e níveis de interação com o anfitrião. Você pode ficar na casa de alguém que seja excessivamente personalizada, com seus badulaques, livros e produtos de higiene, ou pode escolher uma que pareça muito mais com um quarto de hotel minimalista moderno. Você pode se hospedar com o anfitrião presente, pode ter o local todo para você ou pode escolher uma situação de meio-termo, como um chalé para hóspedes em que o proprietário viva o tempo todo na casa principal, ou uma suíte num puxadinho com uma entrada separada. O nível de interação com o anfitrião pode ser zero ou ser excessivo; alguns anfitriões fazem jantar para seus hóspedes e, claro, café da manhã (os anfitriões de um chalé com telhado de palha no campo, em Salisbury, Inglaterra, por exemplo, oferecem tanto um café inglês completo na cozinha ou a opção de ter uma cesta de pães feitos em casa e geleia entregue na porta da suíte do andar de cima que eles alugam).

"É uma anticomodidade"

O motivo exato pelo qual a Airbnb deu certo é uma combinação de fatores. Um dos maiores é o preço. A empresa foi formada na profundidade da Grande Recessão, em 2008, e ainda que as acomodações atirem para todos os lados, em geral são muito mais baratas do que o preço de um hotel padrão.

Uma das coisas mais verdadeiramente incômodas sobre a Airbnb é que você pode agora encontrar um lugar simples para ficar em Nova York por cem dólares por noite.

As outras razões são menos tangíveis, mas talvez mais importantes. Parte do sucesso da Airbnb é o fato de tocar numa insatisfação com a comoditização em massa de grandes cadeias de hotel. Até as empresas hoteleiras reconhecem isso. "Vinte anos atrás, quando você ouvia o que os viajantes queriam, era quartos limpos e nenhuma surpresa", explicou Arne Sorenson, ceo do Marriott International, durante uma entrevista coletiva a respeito do incômodo, na Conferência de Mídia da American Magazine, no começo de 2016. "Isso alimentou a estratégia de nossa marca, ok, vamos nos certificar de que todos pareçam iguais." Agora ele diz que o que o viajante que mudou: "Se estou acordando no Cairo, quero saber que estou no Cairo, não quero que pareça com um quarto em Cleveland".

Da mesma maneira que nós agora queremos tudo caseiro, artesanal, produzido em pequena quantidade – de pães a picles e gelo para drinques –, muitos viajantes, e especialmente viajantes millennials, querem o mesmo tipo de autenticidade imperfeita de suas experiências de viagem. Isso pode significar ficar com um aposentado que gosta de companhia ou ter um loft chique no Soho, só para você, tendo que encontrá-lo por meio de uma entradinha dos fundos numa rua lateral. Pode ser um quarto numa oficina enfiada nos morros do Silver Lake em Los Angeles, com acesso a um jardim privativo ensolarado. Seja qual for a forma, é algo que é diferente, real e único. Tornou a viagem excessivamente pessoal, quando ela se tornou impessoal. "É anticomodidade", diz Reid Hoffman da Grey Lock. "É único. É humanização."

Tão inovadora quanto os espaços é a opção que a Airbnb dá aos viajantes de ficar fora dos bairros principais de hotéis e de turismo, e nos cantos e fendas da cidade que eles não costumavam ver. Essa é uma grande sacada para a Airbnb, e é esperta: hotéis em grandes cidades frequentemente ficam centralizados em zonas comerciais. A habilidade de se hospedar num quarteirão tomado de árvores em casas de tijolinhos no Brooklyn ou num novo bairro residencial que está surgindo em Praga é um novo conceito e, para muitos viajantes, é mais apetitoso. E enquanto essa experiência sempre foi possível em sites como Craigslist ou por meio de anúncios de classificados ou quadros de avisos locais, a Airbnb alargou o mercado, colocando-o numa plataforma acessível, rápida e convidativa – e atraiu milhões para ela. Então, tornou-se ao mesmo tempo aceitável, já que milhões estavam usando, e desejoso, já que era povoada com todo esse inventário crescente e fotografado lindamente.

Penso na minha própria experiência ao viajar recentemente para Washington, D.C. Adoro bons hotéis e, uma vez por ano, graças às vantagens das taxas especiais para empresas, eu me hospedo no Four Seasons em Georgetown, um dos meus hotéis favoritos na que eu acredito ser uma das vizinhanças mais belas da América. Na primavera de 2016, decidi, em vez disso, tentar a Airbnb, e reservei uma casa prefabricada de cem anos, com um jardim paisagístico escondido entre uma casa de vila e um beco estreito de pedra na parte residencial histórica do bairro. Ficava a menos de um quilômetro do Four Seasons, mas dentro de um bairro em que de outra forma eu não teria me aventurado. Eu ainda amo o Four Seasons Georgetown, e esse exemplo também serve como lembrete de que os hotéis oferecem algo que a Airbnb não oferece (a luz caiu durante uma tempestade). Mas também demonstra porque a Airbnb é tão incômoda. É menos padronizada, mais única. É menos baseada em grandes avenidas e largas ruas arteriais e zonas comerciais onde os hotéis frequentemente se localizam, e mais sobre as partes da cidade reservadas para as pessoas que moram lá. Nas palavras da Airbnb, é sobre vivenciar um lugar mais como um morador do que como um turista. E enquanto isso não é sempre correto para todos – e esse mesmo aspecto pode ter muitas consequências para aqueles que vivem nesses bairros residenciais silenciosos, um fenômeno que iremos explorar posteriormente –, há um monte de gente que prefere ver o mundo dessa forma. De volta a Washington, D.C., eu retornei àquela inscrição.

Um logo, um reposicionamento de marca, uma missão

Em algum momento de 2013, a Airbnb começou a pensar sobre reorientar toda sua missão e centrar sua gravidade para articular melhor os elementos que tornam o uso de sua plataforma tão único. Num processo conduzido por Douglas Atkin, o diretor global de comunidade da empresa, que havia entrado no começo daquele ano, esses aspectos vieram à tona ao redor de uma única ideia, a noção de "pertencimento". Atkin, um especialista em relacionamento entre consumidores e marcas, e autor do livro *The Culting of Brand* ["O Culto das Marcas"] chegou à ideia após meses de grupos de foco intensos com cerca de quinhentos membros da base de usuários da Airbnb por todo o mundo, e no meio de 2014 a empresa se estabeleceu num reposicionamento completo em torno desse conceito. Airbnb tinha uma nova missão declarada: fazer as pessoas do mundo todo se sentirem como se "pertencessem a qualquer lugar". Tinha uma nova cor: magenta. E tinha um novo logo para simbolizar isso: uma formazinha bonita, toda retorcida, resultado de meses de concepção e refinamento do que chamam de "Bélo." Foi batizado pelo novo chefe de marketing da empresa, Jonathan Mildenhall, que recentemente havia saído da Coca-Cola. Mildenhall também convenceu os fundadores a expandirem o "pertença a qualquer lugar" de uma declaração interna de missão para o bordão oficial da empresa.

Em julho de 2014, a empresa apresentou sua nova marca, assim como um novo desenho de seu aplicativo para celular e site, num grande evento de lançamento no seu quartel-general. Chesky apresentou o conceito num magnânimo ensaio cerebral no site da Airbnb. Ele escreveu: "Há muito tempo, as cidades costumavam ser vilas, mas, conforme a produção em massa e a industrialização vieram, esse sentimento pessoal foi substituído por experiências de viagem impessoais e de produção em massa, e junto a isso as pessoas pararam de confiar umas nas outras." Como ele colocou, a Airbnb significava algo muito maior do que viagem; significava comunidade e relacionamentos, e uso da tecnologia com o propósito de juntar pessoas. A Airbnb seria o lugar em que as pessoas iriam para conhecer a "vontade humana universal de pertencer". O Bélo em si foi concebido para lembrar um coração, um alfinete de localização e o "A" do Airbnb. Foi desenhado para ser simples, para que qualquer um pudesse desenhá-lo; em vez de protegê-lo com advogados e marcas registradas, a empresa convidava as pessoas a desenharem suas próprias versões do logo – que, como foi anunciado, significaria quatro coisas: pessoas, lugares, amor e Airbnb.

De vez em quando, dizer que a Airbnb pode ser idealista é o mínimo, e enquanto os clientes pareciam abraçar o conceito, a mídia era mais cética. O TechCrunch chamou o "Pertença a qualquer lugar" de "um conceito hipponga", enquanto outros se perguntavam se era mesmo um "pertencimento" caloroso e confortável que levava as pessoas à Airbnb, ou se elas só queriam um lugar barato e descolado para ficar. Logo que foi lançado, a mídia tirou sarro do Bélo, não por seu idealismo, mas por sua forma em si, que eles diziam que podia parecer com peitos, bundas e a genitália masculina e feminina ao mesmo tempo. Em 24 horas, as interpretações sexuais do logo foram reunidas e postadas num blog do Tumblr. "Nada comunica mais um lar temporário do que a abstração vagina-bunda que a Airbnb escolheu como novo logo", tuitou Katie Benner do *New York Times*.

Eu também me lembro de ser muito cética – não pelo logo, mas pelo conceito de "pertencimento", quando ouvi pela primeira vez. Achei que significava passar tempo com a pessoa que morava no lugar que você alugou. Nas poucas vezes que usei a Airbnb, eu definitivamente não encontrei, não vi e nem quis ver meu anfitrião; eu queria, sobretudo, economizar dinheiro.

Mas "pertencer" no contexto de reformulação da Airbnb não se baseava em tomar chá com biscoitos com a pessoa que mora no espaço que você alugou. Era muito mais amplo: significava se aventurar em vizinhanças que, de outra forma, você não seria capaz de ver; ficar em vizinhanças e lugares como um viajante que você normalmente não poderia ser; se meter no espaço de alguém e ter uma experiência que aquela pessoa "preparou" para você, independente de você vê-la. Alguns meses depois da minha viagem na primavera de 2016, em Georgetown, reservei um quarto através da Airbnb na Filadélfia, durante a Convenção Nacional Democrata. Quando abri a porta com receio num apartamento sem glamour e sem elevador em Rittenhouse Square, encontrei uma quitinete convidativa com pé-direito alto, portas enormes e pesadas, paredes tomadas de livros, decoração aconchegante e minimalista e um cordão de luzinhas piscantes sobre a lareira. Gostei de tudo na casa da "Jen", da coleção de livros dela que lembravam os meus, às toalhas que ela amaciou e dobrou, até o cartão escrito à mão que ela deixou para mim. (Ajudou o fato de Jen e eu termos o mesmo senso estético, mas foi por isso que escolhi especificamente a inscrição dela.)

"Quando você fica num Airbnb, mesmo que o anfitrião não esteja lá, é pessoal", diz Arun Sundararajan, da Universidade de Nova York. "É íntimo. Há essa conexão com essa pessoa, com a arte dela, com sua escolha de roupa de cama, com suas fotos de casamento. E isso evoca em nós a sensação de algo que perdemos."

O que quer que a imprensa tenha achado da reformulação, os usuários da Airbnb pareceram "entender": nos meses seguintes, mais de oitenta mil pessoas entraram on-line e desenharam suas próprias versões do logo, uma taxa de engajamento do consumidor com a marca que seria considerada fora do padrão por marcas maiores. (A Airbnb até aceitou o burburinho sobre o logo. Douglas Atkin, que conduziu a jornada para o "pertencimento", mais tarde se referiu a ele como uma "genitália de oportunidades iguais".)

A essa altura, a base de usuários da empresa também havia evoluído. Se os primeiros usuários da Airbnb foram millennials com orçamento apertado em busca de um bom negócio, a demografia começou a ser ampliada. Os millennials ainda estão no núcleo da empresa – eles são os mais propensos a usar o nome como uma expressão, como "Vou poder ir ao Coachella, afinal – é só dar um Airbnb" (o que significa que o custo não é um impedimento; vão encontrar uma forma de estar lá.) Mas a base de usuários da empresa abriu um leque conforme amadurecia. A idade média dos hóspedes é de 35; um terço está acima dos quarenta. A média dos anfitriões é de 43, mas aqueles acima de 60 são a demografia que cresce mais rápido na empresa.

Hoje em dia, os usuários de Airbnb podem ser gente como Sheila Riordan, de 55 anos, uma gerente de marketing e serviços ao consumidor e fundadora da cmonletstravel.com (um serviço que planeja itinerários únicos de viagem), que vive com seu marido e três filhos em Alpharetta, Georgia. Em 2013, Riordan fez uma viagem de negócios para Londres e planejava levar junto seu marido e o filho de onze anos, mas esperou demais para reservar um hotel e, quando tentou, até o Holiday Inn Express estava U$600 a noite. Então ela entrou na Airbnb e alugou o apartamento de uma mulher que morava do outro lado do Tamisa por cerca de U$100 por noite. O marido de Riordan relutou: "Ele adora seus banheiros americanos", diz ela – mas o espaço era charmoso, cabia todos eles e era uma pechincha em relação aos hotéis da cidade.

Não muito depois disso, Riordan levou sua filha de 18 anos para Paris e Amsterdam e usou a Airbnb. Em Paris, elas alugaram estúdio na margem esquerda que "não era nada chique", mas era um prédio bacana num bom bairro, com portas duplas, cuja vista dava para um jardim num pátio abaixo. Em Amsterdã, elas ficaram num apartamento entre dois canais, a dez passos da casa de Anne Frank. Os apartamentos tinham suas peculiaridades – o apartamento do anfitrião de Paris, Ahmed, trazia um retrato de 45 × 60 cm dele com sua mãe sobre a cama – mas elas adoraram. "Tornou a viagem mais interessante." De volta a casa em Alpharetta – um subúrbio convencional caracterizado por becos sem saída e lares espaçosos de aparência similar – muitos do círculo dela acharam que ela era louca. "Eles disseram: 'Você é tão ousada.' Eles querem ir para o Hilton com ar-condicionado. Eu prefiro ir para uma casa e me sentar no jardim com o anfitrião, que pode nos contar sobre os melhores lugares na cidade."

Os superusuários

Os usuários mais ativos da empresa são um pequeno subgrupo de pessoas que escolhem viver em tempo integral nos aluguéis da Airbnb, são viajantes nômades que migram de uma inscrição para outra. Alguns anos atrás, quando David Roberts e sua esposa, Elaine Kuok, se mudaram de Nova York para Bangkok (Kuok é artista e Roberts é cineasta de documentários e antigo físico acadêmico) eles decidiram viver num bairro diferente a cada mês usando a Airbnb.

A história deles chamou atenção depois que eles apareceram na imprensa, mas o fato está se tornando uma tendência. O TechCrunch batizou esse fenômeno de "o nascimento do nômade hipster", num artigo escrito por PrernaGupta, uma empreendedora que decidiu sair do jogo de gato e rato do Vale do Silício para vagar pelo mundo. Eles se desfizeram da maior parte das coisas, colocaram o resto num depósito e passaram grande parte de 2014 vivendo por semanas ou meses em Costa Rica, Panamá, El Salvador, Suíça, Siri Lanka, Índia e Creta.

Kevin Lynch, diretor de criação de uma agência de publicidade, mudou-se de Chicago para Xangai há quatro anos com sua esposa e sua filha. Quando sua empresa pediu que também assumisse o mercado de Hong Kong, em vez de alugar um apartamento para suas viagens para lá e se estabelecer no que ele chama de "bolha do exílio", ele decidiu escolher seu caminho pela cidade através da Airbnb. Ficou em mais de 136 inscrições diferentes até agora, e diz que a habilidade de procurar novos ambientes não familiares constantemente lhe desperta uma mentalidade de "explorador". "Eu acredito que quanto mais você conhece um lugar, menos você repara nele", diz ele.

Nenhum desses "nômades hipsters" pode realmente se comparar com Michael e Debbi Campbell, um casal de aposentados de Seattle que, em 2013, empacotou seus pertences, colocou num depósito tudo que não cabia em duas malas, alugou a casa e "se aposentou" na Europa, onde tem vivido quase que exclusivamente por Airbnb nos últimos quatro anos. Até o segundo semestre de 2016, eles já tinham ficado num total de 125 inscrições em 56 países. Passaram meses planejando tudo antes de tomar a decisão, mas, fazendo a matemática, perceberam que se mantivessem seu orçamento sob controle podiam essencialmente "viver" pela Airbnb pelo mesmo valor que moravam em Seattle.

Para fazer funcionar, os Campbell – Michael tem 71 anos e Debbie tem 60 – são frugais e meticulosos com o que gastam. O orçamento de diária deles é de U$90, apesar de ultrapassá-lo em cidades mais caras, como Jerusalém – e compensarem em, digamos, Bulgária ou Moldávia. Fazem quase todas as refeições em casa e mantêm os mesmos rituais que teriam, se ainda estivessem morando em Seattle, como jogar palavras cruzadas ou dominó depois do jantar. Então, quando caçam inscrições, eles procuram uma grande mesa de jantar, uma cozinha bem equipada e um bom wi-fi. Alugam um apartamento inteiro ou uma casa em vez de um quarto numa casa, mas quase sempre ficam num lugar onde o anfitrião pode recebê-los. A estadia média é de nove dias e eles reservam três ou quatro semanas antes; e geralmente pedem descontos, mas nada extremo e só porque são rígidos em não sair do orçamento. Gastar 20% a mais do que você planejava, quando você está numa viagem de duas semanas é uma coisa, mas fazer isso 365 noites, como diz Michael, "lá se vai seu teto. Não estamos de férias. Estamos apenas passando a vida na casa dos outros".

Os Campbell fizeram muitos amigos pelo caminho, incluindo seu anfitrião em Madri, que tirou sua foto do cartão de Natal; o anfitrião do Chipre que deu a eles um passeio caminhando por Nicósia e os ajudou na imigração; e Vassíli, o anfitrião em Atenas que lhes serviu um churrasco grego e levou Michael para uma eliminatória da Copa do Mundo de Futebol, acelerando para o estádio com Michael na garupa da moto.

No verão de 2015, os Campbell venderam a casa em Seattle. Eles sabem que seu esquema global de Airbnb não é para todo mundo, e não têm certeza de quanto tempo vão continuar, mas não têm planos de parar. Como Michael disse numa palestra que o casal foi convidado a dar no Airbnb Open de 2015: "Não somos ricos, mas estamos confortáveis, somos aprendizes de uma vida toda, temos saúde e curiosidade". Eles registram suas aventuras no seniornomads.com e parecem ter atingido algo: um artigo no *New York Times* sobre os Campbell ficou entre os artigos mais compartilhados naquela semana; depois que saiu, eles ficaram sabendo de muita gente de idade próxima cujos filhos encorajavam a repetir a experiência deles. O filho mais velho dos Campbell e sua família decidiram seguir os passos dos pais: ele e sua esposa tiraram os dois filhos da escola por um ano e aproveitaram para viajar pelo mundo. Eles se chamam de "loucos juniores".

Conseguindo o máximo dos anfitriões

A chave para tudo isso, é claro, para todo o ecossistema da Airbnb e para a empresa em si é as pessoas que fazem as inscrições: os anfitriões. A plataforma oferece um lugar para viajantes ficarem nas casas e apartamentos dos outros, mas sem essas residências simplesmente não haveria empresa; não haveria Airbnb. É um pedido substancioso: cidade a cidade, fazendo milhões de pessoas reais concordarem em abrir seus espaços mais íntimos para estranhos, tornando-se efetivamente hoteleiros da cidade. E não é suficiente fazer com que os anfitriões se inscrevam e ofereçam seus espaços; o Airbnb tem que fazer com que eles trabalhem duro e ofereçam uma boa experiência. O próprio número de inscrições torna a empresa a maior provedora de acomodações, mas ela não possui nem controla nada de seu inventário ou o comportamento de ninguém que o oferece.

Os fundadores sabem disso desde o começo, quando convencer pessoas a inscrever seus espaços era uma das primeiras batalhas. Mas só no final de 2012, quando Chesky leu uma edição do *Cornell Hospitality Quarterly*, o jornal da estimada Universidade Cornell de Administração Hoteleira, começou a pensar mais seriamente sobre a experiência que a empresa oferecia de fato. Ele decidiu que precisavam transformar a Airbnb mais profundamente, de uma empresa de tecnologia numa empresa de hospitalidade.

Pouco depois disso, Chesky leu o livro *Peak: How Great Companies Get Their Mojo from Maslow* ["Cume: Como as grandes empresas conseguem seu mojo a partir de Maslow"]. O autor do livro é Chip Conley, fundador da cadeia de hotéis boutique Joie de Vivre, inaugurada em São Francisco em 1987. Ele a fez crescer para 38 hotéis boutique, a maioria na Califórnia, então vendeu sua participação majoritária em 2010. Com o tempo, o próprio Conley se tornou uma espécie de guru. Em *Peak*, ele explica como salvou sua empresa depois do 11 de setembro e do impulso da internet em aplicar a hierarquia das necessidades do psicólogo Abraham Maslow (a pirâmide de necessidades humanas psicológicas e físicas deve ser respeitada com o intuito de atingir o potencial pleno, com água e comida na base e autorrealização no topo) para transformação corporativa e individual. Chesky viu na escrita de Conley uma sabedoria de negócios e de hotel, e talvez um espírito próximo do idealismo (Conley falava sobre querer que seus hóspedes saíssem do hotel três dias depois como "versões melhores de si mesmos"). Ele perguntou a Conley se poderia vir à Airbnb dar uma palestra sobre hospitalidade a seus empregados.

Depois da conversa de Conley, Chesky fez uma oferta: ele queria que Conley fizesse parte da equipe em tempo integral no papel de executivo central para comandar os empenhos de hospitalidade da empresa. Conley, que estava recém-aposentado aos 52 anos, relutou em assinar. Mas, depois de conversar com John Donahoe, na época CEO do eBay, que era amigo de Conley e mentor de Chesky, concordou em assinar como consultor. Disse a Chesky que tinha tempo suficiente para contribuir oito horas por semana na Airbnb. No jantar, na noite anterior a ele começar, Chesky convenceu Conley a aumentar seu tempo para quinze horas semanais. Esse plano também logo veio por água abaixo. "Em poucas semanas foi tipo: 'Ah, isso é mais como quinze horas por *dia*'", Conley se lembra. No segundo semestre de 2013, ele se juntou em tempo integral à Airbnb como chefe de hospitalidade e estratégia. Ele diz que acabou pegando o cargo porque ficou fascinado com o desafio de efetivamente democratizar a hospitalidade. "Como você pega a hospitalidade, que de várias formas ficou muito corporativa, e a leva de volta às suas raízes?"

Conley foi trabalhar imediatamente, tentando trazer organização e conhecimento para a comunidade de anfitriões da Airbnb. Ele viajou para 25 cidades, dando palestras e dicas para ajudar moradores comuns de apartamento a canalizarem seus hospedeiros internos. Montou uma iniciativa centralizada de educação em hospitalidade, criou um conjunto de padrões e começou um blog, uma newsletter e uma comunidade on-line na qual anfitriões podiam aprender e compartilhar as melhores práticas. Ele desenvolveu um sistema de mentores em que anfitriões experientes podiam ajudar a trazer novos anfitriões, ao mostrar os caminhos da boa hospitalidade.

Entre as dicas, regras e sugestões agora articuladas nos materiais da Airbnb estão: tente responder a pedidos de reservas em até 24 horas. Antes de aceitar um hóspede, tente se certificar de que a ideia de viagem dele combina com seu "estilo de receber"; por exemplo, se alguém está buscando um anfitrião participativo e você é reservado, pode não ser a melhor combinação. Comunique-se com frequência e forneça indicações detalhadas. Estabeleça as "regras da casa" muito claramente (se você quer que os viajantes tirem os sapatos ou não, que não usem o jardim dos fundos, não fumem ou que fiquem longe do computador). Limpe bem cada quarto, especialmente o banheiro e a cozinha. Roupas de cama e toalhas devem estar limpinhas. Quer ir além do básico? Considere pegar os viajantes no aeroporto, deixar um bilhete de boas-vindas, arrumar o quarto com flores frescas ou oferecer algo na chegada, como uma taça de vinho ou uma cesta com petiscos. Faça essas coisas, mesmo que você não esteja presente durante o dia, diz ele.

É claro, Conley e a equipe de hospitalidade podem apenas sugerir ou encorajar que os anfitriões façam essas coisas, não podem exigir. É aí que entra o sistema de avaliações da Airbnb, esse sistema de mão dupla que faz com que anfitriões e hóspedes avaliem uns aos outros depois de uma estadia. As avaliações de reputação cega se tornaram um elemento vital do ecossistema da Airbnb: elas trazem uma camada de validação extra, tanto para o anfitrião como para o hóspede, e com ambos buscando reforçar a reputação para uso futuro dentro do sistema, o incentivo para avaliar é mútuo e o engajamento é alto: mais de 70% das estadias da Airbnb são avaliadas, e ainda que haja certa "inflação nas notas", isso ajuda a manter os dois lados sob controle. Esse sistema tem um valor a mais para a Airbnb: é usado como um nivelador para encorajar e recompensar um bom comportamento de anfitrião e desencorajar maus comportamentos.

Desde o começo, os fundadores aprenderam que estavam em posse de uma moeda valiosa: a habilidade de determinar onde a inscrição de um anfitrião apareceria nos rankings de busca. Essa habilidade pode ser usada como um mecanismo poderoso de recompensa para seus anfitriões: aqueles que fornecem experiências positivas para hóspedes e têm boas avaliações aparecem no topo dos resultados de busca, o que lhes dá maior exposição e aumenta chances de futuras reservas. Mas outros recusam muitos pedidos, demoram demais para responder, cancelam muitas reservas ou simplesmente parecem pouco hospitaleiros nas avaliações, e a Airbnb pode dar um golpe poderoso: diminuir sua inscrição nos resultados de busca ou até desativar sua conta.

Então, comporte-se bem e a Airbnb vai encher você de carinhos. Se atingir uma série de métricas de desempenho – se você recebeu pelo menos dez viagens no último ano, se manteve uma taxa de resposta de 90% ou mais, se recebeu uma avaliação de cinco estrelas pelo menos em 80% das vezes e se raramente cancelou uma reserva ou só em circunstâncias atenuantes, você é automaticamente elevado ao status de "superanfitrião". Isso significa que você tem um logo especial no seu site, sua inscrição vai para o topo dos rankings, vai ter acesso a uma linha de atendimento ao consumidor exclusiva e pode até ter a chance de conhecer novos produtos e participar de eventos. O ecossistema baseado em recompensa funciona: hoje em dia, a plataforma da Airbnb é povoada de duzentos mil superanfitriões, e ainda que nem todos eles sejam perfeitos, é claro, premiar com o status é a ferramenta mais poderosa da Airbnb para aperfeiçoar o serviço sem ter de fato nenhum controle sobre as pessoas que o realizam.

Os "hospedeiros"

Os dados da Airbnb revelam que o anfitrião médio ganha por volta de U$6 mil por ano, mas muitos anfitriões ganham muito mais do que isso. Evelyn Badia transformou seu negócio de hospedagem num empreendimento completo. Ex-produtora de comerciais de televisão, carismática, ela cuida de duas acomodações em sua casa de três andares e de duas famílias em Park Slope, Brooklyn. Badia, 50 anos, começou a hospedar, quando perdeu o trabalho em 2010, e agora o faz em tempo integral, faturando um valor que "chega aos seis dígitos", ao reservar suas inscrições durante 80% do tempo. Ela diz que já recebeu quatrocentas pessoas. Há alguns anos ela começou um negócio de consultoria para anfitriões, Consultoria Evelyn Badia, pelo qual cobra U$95 por hora. Há outros serviços similares, mas ela sente que são comandados por caras jovens que oferecem dicas para monetizar e para ser eficientes, mas eles não estão atendendo as mulheres. "Eu falo, tipo, 'cara, você percebe quantos anfitriões são *baby boomers* com mais de quarenta?'". Em 2014, ela acrescentou um blog e uma newsletter para inscritos, chamando a si mesma de "hospedeira" e dividindo seus conhecimentos com outros. Ela também faz uma *webinar* mensal – Chip Conley foi hóspede –, vende manual da casa por U$39 e cuida de um grupo de Facebook chamado The Hosting Journey ["A jornada do hospedar"], que tem mais de setecentos membros. Ela se tornou quase uma celebridade na comunidade de anfitriões da Airbnb, organizando churrascos e eventos para anfitriões da área e falando no Airbnb Open de 2016, em Los Angeles. Ela pensa em oferecer uma aula sobre os desafios de namorar e receber na Airbnb. (Sendo solteira e trazendo pretendentes em casa enquanto recebe hóspedes é, como ela diz, "como morar com seus pais.")

Pol McCann, um superanfitrião de 52 anos, de Sydney, Austrália, usou pela primeira vez a Airbnb como hóspede, quando ele e seu namorado foram a Nova York de férias. Eles alugaram um studio em Alphabet City e McCann diz que foi menos da metade do que eles pagariam em um hotel – um preço tão baixo que foram capazes de estender suas estadias de três para doze noites. Tudo na viagem funcionou tão bem que McCann pensou que deveria inscrever seu próprio apartamento em Sydney. Ele o arrumou, tirou umas fotos e o inscreveu, e dentro de 24 horas teve sua primeira reserva. Em pouco tempo seu apartamento estava reservado por 28 ou 29 dias por mês. Após seis meses, ele havia recebido o suficiente de aluguel para dar entrada num segundo apartamento no mesmo complexo do outro lado da rua.

Entre as duas propriedades, ele estima que recebe U$100 mil por ano de lucro. Na metade de 2015, ele deu entrada num terceiro apartamento, muito maior, de um quarto, que ele gastou seis meses reformando. Ele fez a matemática e descobriu: quando estiver pronto para se aposentar, em cinco anos, o apartamento vai estar pago e ele vai ser um anfitrião em tempo integral.

Jonathan Morgan, de 41 anos, cuida de seis inscrições em três casas em Savannah, Geórgia: uma casa inteira que ele aluga, três quartos na casa onde mora e dois quartos numa casa de férias numa ilha saindo da costa, para onde ele leva as pessoas de barco. Ele diz que começou a receber em 2010 – "quando havia doze pessoas no escritório da Airbnb" –, surfou na onda da Airbnb e viu os membros de sua comunidade se tornarem mais sofisticados. Ele diz que, nos primeiros dias, "ninguém sabia o que fazer, qual era a experiência. 'Você é um assassino psicopata? Ou eu sou um psicopata?'". Ele é especializado em jovens viajantes que curtem tecnologia, e investe em coisas que os atraem: doze bicicletas sem marcha, consoles de videogames – "qualquer coisa que atraia nosso público-alvo, porque isso deixa nossa vida mais fácil". Ele cobra de U$70 a U$90 por noite e já obtevê alguns benefícios intangíveis: suas duas últimas namoradas foram suas hóspedes da Airbnb.

Que se afofem os travesseiros

O crescimento da comunidade de anfitriões da Airbnb também impulsionou uma robusta indústria artesanal de startups que oferecem serviços para apoiá-los com tudo, desde trocar roupa de cama, amaciar travesseiros, fazer recusas, entregar chaves, administrar propriedades, servir minibar, acertar impostos, análizar dados e mais. Pode-se chamá-los de garimpeiros da corrida do ouro da Airbnb: há dúzias dessas startups, quase todas criadas por usuários de Airbnb que avistaram uma necessidade ou fraqueza em algum ponto do processo. Muitas estão conquistando capital de risco. Guesty, um serviço profissional de administração para anfitriões, criado por dois irmãos gêmeos israelenses, é uma das maiores startups: os anfitriões dão a Guesty acesso às suas contas de Airbnb e ela cuida do gerenciamento de reservas, de toda a comunicação com os hóspedes, da atualização do calendário e da agenda, da coordenação de faxineiros e de outros prestadores de serviço locais por uma taxa de 3% do valor de reserva. A Pillow, com sede em São Francisco, cria uma inscrição, contrata faxineiros, entrega chaves e usa um algoritmo para determinar as melhores opções de preço. A HonorTab traz um conceito de frigobar para a Airbnb. Everbooked foi fundada por um cara que se descreve como um geek de administração de renda, com experiência em ciência de dados, que viu a necessidade de ferramentas de precificação dinâmica para anfitriões de Airbnb.

Uma das principais tarefas com a qual os anfitriões frequentemente precisam de ajuda é entregar as chaves para os hóspedes. Às vezes pode ser difícil dar um jeito de estar em casa, quando o hóspede chega, especialmente se o anfitrião tem um trabalho em tempo integral, se está fora da cidade ou se os voos de viajantes atrasam. Clayton Brown, formado na Faculdade de Administração de Stanford, que mora em Vancouver e trabalhou com economia, começou a usar o Airbnb em 2012 para alugar seu apartamento sempre que viajava a trabalho, e logo identificou o processo de entrega de chaves como o maior ponto de atrito. Ele marcava para o serviço de limpeza estar no apartamento para deixar o hóspede entrar, mas numa ocasião o voo do hóspede atrasou, a faxineira foi para casa e o hóspede teve que pegar um táxi para a casa dele na periferia para buscar a chave, gerando frustrações para todos os lados. "Comecei a pensar que deveria ter uma maneira melhor, e a Airbnb está crescendo de um jeito louco, então deveria haver algo aí", diz Brown. Em 2013, ele e um sócio começaram uma empresa que basicamente transforma cafés, bares e academias da região em pontos de trocas de chave. Keycafe arruma um quiosque para o estabelecimento e o anfitrião paga U$12,95 por mês (além de uma taxa de U$1,95 por entrega de chave) para uma chave de segurança com radiofrequência. Viajantes recebem remotamente um código de acesso único através de um aplicativo do Keycafe, que eles então usam para destrancar o quiosque. O anfitrião é avisado sempre que uma chave é pega ou deixada, e o estabelecimento local gosta do acerto porque aumenta o fluxo de pessoas.

Ainda que o Keycafe sirva clientes além da Airbnb, incluindo *dog walkers* e outros prestadores de serviço, a Airbnb e os administradores de propriedades formam mais da metade do negócio, e a empresa é um dos mais fortes "agregados" da Airbnb: é um parceiro oficial na plataforma de Assistência ao Anfitrião da Airbnb, que integra alguns desses fornecedores em seu site, e Brown e seu parceiro de negócios conquistaram quase U$3 milhões, mais do que a maioria dos outros serviços subordinados. "Conforme a Airbnb fica maior, o valor e a própria escala da empresa cresce, é meio que um jogo certo no capital de risco", diz Brown.

A Airbnb tem juntado anfitriões informalmente desde o começo, mas em 2014 ela formalizou esses esforços com o lançamento do Airbnb Open, seu primeiro encontro global de anfitriões. Naquele novembro, por volta de 1500 anfitriões de todo o mundo se juntaram em São Francisco para três dias de palestras, seminários, jantares e outras formas de imersão na Airbnb. Eles ouviram histórias inspiradoras de uma série de palestrantes. Ouviram a palestra de Chesky, que num raro momento ficou visivelmente impressionado, quando subiu ao palco e pediu para que ficassem de pé aqueles que tivessem sido transformados como seres humanos pela experiência de receber pessoas (todos ficaram). Ouviram Conley, que disse a eles para guardar seus crachás personalizados e sacolas de brindes, porque daqui a cinco ou seis anos "este será o maior evento de hospitalidade em todo o mundo".

No ano seguinte, em 2015, o Open foi muito maior: realizado em Paris como um reconhecimento da importância desse mercado – é o maior mercado da empresa tanto em matéria de inscrições quanto em hóspedes – o evento levou cinco mil anfitriões e mais de seiscentos empregados da Airbnb ao Grande Halle de la Villette para um encontro de três dias. Os participantes, que pagaram para participar, ouviram palestrantes tão variados como o filósofo suíço e escritor Alain de Botton e a guru local Marie Kondo. Eles assistiram a palestras motivacionais de Chesky, Gebbia, Blecharczyk e Conley, e receberam atualizações do chefe de produto da empresa, Joe Zadeh, e do chefe de engenharia, Mike Curtis. Tiveram uma atualização na batalha regulatória da chefe de assuntos legais e de negócios, Belinda Johnson, e do chefe de políticas públicas, Chris Lehane. Foram entretidos pelo Cirque du Soleil. O evento levou meses de preparação, foi uma grande produção, e começou como planejado. No final do dia, uma plateia se espalhou em milhares de jantares simultâneos em restaurantes e residências de anfitriões por toda a cidade luz.

Depois de um ou dois dias de empolgação, em 13 de novembro de 2015, os fundadores fizeram uma reunião dos primeiros quarenta empregados da empresa que ainda estavam lá, que foi nomeada como o Jantar da Tenth Street. Aconteceu numa acomodação de Airbnb no Décimo Oitavo Arrondissement, e foi feito para comemorar tudo o que a empresa havia conquistado. Chesky havia feito dois discursos naquele dia e agora, cercado por amigos e família, sentiu que podia relaxar e, coisa rara, aproveitar para descansar e refletir sobre tudo o que havia conquistado.

Mas com uma hora de jantar, logo depois que Gebbia fez um brinde, Chesky e os outros na sala começaram a receber ligações em seus telefones. Um tiroteio havia sido relatado num restaurante a poucos quilômetros de distância. Inicialmente, pareceu um incidente isolado, ainda que problemático, então voltaram ao jantar. Mas logo vieram notícias dos ataques: foram relatadas explosões no Stade de France, o estádio de futebol da cidade. Agora, havia tiroteios em massa no Décimo Arrondissement; havia um caso com reféns no Bataclan. Era obviamente o horrendo ataque terrorista coordenado pelo Estado Islâmico que matou 130 pessoas e feriu quase quatrocentas. E a Airbnb tinha 645 empregados e cinco mil anfitriões em jantares espalhados por toda a cidade. Muitos estavam em bairros onde os tiroteios aconteceram. Um dos grupos estava no estádio. Chesky entrou em contato com o chefe de segurança e improvisou um centro de comando do banheiro do andar de cima da acomodação de Airbnb onde acontecia o jantar. Com um toque de recolher a noite toda, eles tiraram os móveis e espalharam o máximo de cobertores e travesseiros que puderam. Durante a longa noite, localizaram cada empregado e anfitrião; ninguém havia sido ferido.

No dia seguinte, eles cancelaram o resto da programação e seguiram trabalhando, mandando todo mundo para casa. Naquele domingo, cem empregados embarcaram num avião para São Francisco.

Em novembro de 2014, quatro meses depois que a empresa lançou o "Pertença a qualquer lugar", como sua missão, Chesky havia procurado Douglas Atkin. Ele disse que amava o "Pertença a qualquer lugar" e realmente sentiu que seria a missão da empresa nos próximos cem anos. Mas ainda tinha algumas perguntas urgentes: o que isso de fato *significa*? Como você mede isso? Como acontece? Ele enviou Atkin a outra odisseia de foco de grupo para descobrir. Quando Atkin voltou, depois de falar com outros trezentos anfitriões e hóspedes pelo mundo, ele tinha uma resposta: pertencer a qualquer lugar não era apenas um único momento; era uma transformação que as pessoas vivenciavam, quando viajavam pela Airbnb. A empresa havia codificado isso como algo que chama de "jornada de transformação pertença a qualquer lugar", que ocorre da seguinte maneira: quando os viajantes deixam suas casas, eles se sentem sozinhos. Eles chegam ao Airbnb e se sentem aceitos e cuidados por seu anfitrião. Então se sentem seguros de ser a mesma pessoa que são, quando estão em casa. Quando isso acontece, eles se sentem versões mais livres, melhores, mais completas deles mesmos, e a jornada é completa.

Esse é o discurso da Airbnb e, embora possa parecer meloso para nós, Chesky e Atkin dizem que esse é um grande motivo pelo qual a Airbnb decolou da forma como o fez. Há uma devoção, um culto entre os que mais acreditam na Airbnb, que abraçam essa visão. (Durante suas viagens de foco de grupo explorando o sentido da Airbnb, Atkin encontrou um anfitrião em Atenas que havia pintado "Pertença a qualquer lugar" na parede de seu quarto, e outra na Coreia que havia mudado seu nome para uma frase coreana que significa "bem-vindo à minha casa". Mas seja essa ou não uma "jornada de transformação" completa para o viajante médio, a Airbnb tem o sucesso de ser algo além de preços baixos e espaços esdrúxulos disponíveis. Toca em algo maior e mais profundo.

A oportunidade de mostrar certa humanidade e receber alguma expressão de humanidade dos outros, mesmo se você nunca conheceu essa pessoa além de algumas mensagens, toalhas macias e um bilhete de boas-vindas, tornou-se rara no nosso mundo desconectado. Esse é outro elemento sobre a Airbnb (e outros serviços de aluguel de curto prazo) que torna seu serviço especialmente diferente de outros aspectos da dita "economia de compartilhamento". No seu núcleo, a Airbnb envolve as interações humanas mais íntimas – visitar pessoas em suas casas, dormir em suas camas, usar seus banheiros. (Mesmo quando as inscrições são administradas por profissionais, há ainda uma aparência dessa intimidade.) Isso é exatamente o que a torna polarizada e tão desagradável para as muitas pessoas que não se imaginam usando isso. Mas também é o que a torna tão única. Esse tipo de "compartilhamento" – essa abertura hiperpessoal do aspecto mais íntimo e seguro da vida de alguém para um estranho – não está presente quando você contrata uma pessoa para arrumar um vazamento na TaskRabbit, ou quando você entra no carro preto refrigerado de alguém para fazer uma viagem silenciosa até o aeroporto com sua cara no celular. Mais do que tudo, é esse aspecto da Airbnb que a distingue do Uber, Lyft e de outras empresas de compartilhamento. Elisa Schreiber, sócia de marketing na Greylock Partners, investidora na empresa, resumiu a distinção concisamente depois de conversarmos sobre isso um dia. "Uber é transacional", disse ela. "Airbnb é humana."

Infelizmente, como estamos prestes a ver e como a Airbnb aprendeu, apesar de suas melhores intenções, essa "humanidade" pode ser uma coisa frustrante. Não é sempre algo bem intencionado, não é sempre bom.

4

O feio e o sujo

Nosso produto é a vida real.
BRIAN CHESKY

Claro, a humanidade não é sempre comportadinha, e apesar da promessa cheia de idealismo da Airbnb, há uma questão óbvia aqui: como você pode colocar todos esses estranhos juntos e não esperar que algo dê errado?

Afinal, há alguns sujeitos bem ruins no mundo. E aparentemente há poucas formas mais fáceis de atraí-los do que oferecer um serviço cuja missão é fazer alguém entregar as chaves de sua casa para um completo estranho. Então, esses sujeitos não iriam tomar a Airbnb? Alguns sim. Em outros casos, equívocos tiveram consequências indesejadas, às vezes graves. E, embora no geral essas ocorrências sejam muito raras, são parte de um admirável mundo novo de compartilhamento de lares em larga escala – e tiveram implicações importantes para a empresa.

Houve acidentes como o roubo de EJ lá em 2011, a primeira grande lição da empresa sobre como lidar com violações extremas na confiança, assim como a questão de crise de gerenciamento e RP. Mas as maneiras como as pessoas podem errar usando a Airbnb são numerosas, e as situações mais flagrantes nesses anos se tornaram sensações na mídia. Em 2012, a polícia flagrou prostitutas usando como bordel um apartamento que encontraram numa Airbnb de Estocolmo. Num incidente bem divulgado em Nova York, em 2014, Ari Teman achou ter alugado seu apartamento no Chelsea para uma família que estava na cidade para um casamento, mas quando passou para pegar suas malas antes de sair da cidade, encontrou o que disse ser uma festinha sexual para gente acima do peso a todo vapor. Algumas semanas antes, a executiva de startup Rachel Bassini alugou sua cobertura no East Village, Nova York, e quando voltou encontrou a mobília danificada e revirada – além de camisinhas usadas, chiclete mascado e outros detritos, incluindo o que pareciam ser fezes humanas no chão, nas paredes e na mobília. Na primavera de 2015, Mark e Star King, um casal, pais de duas crianças pequenas em Calgary, alugaram sua casa de três quartos no bairro residencial Sage Hill, nos subúrbios da cidade, para um homem que dizia estar na cidade com alguns familiares para um casamento. No fim da estadia, um vizinho ligou par lhes dizer que a polícia estava na casa. Os Kings voltaram para encontrar seu lar completamente devastado depois do que a polícia chamou de "uma orgia regada a drogas". Foi um nível de destruição similar ou pior ao que aconteceu com EJ em São Francisco: a mobília estava quebrada e manchada; as obras de arte de Star haviam sido destruídas, e a casa estava tomada por camisinhas usadas, poças de álcool, bitucas de cigarro e pilhas de lixo. Havia vidro quebrado no chão e alimentos estavam bizarramente espalhados e derramados pela casa, incluindo molho barbecue e maionese nas paredes e no teto, e coxas de galinha enfiadas nos sapatos de Star. Por haver fluidos desconhecidos no local, a polícia lacrou a casa, colocou sinais de perigo e voltou com aventais brancos e máscaras. "Preferíamos que nossa casa tivesse sido queimada até as cinzas. Teria sido melhor", contou Mark King a CBC na época. Os vizinhos posteriormente contaram a eles que pouco depois que os Kings partiram, um ônibus de festa parou na casa e deixou sair o que pareciam ser cem pessoas. A casa teve de ser varrida até a base, o piso retirado, paredes pintadas e o teto retexturizado, um processo que levou seis meses (e foi pago pela Garantia do anfitrião da Airbnb). "A maior parte do conteúdo da casa não era recuperável", diz Mark King.

    Esses tipos de festas acontecem há anos, e seus organizadores usam todo tipo de websites, de Craigslist a HomeAway, para encontrar lugares para alugar. Mas conforme a Airbnb crescia e oferecia uma interface fácil, amistosa e milhões de acomodações além daquelas em mercados de férias, tornava-se um lugar muito acessível para buscar locações.

"Eles não parecem jogadores de golfe"

Em julho de 2016, o campeonato anual de golfe PGA viria para o Clube de Golfe Baltusrol, um campo de 121 anos em Springfield, Nova Jersey, cerca de 35 quilômetros a oeste da cidade de Nova York. Barbara Loughlin (não é seu nome verdadeiro), que vivia num bairro de luxo próximo com seu marido e quatro filhos, começou a pensar que talvez eles devessem alugar a casa durante o evento. Passariam a maior parte do verão em sua casa de praia em Jersey, e qual seria a chance de que outro evento nacional de prestígio criasse uma demanda por acomodações naquela área tranquila?

Recentemente Loughlin tinha feito uma pesquisa para uma viagem futura a Napa Valley e, vasculhando sites de aluguel temporário gostou da amostra de propriedades bonitas que encontrou, então estava confortável com a prática. Ela tirou algumas fotos e postou a casa vitoriana de quatro quartos com seu espaçoso quintal e piscina, cobrando U$2 mil por noite ("que é meio ultrajante para nossa cidade", diz Loughlin. "Com a exceção de um jogador de golfe, por que alguém pagaria U$2 mil para alugar uma casa nos subúrbios para passar a noite?"). Ela começou a receber algumas perguntas, mas recusou a maioria porque pareciam suspeitas, como um garoto de 18 anos que queria fazer a festa de formatura de sua escola lá. Mas logo ela recebeu uma mensagem de alguém chamado Kay, coordenador de um evento cujo nome de inscrição era "Plush". Kay disse que trabalhava com um editor da revista *Golf Digest*, que queria alugar a casa dos Loughlin no fim de semana e fazer uma "festa de lançamento" para cinquenta ou sessenta jogadores, na área da piscina na tarde de sábado.

Loughlin achou que isso soava interessante: Kay queria a casa por apenas três noites e estava disposto a pagar o valor de U$2 mil por noite; e que público mais bem-comportado poderia haver do que jogadores de golfe numa tarde de sábado? Plush era um nome esquisito, certamente, mas tinha uma conta com a identidade verificada, o método de segurança aperfeiçoado da Airbnb. Mesmo assim, Loughlin, filha e irmã de advogados, tomou precauções extras: ela gerou um contrato adicional e pediu as carteiras de motorista não apenas de Plush, mas de todos os adultos que Kay disse que passariam a noite na propriedade. Kay concordou, mandando cópias das licenças; todos os seis nomes entraram no contrato adicional, que foi assinado e devolvido alguns dias antes do fim de semana do evento, e a reserva foi feita e paga pela Airbnb.

Só por desencargo, Loughlin então deu um Google nos nomes das carteiras de motorista para se certificar de que eram legítimas. Eles todos pareciam pessoas reais e profissionais com perfis no LinkedIn e outros sites, mas Loughlin achou estranho que não havia referência a golfe e ou *Golf Digest* em nenhum dos perfis on-line. Então, já era véspera do dia marcado para eles chegarem, ela ligou para Kay e disse que não entendia bem a conexão com o golfe. Ele a assegurou de que forneceria um link que explicaria. Eles conversaram três vezes naquele dia, e cada vez que ela o lembrava de mandar o link, ele dizia que mandaria – mas nenhum link chegou.

No dia seguinte, como planejado, Loughlin e seu marido dirigiram da sua casa de praia para encontrar Kay e seu serviço de bufê na casa, para passar as chaves. Kay ligou e disse que estava no Brooklyn em reunião com seu advogado e iria se atrasar, mas o bufê veio, deu a Loughlin uma cópia da carteira de motorista e lhe assegurou que seria uma festa pequena e um evento simples. Kay ligou novamente e disse que ainda estava na cidade, preso no aeroporto pegando os outros locatários, então Loughlin deu a chave ao homem do bufê. Loughlin e seu marido dirigiram de volta à casa de praia em Jersey naquela noite.

Loughlin alertou os vizinhos do evento de golfe, então na manhã seguinte, quando um deles mandou uma foto de um caminhão de aluguel de móveis na entrada, Loughlin disse que sim, que fazia sentido e tudo bem. Tudo acontecia como planejado.

Algumas horas depois, outra vizinha ligou para Loughlin. "Não quero te preocupar, está tudo bem. Mas as pessoas vindo para sua casa não parecem jogadores de golfe." Ela descreveu grupos de jovens vestidos parcamente em roupas de banho. Loughlin ligou para Kay e perguntou o que estava acontecendo. Ele lhe disse que a vizinha provavelmente havia visto apenas a equipe de montagem, que ainda não havia ido embora; os jogadores ainda iriam chegar. Embora um pouco receosa, Loughlin aceitou a palavra dele. Mas logo a vizinha ligou de volta e disse que mais e mais gente estava chegando, todos parecidos: mulheres produzidas em biquínis e salto alto, homens de sunga, todos entre 18 e 25 anos.

Quando Loughlin ligou de volta para Kay, ele deu uma explicação diferente: disse-lhe que seus clientes alugaram duas casas para dois eventos diferentes, e no último minuto eles decidiram trocar os eventos. O evento na casa dos Loughlin era agora uma festa de família onde o organizador principal dos dois eventos, um cara chamado Jean Manuel Valdez – um dos seis nomes dos locatários que deram uma carteira de motorista – pediria sua namorada em casamento. Nesse ponto, Loughlin e o marido sentiram que alguma coisa não estava certa, então entraram no carro e voltaram novamente da praia para a casa. No caminho, os vizinhos continuaram a mandar fotos e disseram que havia mais e mais gente chegando, grupos de jovens entravam na casa aos montes. Quando os Loughlin chegaram, todas as ruas da vizinhança estavam tomadas de carros estacionados e grupos de convidados se aproximavam da casa a pé. Quando os Loughlin chegaram à casa, foram recebidos na entrada por seguranças profissionais que verificavam quem tinha pulseira para entrar. Contratados pelos organizadores, os guardas não tinham ideia de nenhuma festa para jogadores de golfe. Havia uma segunda recepção na garagem dos Loughlin, e no jardim dos fundos havia três DJs, um bar pago, uma churrasqueira, seis grandes cabanas estilo resort – e algo entre trezentos e quinhentos convidados. "Era insano", diz Loughlin. Eles não conseguiram entrar na propriedade, já que ao fazer isso violariam os termos do contrato. Mas como os vizinhos tinham ligado para reclamar, a polícia já estava por lá, e tinha autoridade para entrar na propriedade, encerrar a festa e evacuar os convidados, o que levou duas horas. Barbara Loughlin perguntou por Jean Manuel Valdez e ficou sabendo que ele estava fora, almoçando. "Acho que não havia ninguém do contrato na propriedade", disse ela. Kay, o contato principal, não estava em nenhum lugar à vista e ela nunca encontrou Valdez. Depois que os convidados todos foram embora, os Loughlin entraram na casa com os policiais para avaliar os danos, que eram mínimos: um castiçal quebrado, uma cadeira de palha danificada e algumas rachaduras no deque da piscina. Como nenhum dos locatários estava lá para devolver as chaves, eles chamaram um chaveiro que veio e trocou a fechadura.

Depois os Loughlin souberam que sua casa havia sido usada por promotores de uma festa de hip-hop chamada In2deep. O golpe foi anunciado no Instagram e no Eventbrite por semanas, vendido como uma "*pool party* numa mansão particular" com serviço VIP de tendas, champagne de graça para as cem primeiras mulheres e DJs tocando hip-hop, dance-hall e afrobeats. "Enfeite-se numa cabana ou molhe-se na piscina", dizia o anúncio. Os frequentadores pagavam de U$15 a U$20 por ingresso e recebiam o endereço depois do pagamento.

Apesar dos danos mínimos à propriedade, Loughlin ficou desconsolada: sentiu que havia sido enganada, suas férias foram arruinadas e ficou horrorizada de ter incomodado tanto os vizinhos. Ela viu fotos de alguns dos frequentadores no Instagram e um escreveu: "ontem era para ser ótimo, mas você sabe que o diabo branco não deixaria os filhos de Deus prosperarem, mas não se preocupe, temos algumas surpresas" – e ela temia que convidados irritados voltassem para descontar na propriedade. Porém, acima de tudo, ela queria que Plush fosse pego e pagasse o preço: a noção de confiança dos Loughlin havia sido violada e eles haviam sido enganados.

Na segunda-feira depois do evento, Loughlin ligou para a Airbnb e, depois de procurar o telefone no site pelo que ela disse ser 45 minutos e esperado por outros quinze, relatou sua experiência para uma gerente de atendimento ao consumidor. A funcionária com quem falou disse que relataria tudo para um especialista que retornaria para ela em 24 horas, e encorajou Loughlin a lhe mandar, enquanto isso, quaisquer detalhes adicionais sobre o caso.

Três dias depois, Loughlin não tinha recebido nenhum telefonema, então mandou um e-mail perguntando quando deveria esperar um retorno, e deu mais detalhes: uma descrição do que aconteceu e um link do Dropbox com cerca de quarenta fotos do evento que eles tiraram do Instagram. Ela perguntou se alguém da Airbnb poderia ligar para ela.

Cinco dias depois disso, sem ter recebido resposta, ela mandou outro e-mail, perguntando por que demoravam tanto. No dia seguinte, uma gerente da Airbnb, Katie C., mandou-lhe cumprimentos animados: "Obrigada por nos contatar, apesar de lamentarmos que seja sob essas circunstâncias!", e se desculpou pelo atraso. Katie sugeriu que Loughlin aproveitasse a vantagem integral da Garantia do anfitrião, o programa de indenização da Airbnb por danos patrimoniais do anfitrião, explicando em detalhes o benefício e o processo para fazer a solicitação. Loughlin disse a Katie C. que os danos com que ela se preocupava não eram com a propriedade, mas que ela buscava respostas para algumas questões urgentes: ela queria saber se a Airbnb fez uma denúncia das carteiras de motorista; se a empresa havia pesquisado se esses mesmos sujeitos ainda estavam no site alugando outras propriedades na Airbnb e se a empresa descobriu como Plush podia ter uma Identidade Verificada. Depois de seu e-mail não ter recebido resposta por dois dias, Loughlin escreveu para Katie C. novamente e disse que haviam-se passado duas semanas desde o incidente e ela ainda não tinha recebido resposta da Airbnb. Ela acrescentou que um repórter de uma tevê local ligou para os Loughlin, querendo fazer uma matéria sobre o incidente, que havia repercutido pela cidade. Dois dias depois, Katie C. escreveu de volta e disse que a Airbnb não podia dar informações pessoais, mas se Loughlin estivesse trabalhando com forças locais, esses policiais poderiam mandar um e-mail para o canal especial de reforço de lei da Airbnb para fazer um pedido formal de informação sobre a identidade de Plush. Ela novamente incentivou Loughlin a fazer uma solicitação de danos físicos sob a Garantia do anfitrião. Ela havia recebido as fotos, mas para considerar o caso para compensação, a Airbnb precisava da solicitação oficial da Garantia do anfitrião arquivada com a lista de danos e recibos. "Entendo que esse seja um incidente frustrante e estamos nos esforçando ao máximo para dar apoio, como direcionar você ao nosso processo de Garantia do anfitrião", disse ela.

Depois de mais idas e vindas, durante as quais Loughlin preencheu uma solicitação de Garantia do anfitrião para U$728 e repetiu as perguntas, Katie C. disse a Loughlin que infelizmente a política de privacidade da empresa a proibia de revelar qualquer informação sobre a conta de Plush, mas se a polícia local quisesse investigar, eles contatariam o canal de reforço de lei da Airbnb, que cooperaria com qualquer investigação. Ela acrescentou que estava comprometida a fazer tudo o que pudesse para defender Loughlin por meio do programa de Garantia do anfitrião.

Loughlin tinha pouco interesse na tão divulgada Garantia do anfitrião. Ela queria que a Airbnb ajudasse a identificar Plush e evitar que ele desse o golpe em outros da plataforma. Ela e o marido queriam processar Plush, mas não tinham as informações pessoais dele, e não achavam que a polícia local pegaria o caso da forma como Katie C. sugeriu; eles não perderiam tempo. Loughlin queria que a Airbnb ajudasse. No mínimo, ela queria um telefonema.

"Nunca falaram com a gente ao telefone", disse ela.

Nesse meio tempo, ela percebeu que por volta dessa época havia recebido um pedido para alugar a casa pelo site VRBO de um Christopher Seelinger, um dos outros nomes das carteiras de motoristas falsas. "Esses caras estão tramando de novo e a Airbnb não está fazendo nada", ela diz. "Eles nem me ligam de volta para conversar sobre isso."

As resposta circulares continuaram. Depois que ela preencheu o pedido de Garantia do anfitrião, outro representante da Airbnb chamado Jordan escreveu para Loughlin, dizendo que notou que ela não havia usado o Centro de resolução, como ela havia sido instruída num e-mail anterior.

A Airbnb dirige todas as discussões entre anfitriões e hóspedes ao Centro de resolução, uma plataforma de mensagens no site, onde as partes podem tentar solucionar seus conflitos sozinhos pedindo um pagamento extra. Se não chegarem a um acordo, as partes podem pedir a Airbnb que intervenha para resolver o conflito. Loughlin ficou confusa – ninguém havia mencionado um Centro de resolução para ela – mas ela seguiu as instruções de Jordan, preenchendo um longo pedido e pedindo U$4.328 em danos, detalhando os itens em U$728 pelos danos físicos à propriedade, U$350 por serviços extra de paisagismo que foram necessários, e U$3250 para cobrir as dez horas de consultoria legal que ela e seu marido haviam recebido. ("Você nos enganou", começava a declaração de novecentas palavras que ela dirigiu diretamente a Plush.)

Algumas semanas depois, Katie C. escreveu de volta para que Loughlin soubesse que a Airbnb havia processado o pagamento de U$728. Loughlin ficou aturdida: ela havia pedido U$4328, não havia tido resposta de Plush e não havia concordado com nenhum outro plano de pagamento. E ela ainda não havia recebido nenhum telefonema da Airbnb. Ela passou isso para Katie C., que escreveu de volta e disse que não entendia, uma vez que os gastos com os danos físicos totalizavam U$728. "Pode detalhar como chegou aos U$4328?"

ela escreveu. Loughlin mandou um e-mail de volta e novamente explicou que o restante era por gastos legais. Ela novamente perguntou se Plush havia respondido e quais passos a Airbnb tomou para "chegar até ele por seus atos fraudulentos".

Três dias depois, Katie C. escreveu de volta e disse que o hóspede não havia respondido, que sua conta estava em quarentena e a Garantia do anfitrião não cobria despesas legais, então não eram incluídas na oferta final da Airbnb. Porém, ela ficaria feliz em processar uma indenização adicional pela Garantia do anfitrião para os serviços extra de paisagismo que Loughlin havia mencionado – ela poderia mandar, por favor, uma fatura para isso?

Loughlin ficou exasperada. Tudo o que ela queria é que a Airbnb encontrasse Plush e evitasse que ele agisse novamente, e que alguém da Airbnb ligasse para ela durante toda essa batalha, já que ela tinha as informações de contato dele e havia entrado em contato com os verdadeiros donos de algumas das carteiras de motoristas roubadas que o grupo usou, e em vez disso se sentia presa num círculo infinito de discussões animadas sobre a Garantia do anfitrião. No final, Loughlin decidiu não pegar o reembolso: para poder recebê-lo, a Airbnb exige que se assine um formulário que, entre outras coisas, isenta a empresa de qualquer futura dívida relacionada à reserva, o que Loughlin se recusou a fazer. Ela sentiu que o documento era "injusto" e que a política da Airbnb estava protegendo Plush, já que não passava informação dele para ela. "Plush poderia bater na minha porta ou alugar de mim novamente e eu não teria ideia de quem era ele", escreveu ela para a empresa. A Airbnb mandou vários outros e-mails pedindo que ela assinasse, até que um supervisor a contatou e disse que a empresa poderia autorizar o pagamento de U$271 dos restantes U$350 sem ela assinar – e o supervisor disse que também estava incluindo um cupom de U$100 para uma futura reserva.

Emily Gonzales, que comanda a equipe de Operações de Segurança e Confiança na América do Norte, disse que o atraso da empresa em responder a Loughlin era "inaceitável" e que a equipe estava procurando formas de se certificar de que isso não acontecesse novamente. Ela disse que como os custos legais de Loughlin não se relacionavam com nenhuma ação legal específica, eles não podiam cobrir essas despesas. Disse que a empresa cobria alegações de danos, como era sua política, que havia removido permanentemente a conta de Plush e confirmou a Loughlin que havia sido removida, e que havia verificado e podia confirmar que o "Chris" com quem ela havia falado depois não era o mesmo Christopher cujo nome aparecia numa das carteiras de motorista falsas.

Nick Shapiro, chefe global de comunicações da Airbnb diz que o atraso da empresa era "absolutamente inaceitável". Ele também aponta que as ferramentas da plataforma dão aos anfitriões múltiplas oportunidade de avaliar hóspedes em potencial e fazer seu próprio julgamento: fatores como o número de avaliações que um hóspede em potencial tem, se ele tem uma identidade verificada, e a forma como se comunica durante as mensagens, tudo isso pode ajudar um anfitrião a avaliar um hóspede em potencial e identificar eventuais problemas. Shapiro apontou que, nesse caso, o hóspede era novo e não tinha nenhuma avaliação, e declarou abertamente sua intenção de fazer uma festa, com o que Loughlin concordou. "Não há mágica", disse Shapiro. "É por isso que temos várias camadas de defesa." Ele acrescentou que se um anfitrião agenda com um hóspede e outra pessoa aparece, como aconteceu no caso de Loughlin – quando Kay não apareceu em sua casa, mas sim o serviço de bufê – um anfitrião pode e deve ligar para a Airbnb e cancelar a reserva na mesma hora. "Loughlin insiste que como Plush tinha uma identidade verificada, ela se sentiu segura: "Estão dizendo que ele é uma pessoa real." Quando passei isso para Gonzales, ela disse que "o que você está descrevendo é algo que trabalhamos para melhorar." A empresa está desenvolvendo uma versão aperfeiçoada da Identidade Verificada, que planeja lançar num futuro próximo.

Ataque assustador

Outro incidente veio no verão de 2015, quando, como foi relatado longamente no *New York Times*, um rapaz de 19 anos de Massachusetts, chamado Jacob Lopez, estava numa Airbnb em Madri. De acordo com o relato do NY *Times*, sua anfitriã trancou Lopez no apartamento e exigiu que ele se submetesse a um ato sexual. Ele disse que a anfitriã, uma mulher transgênero, o ameaçou.

De acordo com o relato, Lopez mandou uma mensagem para sua mãe em tempo real, para que ela ligasse pedindo socorro. Sua mãe ligou para a Airbnb, mas os funcionários com quem falou disseram que não poderiam dar o endereço da acomodação em Madri – eles precisavam que a polícia de Madri ligasse diretamente para eles para pedir a informação – e também disseram que não poderiam ligar para a polícia para relatar o incidente: ela teria de fazer isso por si. Eles lhe deram o telefone da polícia de Madri, mas quando ela ligou, de acordo com o NY Times, ela recebeu uma gravação em espanhol que encerrou a ligação.

Enquanto isso, a situação dentro do apartamento havia piorado e, como Lopez relatou, ele foi atacado. Ele acabou conseguindo convencê-la a deixá-lo sair do apartamento, dizendo que os amigos com quem ele se encontraria lá perto sabiam onde ele estava e tentariam encontrá-lo se ele não aparecesse (de acordo com o artigo do NY Times, a anfitriã negou essas acusações, dizendo que o incidente foi consensual e que Lopez era transfóbico. O NY Times também disse que a polícia de Madri se recusou a comentar, e que a anfitriã indicou que a polícia já a havia visitado e que ela esperava se livrar das acusações.)

Como o roubo no apartamento de EJ em 2011, a história viralizou logo que foi publicada. Lopez apareceu no programa *Today*. "Se você já ficou numa Airbnb, você tem de ouvir essa história horrível" dizia a manchete na Cosmopolitan.com. A Airbnb rapidamente fez uma mudança: atualizou sua política para permitir que empregados contatassem autoridades policiais diretamente em casos de emergência em tempo real. Também acrescentou a opção para que viajantes coloquem um contato de emergência em seu perfil, que fica autorizado a receber quaisquer informações em caso de emergência; e tornou mais fácil compartilhar itinerários com amigos e família, especialmente de um dispositivo móvel.

Mas essa situação levanta a questão de por que, em 2015, sete anos depois de a empresa ter sido criada, já não estava na política da empresa que seus funcionários poderiam chamar a polícia diretamente no meio de uma emergência. "Estávamos um pouco receosos de chamar a polícia antes", admitiu Chesky quando lhe perguntei. Disse que a empresa havia desenvolvido sua política de reação a emergências com informações de especialistas que haviam especificamente aconselhado que era melhor não intervir, e que vítimas deveriam pedir ajuda da lei diretamente para evitar a chance de piorar uma situação em que a vítima não está preparada. Mas Chesky disse que o pessoal da Airbnb não havia considerado a possibilidade de um incidente se desenrolando em tempo real. "Perdemos as nuances ao desenvolver a política", disse Chesky. Ele também disse que, quando viram, mais tarde, os detalhes do caso, o julgamento que foi feito no incidente de Lopez para não dirigir a situação às autoridades "não passou no teste de aroma".

As respostas da Airbnb tendem a enfatizar cuidadosamente que tais incidentes são raros e, com frequência, parte de um problema maior. "O caso de ataque sexual é um desafio global, mas não há nada mais importante para nós do que a segurança da nossa comunidade", diz uma declaração que a empresa emitiu depois do incidente de Lopez. "Naquele fim de semana, mais de oitocentas mil pessoas ficaram na Airbnb sem incidentes – incluindo setenta mil apenas na Espanha – mas um único incidente já é muito. Ninguém tem um registro perfeito", esse é um bordão comum, "mas é isso que buscamos", continua a declaração.

Segurança é fundamental para o negócio da Airbnb; mais do que "pertencer", poder discutir, não se machucar e não ter a casa vandalizada são as bases da hierarquia de Maslow. E assim como confiar que um usuário vai fornecer uma boa hospitalidade, a segurança também é um verdadeiro desafio quando a empresa não é dona de seus próprios recursos. "Nosso produto é a vida real", diz Chesky. "Não fazemos o produto." Por isso ele diz que não dá para ser perfeito. "O que você tem, no final, não é uma comunidade onde nada nunca acontece." Mas ele insiste que a Airbnb é uma comunidade de "alta confiança" ("o mundo real na rua", diz ele, é por comparação um ambiente de baixa confiança) e quando incidentes acontecem, a empresa sempre tenta ir além para acertar as coisas. Em todas as circunstâncias, ele diz "eu espero que tenhamos feito mais do que você achou que seria feito nessa situação. Acho que na maioria das vezes as pessoas dizem que fazemos."

A maior defesa da Airbnb contra essas manchetes é que, apesar desses incidentes de alto perfil, eles são raros. A empresa diz que de quarenta milhões de hóspedes que usaram a Airbnb em 2015, ocorrências que resultaram em danos de mais de U$1000 são apenas 0.002% dos casos. "É algo que desejamos que seja zero ponto zero, zero, zero, sem nenhum número dois, mas é uma estatística importante para o contexto", diz Shapiro, cujo trabalho é gerenciar a bagunça na mídia quando as coisas acontecem. (Se parece um papel estressante, considere que Shapiro era anteriormente secretária assistente de imprensa do presidente Obama e vice-diretora de equipe para a CIA.) De um total de 123 milhões de noites reservadas até o começo de 2016, a empresa diz que menos do que uma fração de 1% teve algum problema.

E claro, coisas ruins acontecem o tempo todo em hotéis também, apesar de estatísticas de crime e segurança em hotéis serem difíceis de encontrar. Alguns especialistas estipularam que um grande hotel de cidade pode ter um crime por dia, em geral um furto. De acordo com a Pesquisa de Prejuízos Criminais do Departamento de Estatística de Justiça dos EUA, de 2004 a 2008, 0,1% do total de ocorrências violentas ocorreram num quarto de hotel e 0,3% de ocorrências aconteceram em propriedades.

Essas estatísticas não permitem muitas comparações. Mas Jason Clampet, cofundador e redator-chefe do site de notícias da indústria de viagens *Skift*, diz que, como prática, a plataforma não divulga histórias de coisas ruins que acontecem na Airbnb justamente porque ele vê as manchetes que surgem sobre coisas igualmente ruins acontecendo em hotéis. Mas ele aponta que esses incidentes causam sérios danos à imagem da Airbnb e podem desencorajar anfitriões a se inscreverem. "É um dos desafios, quando você tem uma empresa baseada em recursos dos outros."

Design para segurança

A possibilidade de que coisas ruins aconteçam é também uma das principais questões que assustaram investidores, quando a empresa estava saindo do papel. "Puxei os caras num canto e disse: 'Gente, alguém vai ser estuprado ou assassinado numa dessas casas, e o sangue vai estar nas mãos de vocês'", disse o investidor de risco Chris Sacca num podcast recente com o escritor Tim Ferriss ao se lembrar do que falou aos fundadores da Airbnb antes de abrir mão do investimento. Sacca diz que isso foi em 2009, quando o foco primário da empresa era alugar quartos, quando o anfitrião estivesse presente, e diz que é o que "impediu que ele tirasse o cenário de pesadelo da cabeça". (A decisão custou a seu capital centenas de milhões de dólares. "Eu estava completamente alheio à oportunidade maior", disse ele posteriormente. "Isso se mostrou ser uma posição que me custou muito caro.") E de fato a crise de EJ em 2011 foi uma experiência quase fatal para a empresa, uma quebra de confiança que tocou no pior pesadelo de cada usuário em potencial, e que fez com que investidores tivessem medo de que a nova base nascente de usuários da empresa pudesse perder completamente a confiança.

Na verdade, as poucas semanas de gerenciamento imersivo na crise durante essa época foram essenciais – os empregados veteranos daquela época ainda se lembram de quando a equipe dormiu no escritório por vários dias –, levando não apenas a novas ferramentas como a Garantia do anfitrião e a linha de atendimento 24 horas, mas também à criação da divisão de Confiança e Segurança, um tipo de operação paralela para seu serviço de atendimento ao consumidor focada exclusivamente em questões de segurança e respostas de emergência.

Hoje em dia, Confiança e Segurança é uma equipe de 250 pessoas, operando de três grandes centros em Portland (Oregon), Dublin e Singapura. O departamento é dividido em equipe de operações, time de ligação de autoridades policiais e uma equipe de produto. Nessa estrutura, uma equipe de defesa da comunidade desempenha um trabalho proativo para tentar identificar atividades suspeitas de antemão, fazendo verificações em reservas e buscando sinais que possam sugerir fraude ou gente má intencionada, enquanto outra equipe de resposta da comunidade lida com questões recebidas. A equipe de produto inclui cientistas de dados que criam modelos comportamentais para tentar ajudar, quando uma reserva tem maior propensão de, digamos, resultar em alguém dar uma festa ou cometer um crime (reservas recebem uma pontuação de credibilidade similar a uma pontuação de crédito), e engenheiros que usam inteligência artificial para desenvolver ferramentas de análise de reservas para ajudar a detectar riscos. Há também o gerenciamento de crise e especialistas em direito de vítimas treinados para ajudar, intervir e conter situações; especialistas em seguros, que analisam alegações; e veteranos dos mundos bancários e de segurança cibernética que ajudam a detectar fraudes nos pagamentos.

Quando coisas ruins acontecem, elas são codificadas de Nível Um: assuntos de fraude de pagamento ou cartão de crédito roubado ou devolução de pagamento (onde na maioria dos casos a vítima é a Airbnb) – até Nível Quatro, que é qualquer caso em que a segurança física do anfitrião ou do hóspede esteja em jogo. Um sistema de triagem ajuda a direcionar os casos certos para as pessoas certas o mais rápido possível. Quando os casos são encaminhados de fora, uma equipe de cumprimento da lei trabalha com quaisquer investigações legais que existam na área, e uma equipe de política molda os padrões de resposta.

Então, para começo de conversa, há traços construídos no produto para que as coisas não aconteçam: o sistema de avaliação que os fundadores da Airbnb criaram logo no início ainda é uma das ferramentas mais efetivas para avaliar a reputação (os viajantes podem fazer uma avaliação apenas depois de terem pago pela estadia, então não é possível para alguém criar uma imagem favorável pedindo que amigos escrevam várias resenhas). Nos Estados Unidos, a empresa verifica o histórico de todos os usuários, mas em 2013 ela acrescentou a Identidade Verificada, o processo aprimorado de verificação que inclui uma prova mais rigorosa de identidade e confirma uma conexão entre as identidades on-line e off-line de uma pessoa. Tanto os anfitriões quanto os hóspedes têm a opção de só fazer negócios com hóspedes de Identidade Verificada. E com todas as interações, informações pessoais como número de telefone e endereço não são visíveis até que um anfitrião aceite um hóspede e uma reserva seja feita, eliminando as chances de duas partes saírem do site para reservar.

Há um painel de conselhos de confiança, uma equipe de consultores que inclui um antigo vice-diretor da Fema [Agência Federal para o Tratamento de Emergências], uma ex-secretária assistente do Departamento de Segurança Nacional, um antigo agente do Serviço Secreto Americano, o chefe de segurança do Facebook, um alto especialista de segurança cibernética do Google e um especialista em evitar e tratar de violência doméstica. O conselho se encontra uma vez a cada trimestre para conversar sobre maneiras de a Airbnb se tornar melhor em evitar que acidentes ocorram.

Mas mesmo com tudo isso, há espaço para melhorar. "Plush" de alguma forma conseguiu passar pelo processo de Identidade Verificada. Barbara Loughlin deveria ter recebido um telefonema que explicasse rapidamente por que a empresa deixa que a lei processe os casos de sujeitos ruins. Ela não deveria ter sido deixada esperando quinze minutos quando ligou para a linha de emergência da Airbnb e não deveria ter levado 45 minutos para encontrar um número no site da Airbnb. Buscar um número de atendimento ao consumidor ou de emergência no site da Airbnb pode ser mesmo um exercício de frustração – porque pelo menos enquanto isto é escrito, não está lá. Shapiro diz que há razões para isso: se houver de fato uma emergência com risco de vida, é melhor e mais seguro que as partes liguem imediatamente para a polícia.

Ele aponta que o número da Airbnb aparece imediatamente no Google e que a empresa tem equipes que monitoram o Twitter e o Facebook para chamadas de socorro. No passado a empresa teve um número de telefone no site, e diz que está construindo infraestrutura para ser capaz de responder a ligações não urgentes sem demora, e que quando conseguir fazer isso o número vai voltar para o site. Mas por enquanto, todas as buscas por um número de telefone afunilam no centro de ajuda on-line.

Bons sujeitos, maus acidentes

Maus sujeitos são uma coisa. Mas e quanto a acidentes provocados por questões de segurança nos próprios lares – coisas que ninguém nunca pretendeu que acontecesse? Em novembro de 2015, Zak Stone, um escritor de Los Angeles, postou um ensaio de cortar o coração na revista on-line *Medium* sobre a morte trágica de seu pai num aluguel da Airbnb em Austin, no Texas, para onde a família havia viajado de férias. Quando seu pai se sentou num balanço no quintal dos fundos da casa, o galho da árvore se quebrou ao meio e caiu na cabeça dele, levando a um dano cerebral traumático que o matou, uma cena horrível e trágica que Stone descreveu com detalhes gráficos. No texto, Stone também revelou outra morte relacionada à Airbnb: em 2013, uma canadense que estava numa acomodação de Taiwan foi encontrada morta após um aquecedor de água com defeito ter enchido o apartamento com monóxido de carbono. O perigo estava à espreita nos dois lugares: o apartamento em Taiwan não tinha um detector de monóxido de carbono e, em seu texto, Stone escreveu que sua família posteriormente descobriu que a árvore no quintal dos fundos da acomodação em Austin estava morta havia dois anos.

Do ponto de vista legal, a Airbnb alega que não é responsável nesse tipo de situação, o que deixa bem claro no aviso em seu site: "Por favor, entenda que a Airbnb não tem controle sobre a conduta de anfitriões e se isenta da responsabilidade. O fracasso de anfitriões em satisfazer suas responsabilidades pode resultar em sua suspensão de atividade ou remoção do site da Airbnb." Mas quem paga o preço, quando um acidente desses ocorre? Apesar de algumas permitirem exceções, a maioria das apólices de seguro dos proprietários não cobre atividades comerciais, e a maioria das seguradoras considerar alugar quartos na Airbnb uma atividade comercial.

No caso de Stone, o anfitrião da casa de Austin por acaso tinha um seguro residencial que cobria atividades comerciais e a família de Stone chegou a um acordo com a seguradora. No caso da canadense, Stone relatou que a Airbnb pagou U$2 milhões à família (a Airbnb se recusa a comentar o caso.)

Chesky diz que esses incidentes foram "de cortar o coração" da empresa. "Eu os levo de forma muito, muito pessoal. Sou muito idealista sobre a noção de que você está ajudando a criar essa versão do mundo que é melhor e que as pessoas serão melhores nele. Se algo é antiético, ou ainda uma má experiência... isso acaba com tudo." Ele diz que a empresa tenta aprender como ser melhor com cada experiência. "Você tem a responsabilidade de aprender a fazer tudo o que pode para que nunca aconteça novamente."

Conversei com Zak Stone sobre a morte de seu pai. "Acho que a questão é sobre o que é evitável, ou seja, se há algo que eles podiam ter feito para prevenir isso", diz ele. "Eu diria que dava para evitar." Ele insiste que o anfitrião postou deliberadamente uma foto do balanço para divulgar a propriedade. A Airbnb tem a habilidade de ver algo assim e examinar a possibilidade de riscos maiores, diz ele. "Eu defendo que a Airbnb deveria tomar muito mais cuidado em aceitar novas propriedades". Ele também aponta que estava vendo da perspectiva de alguém que teve muitas experiências positivas na Airbnb. "Tenho 29 anos, trabalho em startups e muitos dos meus amigos são anfitriões da Airbnb que ganham o dobro do aluguel em seus apartamentos em Nova York para que possam ser artistas e viajar", diz ele. "Mas minha história é tão importante, se não mais, do que todas as histórias usadas para vender a plataforma."

Em 2014, a Airbnb começou a oferecer U$1 milhão em cobertura de dívidas secundárias para todos os anfitriões – o que significa que, se o segurador primário do anfitrião negar uma reclamação, a política da Airbnb entra aí – e um ano depois, a Airbnb tornou a segurança primária. Os anfitriões da Airbnb em mais de vinte países recebem cobertura automática de dívidas de até U$1 milhão, caso uma terceira parte alegue danos físicos ou danos à propriedade, mesmo se a apólice do proprietário não cobrir atividades comerciais, e mesmo se eles tiverem um seguro residencial ou de aluguel.

Não é de se surpreender que a questão de segurança dos domicílios seja uma das maiores queixas da indústria hoteleira quanto à Airbnb e quanto a aluguéis de curto prazo em geral. Hotéis têm de aderir a rigorosos padrões de segurança em relação a prevenção de incêndio, segurança alimentar e de saúde, estar de acordo com as normas de acessibilidade e mais. A Airbnb – e todos os sites de aluguel de lares – não precisam atender a tais requisitos. Na sua seção sobre "responsabilidade do anfitrião", a Airbnb recomenda que seus anfitriões garantam que tenham um alarme e extintor de incêndio funcionando, um detector de monóxido de carbono e kit de primeiros socorros; que eles arrumem quaisquer fios expostos e sinalizem quaisquer áreas em que hóspedes possam tropeçar ou cair; e que removam quaisquer objetos perigosos. Mas confiar que os anfitriões de fato *farão* essas coisas está fora do controle da empresa.

Acidentes ruins acontecem também em hotéis. Por exemplo, em 2013, uma investigação da USA Today descobriu que oito pessoas haviam morrido em hotéis e outras 170 foram tratadas por envenenamento de monóxido de carbono nos últimos três anos. (No artigo, um consultor da indústria hoteleira disse, em relação ao risco, que era caro demais para hotéis equiparem cada quarto com um detector de monóxido de carbono.) Um estudo anterior descobriu que, de 1989 a 2004, houve 68 incidentes com envenenamento por monóxido de carbono em hotéis e motéis levando a 27 mortes e 772 pessoas envenenadas acidentalmente. De acordo com a Associação Nacional de Prevenção de Incêndios, hotéis e motéis deram a média de 3520 incêndios por ano, no período de 2009 a 2013, resultando em nove mortes.

Em algum grau, estamos sempre nos colocando em risco toda vez que entramos na casa de alguém. Mas pelo menos os hóspedes sabem a quem culpar, a quem reclamar ou processar quando há um acidente no Sheraton. Eles ficam muito sozinhos no admirável mundo novo de amplos aluguéis de lares, no qual a empresa que fornece o serviço não tem controle sobre o produto ou sobre todas as coisas ruins que podem acontecer com eles. "Nunca vai deixar de acontecer", diz Shapiro. "Estamos lidando com pessoas entrando numa casa; e não dá para prever o comportamento das pessoas. Nós fazemos o melhor trabalho que podemos, e acho que dá para ver isso."

A escala da plataforma da Airbnb cresceu tanto que o fato de que mais coisas não deram errado pode mostrar que talvez a confiança seja merecida. Alguns podem dizer que estamos indo em direção a um novo paradigma de expectativas, ajustadas para o admirável mundo novo da economia compartilhada.

"Fundamentalmente, esse modelo de negócio não vai ter o mesmo tipo de proteção que hotéis ou empresas de aluguel de carro ou companhias de táxi fornecem", diz Arun Sundararajan da Universidade de Nova York. "Nós sempre fazemos concessões e vamos começar a fazer concessões diferentes com economia compartilhada."

Algumas das pessoas que foram vítimas de alguns dos piores acidentes de quebra de confiança parecem confirmar esse argumento: Mark King de Calgary, cuja casa foi destruída e teve de ser reconstruída, chama sua experiência de "uma em vários milhões" e diz que "isso não me desestimulou em relação à ideia da Airbnb." Rachel Bassini, cuja cobertura foi destruída em 2014, voltou a hospedar pela Airbnb. Ela tem muitas avaliações positivas.

O oposto de "pertencer"

A Airbnb passa um bom tempo refinando seus mecanismos de confiança e segurança porque os fundadores da empresa sabem desde o começo que havia riscos com os quais depararial, e sabiam que encontrar uma maneira de minimizá-los era essencial para fazer as pessoas usarem a plataforma. Mas não estavam tão preparados para uma outra epidemia de mau comportamento: discriminação racial.

Em 2011, Michael Luca, professor assistente de administração de empresas em Harvard, começou a estudar mercados on-line. Ele ficou intrigado com o quanto eles mudaram com o tempo, de plataformas bem anônimas – como eBay, Amazon e Priceline – para plataformas mais novas de crescimento rápido e economia compartilhada nas quais as identidades dos usuários tinham um papel muito maior. Em especial, Luca estava interessado na forma como esses sites posteriores faziam uso pesado de perfis pessoais e fotografias das pessoas por trás das transações, de maneira a construir confiança. Embora essas ferramentas ajudassem a atingir os admiráveis objetivos de construção de confiança e responsabilidade, ele suspeitava que podiam ter uma consequência indesejada: facilitar a discriminação. Conduzindo um estudo de campo na Airbnb – por ser a maior plataforma desse tipo, e porque requer que os usuários coloquem fotos grandes – Luca e sua equipe descobriram que anfitriões não negros podiam cobrar cerca de 12% a mais do que anfitriões negros, mesmo quando as propriedades eram equivalentes em localização e qualidade; e que anfitriões negros viam uma penalidade de preço maior por ter uma má localização em relação a anfitriões não negros.

Curiosamente, o estudo recebeu pouca atenção, quando foi publicado, em 2014. Quando saiu na imprensa, a Airbnb soltou uma declaração dizendo que a pesquisa já tinha dois anos, e que era de apenas uma das 35 mil cidades em que a empresa opera, e que os pesquisadores tiraram "conclusões subjetivas ou imprecisas", quando reuniram os resultados. Dois anos depois, Luca e sua equipe publicaram um segundo estudo que tratava especificamente de taxas de aceitação de reserva de hóspedes negros comparado a hóspedes brancos. Criaram vinte perfis – dez com nomes "distintamente afro-americanos" e dez com nomes "distintamente brancos" – deixando todos os outros elementos do perfil idênticos. Mandaram 6400 mensagens para anfitriões em cinco cidades perguntando sobre disponibilidade para uma semana específica dois meses a frente. Os resultados confirmaram suas suspeitas: pedidos com os nomes afro-americanos foram menos aceitos em cerca de 16% das vezes comparados aos de nomes "distintamente brancos". As diferenças persistiram, quando outros fatores, como etnia, gênero do anfitrião, preço da propriedade e se era uma casa compartilhada ou inteira se mantiveram constantes. "No geral, encontramos uma discriminação disseminada contra hóspedes com nomes distintamente afro-americanos", os pesquisadores escreveram.

Os pesquisadores focaram na Airbnb porque era o exemplo "canônico" de economia compartilhada, mas eles citaram pesquisas anteriores em que encontraram questões similares em outros sites de aluguel, como Craigslist.com e Elsewhere. "Nosso resultado contribui com um pequeno, mas crescente corpo de textos sugerindo que a discriminação persiste – e podemos dizer que é até exacerbada – em plataformas on-line."

Dessa vez, o estudo teve um pouco mais de atenção. Alguns meses depois, o assunto entrou em ebulição, quando um artigo da rádio NPR colocou um rosto na questão.

Em abril de 2016, um segmento focou na experiência de Quirtina Crittenden, uma consultora empresarial afro-americana de Chicago. Ela contou ao programa que era constantemente negada na Airbnb, quando usava seu nome real, mas quando mudou para Tina e mudou sua foto para uma paisagem, as rejeições pararam. Ela começou a usar uma hashtag no Twitter: #AirbnbWhileBlack [#NegrosnaAirbnb], que teve repercussão.

Transmitido durante o horário de pico do trânsito para uma audiência de milhões, a história de Crittenden se tornou viral. Várias histórias se seguiram, tuítes com #AirbnbWhileBlack foram despejados e muitas pessoas surgiram com histórias similares.

Poucas semanas depois, Gregory Selden, um afro-americano de 25 anos, em Washington D.C., abriu um processo contra a Airbnb, alegando que um anfitrião na Filadélfia havia negado acomodações, mas o aceitou depois que ele solicitou usando dois perfis falsos de homens brancos. Em seu processo, ele alegou violações do Ato de Direitos Civis e disse que a Airbnb não respondeu às suas queixas. Disse que quando confrontou o anfitrião com o resultados dos perfis falsos, o anfitrião disse a ele que "gente como ele estava sempre se vitimizando".

Algumas semanas depois, quando uma mulher negra tentou reservar um quarto em Charlotte, Carolina do Norte, ela foi aprovada, mas então o anfitrião cancelou, mandando uma mensagem em que a chamava do pior tipo de termo pejorativo várias vezes, falando "odeio xxx, então vou cancelar" e "aqui é o sul, querida. Encontre outro lugar para descansar sua cabeça de xxx".

A controvérsia de discriminação racial estava então em alta. A Airbnb reagiu rapidamente, declarando que a empresa estava "horrorizada" e assegurando aos membros da comunidade que esse tipo de linguagem e conduta violavam suas políticas e "tudo em que acreditamos". No dia seguinte, Chesky postou um tuíte com palavras duras: "O incidente na Carolina do Norte foi perturbador e inaceitável. Racismo e discriminação não têm espaço na Airbnb. Expulsamos permanentemente o anfitrião." Chesky repetiu publica e incessantemente nas semanas seguintes que a Airbnb queria e precisava de ajuda, ideias e sugestões sobre como melhorar nessa questão. A empresa enfatizou que "não temos todas as respostas" e que por isso pedia sugestões, e que iria buscar uma ampla gama de especialistas para receber conselhos. Precisamos de sua ajuda também era a mensagem.

Mais tarde naquela semana, duas startups surgiram, chamada Noirbnb e Innclusive, como plataformas de acomodação dirigidas a afro-descendentes.

Enquanto a controvérsia continuava a esquentar, a empresa lançou um programa extenso de noventa dias para descobrir como tratar da questão, trazendo especialistas como o ex-procurador-geral Eric Holder e a ex-diretora legislativa da ACLU (União das Liberdades Civis Americanas), Laura Murphy.

Alguns meses depois, a empresa lançou um relato de 32 páginas e anunciou um conjunto extenso de mudanças baseadas na recomendação de especialistas: a empresa pediria que qualquer um que usasse sua plataforma assinasse um "comprometimento de comunidade", pedindo que respeitasse uma nova política antidiscriminição. Iniciou-se uma política chamada Portas abertas, que encontraria para qualquer hóspede que fosse discriminado um lugar similar para ficar na Airbnb ou em outro site, e poderia ser aplicado retroativamente. Também se disse que criaria uma nova equipe de produto dedicada a combater discriminação que experimentaria reduzir a proeminência de fotografias de usuários colocando mais ênfase nas avaliações.

Isso aumentou o número de inscrições pela Instant Book – inscrições disponíveis para serem reservadas sem nenhum processo de aprovação inicial – de 550 mil para um milhão; disseram que implementariam um treinamento contra preconceito inconsciente para anfitriões e montariam uma equipe especial para que especialistas ajudassem com reforço e lidassem com reclamações. "Infelizmente, fomos lentos em tratar desses problemas e por isso sentimos muito", escreveu Chesky. Assumo a responsabilidade por qualquer dor ou frustração que isso tenha causado nos membros de nossa comunidade."

Líderes na comunidade afro-americana elogiaram as mudanças; o Comitê de Defesa dos Negros no Congresso a chamou de "um padrão que poderia servir de modelo à indústria de tecnologia". Alguns, como Jamila Jefferson-Jones, professora associada de direito da Universidade de Missouri–Kansas City, sentiu que as mudanças não iam longe o suficiente, e que a plataforma deveria remover totalmente as fotos. Ela também disse que o caso levantava sérias questões sobre onde fica o limite legal entre a plataforma e o prestador do serviço – ainda não havia sido testado no tribunal – e que mais do que um esforço da Airbnb para se "autorregular", novas leis eram necessárias. Porém, se mostraria difícil usar o tribunal para esse assunto: a Airbnb respondeu ao processo de Selden com um requerimento, forçando-o a abrir mão – como todos os clientes, ele havia concordado com a arbitragem da empresa quando assinou a concordância com os termos de serviço, o que significava que ele havia cedido seu direito de processar a empresa para poder usufruir do serviço. No começo de novembro de 2016, um juiz decidiu que a política de arbitragem o impedia de processar.

De sua parte, Luca de Harvard chama as mudanças antidiscriminação da Airbnb de "reativas": "Não acho que ninguém na Airbnb tenha tentado facilitar a discriminação". Ele diz que a empresa estava focada demais em crescer.

Legalmente, a questão é delicada. Hotéis têm de obedecer leis de direitos civis, mas a Airbnb opera uma plataforma, não fornece acomodações públicas, tem uma distância de um palmo de seus usuários. Ela coloca o peso de respeitar leis locais nos indivíduos, mas o Ato Civil de 1964 não se aplica a pessoas que alugam menos do que cinco quartos em sua própria casa. Então, pela lei federal – as leis de cada estado podem diferir –, os anfitriões são legalmente capazes de rejeitar alguém não apenas por questões de ódio pessoal, mas por todo tipo de motivo: podem rejeitar fumantes, por exemplo; um grupo procurando um lugar para ficar para uma festa de solteiro, ou famílias com crianças pequenas. Durante minha pesquisa, ouvi de um anfitrião que alugava apenas para gente da China, porque era um enorme mercado potencial de viajantes e "pagam bem"; e outro que só alugava para "orientais", porque eram "legais, quietos, sem problemas".

Mas esteja na lei ou não, e independentemente se a Airbnb seja culpável, discriminação foi uma crise no núcleo da empresa. A questão de ser amistoso e receptivo com os outros não era secundária, da mesma forma como, digamos, o sabonete Dove diz que acredita numa imagem corporal saudável, mas vende sabonete, ou a forma como a [empresa de trajes esportivos] Lululemon acredita na comunidade, mas vende roupa. A Airbnb vende hospitalidade e aceitação, e construiu toda sua marca e sua missão ao redor da ideia de pertencimento. Se há um extremo oposto de pertencimento, seria isso. "Na maioria das empresas, a discriminação faz parte de suas missões", disse Chesky numa entrevista coletiva na conferência Brainstorm Tech da revista *Fortune*, enquanto a controvérsia irrompia. "Nossa missão, mais importante que tudo, é unir as pessoas. Esse era um obstáculo para nossa missão e se nós simplesmente tentássemos 'tratar da questão' nós provavelmente não cumpriríamos nossa missão."

E o principal culpado era um dos elementos que fez o próprio núcleo da comunidade da Airbnb: as fotos de perfis de seus participantes. Como os pesquisadores da Harvard apontaram: "Embora as fotos sejam precisamente o que ajuda a criar a sensação de humanidade na plataforma da Airbnb, elas podem também trazer o pior da humanidade." Os pesquisadores escreveram que a discriminação sugeria "uma relevante consequência indesejável de um mecanismo aparentemente rotineiro para criar confiança".

No palco no evento da *Fortune*, Chesky sugeriu que um motivo por que a Airbnb demorou para tratar da questão foi que eles estavam tão focados em usar fotos e identidades para manter as pessoas seguras que não perceberam as consequências indesejadas de tornar as identidades tão públicas. "Tiramos nossos olhos da bola", disse ele. Acrescentou que outro motivo era que ele e os fundadores simplesmente não pensaram nisso enquanto construíam a plataforma porque eram "três caras brancos". "Há muitas coisas em que não pensamos, quando construímos essa plataforma", disse Chesky. "Então há muitos passos que precisamos reavaliar."

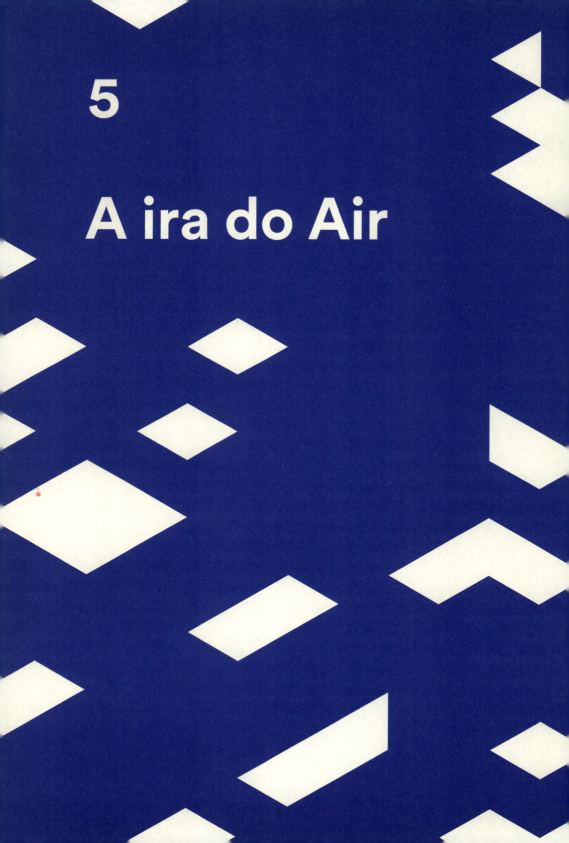
5
A ira do Air

*Cedo dormir, cedo acordar,
trabalhar como um diabo e organizar.*
CHRIS LEHANE

Em algum momento do segundo trimestre de 2010, Chesky recebeu uma ligação de um anfitrião em Nova York. "Tem esse troço rolando em Nova York, estão tentando aprovar essa lei e você deveria se preocupar bem com isso". Chesky se lembra de dizer: "Me conta mais sobre isso". Ele não tinha ideia da lei a que o anfitrião se referia – e, novamente, nenhuma experiência no assunto, nesse caso, o governo municipal e as políticas da cidade. Alguém sugeriu que Chesky arrumasse um representante e contratasse um lobista para tentar passar na frente dos legisladores de Nova York. "Eu não sabia nem o que era um lobista." Ele diz que quanto mais aprendia, mais estranho aquilo soava. "Você não pode falar com essa gente, então você tem de contratar gente para falar com essa gente? Antes de tudo, achei que era meio insano. Vou contratar essa gente para falar com essa gente porque essa gente não fala comigo? Tá." A empresa contratou Bolton–St. Johns, uma proeminente firma de lobby em Nova York. Mas não havia muito tempo: a lei em questão possivelmente passaria em poucos meses. "Tínhamos de fazer uma manobra rápida", diz Chesky.

Essa manobra rápida se tornou uma curva de aprendizado de anos em relação às entradas e saídas da política local e as poderosas forças por trás delas, não apenas em Nova York, mas nos inúmeros municípios pelo globo. E se tornaria a maior lombada na jovem vida da Airbnb. Como se revelou, a própria atividade da Airbnb, alugar a casa de alguém por um curto período, viola leis de vários lugares. As leis são superlocais e não variam apenas de estado a estado ou cidade a cidade, mas de vila a vila. E a trama regulatória é complexa: anfitriões podem entrar em conflito com leis locais em relação a aluguéis de curto prazo, cobrança de impostos, padrões de códigos de edificações, regulamentos de zoneamento e muito mais.

Em muitos mercados, a Airbnb trabalhou com reguladores para reparar essas regras e permitir que a operação seja legal. Ela forjou acordos-chave com o passar dos anos em cidades como Londres, Paris, Amsterdã, Chicago, Portland, Denver, Filadélfia, San José, Xangai e muitas outras para liberar leis, criar novas ou para cobrar impostos. A empresa está ativamente engajada em conversas com muitas outras municipalidades para fazer o mesmo.

Mas alguns lugares simplesmente não cooperavam. Num pequeno número de mercados de alto escalão – em particular Nova York, São Francisco, Berlim e Barcelona – reguladores e legisladores firmaram o pé com tenacidade especial. E conforme a Airbnb crescia, com o passar dos anos, a intensidade da oposição aumentou. (Essas mesmas leis governam HomeAway, VRBO e outras plataformas de aluguel de curto prazo, e essas empresas estão envolvidas em algumas dessas mesmas brigas legais, mas nenhuma delas se tornou tão grande, tão rápido e em tantos lugares urbanos como a Airbnb.)

Em quase nenhum lugar a briga foi tão intensa quanto em Nova York, o maior mercado americano, com uma estimativa de U$450 milhões em rendimento anual trazido por seus anfitriões. A lei de 2010 marcou o começo de uma saga prolongada que teve muitas reviravoltas durante os anos, enquanto a empresa lutava para se desembaraçar das leis – e remexeu a ira dos legisladores e a obstinação das indústrias hoteleiras e imobiliárias ao continuar operando. No final de 2016, a empresa sofreu um grande golpe, quando o governador Andrew Cuomo assinou uma lei que tornava ilegal indivíduos anunciarem apartamentos alugados por menos do que trinta dias, se o residente não estivesse presente – a maioria do negócio da Airbnb em Nova York. A Airbnb imediatamente abriu processos contra a cidade e o estado, que acabaram sendo resolvidos, mas a batalha teve um grande impacto num dos mercados de melhor perfil.

A experiência da empresa em Nova York é também um estudo de caso para os tipos de colisões que podem acontecer, quando novas ideias e tecnologias vêm do nada para ameaçar o *status quo* e as indústrias estabelecidas – e como as realidades políticas locais não são sempre tão suaves quanto a linha de ascensão nos gráficos de crescimento irrestritos dessas empresas. Isso sublinha quão profundamente emocionais os assuntos ao redor de habitação podem se tornar. A luta pela Airbnb em Nova York e em outros lugares também colocou democratas contra democratas, juntou alguns parceiros estranhos e tornou difícil de discernir exatamente quem é Davi e quem é Golias.

Nova York sofre um dos mais severos déficits de habitações para alugar no país, com taxas de vagas por volta de 3,4%. É o mercado hoteleiro mais lucrativo nos Estados Unidos. É um dos poucos lugares no país onde o emprego continua robusto. E quando se trata de política municipal e estadual de luta de foice, nada supera Nova York. Então, como acontece com muitas coisas na Grande Maçã, a luta pela Airbnb é maior, mais dura e mais colorida do que em qualquer lugar.

A lei sobre a qual Chesky recebeu a ligação no começo de 2010 tratava de uma nova emenda na chamada Lei de Habitação Múltipla, que tornaria ilegal alugar apartamentos em Nova York em prédios com três ou mais unidades por menos de trinta dias, se o residente permanente não estivesse no local. A prática já violava a maioria dos estatutos de cooperativas e condomínios, mas isso se tornaria uma lei estadual. Apoiada pela senadora democrata Liz Krueger, foi primariamente dirigida aos proprietários que estavam operando hotéis ilegais, transformando habitações que seriam para aluguéis de longo prazo em unidades alugadas para turistas por noite.

A prática de oferecer aluguéis de curto prazo tem décadas de idade, mas como fez com todas as coisas, a internet tornou vastamente mais fácil para divulgar de forma rápida e barata. Com as menores e mais sujas quitinetes, que mesmo assim são capazes de gerar diárias de três dígitos e altos níveis de ocupação, os senhorios, proprietários e alguns empreendedores espertos estão buscando os sites para divulgar com mais eficiência suas vagas – seja Craigslist, HomeAway, operadores locais como IStay New York, ou o pouco conhecido universo de sites de marketing específico para outras línguas nativas que divulgam as ofertas da cidade de Nova York para o resto do mundo. A Airbnb não era o alvo – em 2010, poucos legisladores da cidade e do estado sabiam sobre essa startup excêntrica da Califórnia. Então, apesar da Airbnb incentivar sua comunidade de várias centenas de anfitriões de Nova York a escrever cartas para o governador Andrew Cuomo, a lei passou.

Porém, com a Airbnb ganhando força, as coisas começaram a mudar. Todas as condições que permitiram que a empresa se espalhasse tão rapidamente estavam particularmente em alta em Nova York: a Grande Recessão, aluguéis nas alturas, e grandes ondas tanto de locatários quanto de millennials, os dois grupos mais predispostos a usar a Airbnb. De 2010 a 2011, enquanto a empresa acelerava a um milhão de reservas, Nova York, seu primeiro mercado, também se tornou um dos maiores. Porém, em 2012, a empresa começou a sentir os primeiros sinais de que não era tão bem-vinda. "Começamos a ouvir alguns rumores de que haveria uma repressão severa aos nossos anfitriões", lembra-se Belinda Johnson, chefe de questões empresariais da empresa e representante legal que, na época, havia se unido recentemente à Airbnb como conselheira geral.

Em setembro daquele ano, de acordo com o *New York Times*, um web designer de 30 anos chamado Nigel Warren usou a Airbnb para alugar seu quarto num apartamento que dividia com um colega em East Village, enquanto ele ia para o Colorado por alguns dias. Com o OK do colega, Warren o inscreveu por U$100 a noite e rapidamente obteve uma reserva de uma mulher da Rússia. Quando Warren voltou da sua viagem, ficou sabendo que o Escritório de Fiscalização da cidade, uma agência com múltiplas funções que investiga reclamações sobre qualidade de vida, tinha feito uma visita ao prédio e presenteado seu proprietário com três violações e multas, totalizando U$40 mil. O caso teve algumas reviravoltas por questões técnicas, mas vários meses depois um juiz decidiu que Warren estava violando a lei e multou seu proprietário em U$2400. A Airbnb interveio e apelou em nome de Warren, argumentando que, já que ele estava alugando um quarto em sua casa, e não todo o apartamento, estava dentro da lei, e em setembro de 2013, a Comissão de Controle Ambiental da cidade derrubou a decisão.

A Airbnb comemorou a notícia – o então chefe de políticas da empresa, David Hantman, chamou de "uma vitória enorme" – e embora a decisão esclarecesse que a lei permitia que moradores de apartamentos alugassem um quarto, enquanto o residente estivesse presente, não era necessariamente emblemática. Mais da metade das pessoas que usam a Airbnb em Nova York alugam o apartamento inteiro. O veredicto de Warren, lidando com a situação do apartamento compartilhado, tem pouco a ver com esses anfitriões, mas uma coalizão crescente de forças contra a Airbnb queria que tivesse tudo a ver com eles. A luta da empresa em Nova York estava apenas começando.

Com o tempo, uma aliança anti-Airbnb começou a se formar, com oficiais eleitos, ativistas de moradia acessível e representantes de uniões de hotéis e da indústria hoteleira, cujos argumentos contra a Airbnb eram, na época, o mesmo de hoje: o fluxo da Airbnb pode inibir a qualidade de vida dos vizinhos, que não pediram para ter turistas temporários passando por seus prédios. Cria questões de segurança tanto ao fornecer acesso de estranhos a prédios residenciais como por deixar de seguir com os tradicionais regulamentos de segurança dos hotéis. Talvez, de forma mais crítica, eles dizem que a proliferação de unidades dedicadas exclusivamente a serem alugadas na Airbnb – os ditos hotéis ilegais – remove moradia de um mercado que já está numa crise séria de moradia acessível, aumentando os preços para todos.

Um golpe bem maior veio no outono de 2013, quando o procurador do estado de Nova York, Eric Schneiderman, apresentou à Airbnb uma intimação, dizendo que ele estava atrás de hotéis ilegais e buscava registros de transações de cerca de quinze mil anfitriões da Airbnb na cidade de Nova York. A Airbnb fez o movimento raro de lutar contra a intimação, abriu uma ação para bloquear o pedido, alegando que era amplo demais e muito invasivo à privacidade de seus clientes. Em maio seguinte, um juiz concordou. Mas o escritório de Schneiderman voltou com uma versão simplificada, pedindo informação apenas sobre os maiores usuários da Airbnb. Uma semana depois, a Airbnb e o escritório do procurador-geral anunciaram que chegaram ao que eles chamaram de um "acordo": A Airbnb forneceria dados anônimos de quase cinco mil transações de 2010 ao meio de 2014.

Quando veio, o relato do procurador-geral dizia que 72% das inscrições "particulares" da Airbnb violavam uma lei estadual. E dizia que enquanto 94% dos anfitriões tinham apenas uma ou duas acomodações, os outros 6% eram chamados anfitriões comerciais – aqueles que tinham três ou mais inscrições regulares na Airbnb – e que isso equivalia a mais de um terço das reservas e da renda. Dizia que cem anfitriões tinham dez ou mais inscrições. Os dez maiores anfitriões tinham algo entre nove e 272 inscrições, com renda de U$6.8 milhões.

Não era tanto a atividade ilegal que era nova – afinal, dada a lei de 2010, qualquer inscrição da Airbnb para um apartamento inteiro era ilegal (a não ser que fosse numa casa com menos de três cômodos). E tanto naquela época como agora, milhares de anfitriões e hóspedes ou não sabiam da lei ou a ignoravam deliberadamente. O que era novo nesse relatório – ressaltando a primeira vez que alguém de fora da Airbnb tinha acesso aos dados da empresa – é que revelava a gama de atividade de multipropriedades no site. Encaixava-se com outros relatórios anteriores que sugeriam que uma pequena porcentagem dos anfitriões era responsável por uma fatia desproporcional do negócio da empresa em Nova York. A Airbnb chamou os dados de incompletos e desatualizados. Dizia que as atuais leis de Nova York careciam de clareza e que queriam trabalhar junto com a cidade para criar novas regulamentações para coibir os mal-intencionados, enquanto estabeleciam "regras claras e justas para compartilhamento de lar."

Os jogadores do sistema

A questão de anfitriões com várias unidades ou "inscrições comerciais" contaminou a Airbnb em Nova York e em todo lugar. Os ideais da empresa promoviam um mundo onde o compartilhamento de lares permitia que gente normal abrisse suas casas para estranhos, estivesse o anfitrião na residência ou fora da cidade, fornecendo uma forma única e especial de viajar. Mas, gostando ou não, a Airbnb também tem uma arbitragem fria e dura a ser feita – a diferença entre o que uma acomodação pode gerar a cada ano em diárias pode dobrar o que ela poderia gerar numa locação de longo prazo. E muitas pessoas, no decorrer dos anos, de administradores de imóveis a gigantes da corporação imobiliária e pais e mães empreendedores, vieram fazer parte do jogo. A empresa disse reiteradamente que não quer esse comportamento, e tirou os operadores profissionais. Mas ela não compartilha informações sobre isso, deixando seus oponentes preencherem as lacunas com suas próprias estimativas. "A renda gerada por aluguéis de Airbnb é um dos maiores mistérios não esclarecidos, como o Monstro do Lago Ness ou o chupa-cabra", escreveram os autores de um relatório de 2015 da Airdna, um dos vários fornecedores independentes de dados que "varrem" o site da Airbnb para gerar dados e relatórios analíticos.

Ninguém discute que os primeiros dias da Airbnb na cidade de Nova York atraíram uma proliferação de gente mal-intencionada. Um dos maiores desses jogadores era Robert Chan, um promotor de festas que usava o nome de Toshi e operava cerca de duzentos apartamentos de aluguel ilegal de curto prazo, na Airbnb e em outros sites, de cinquenta prédios residenciais em Manhattan e Brooklyn; ele alugava múltiplas acomodações, pagando um aluguel acima do mercado para os senhorios, que repassava às diárias. A cidade de Nova York acabou processando Chan e ganhou U$1 milhão em novembro de 2013, mas outros operadores continuaram a usar a plataforma. No outono de 2014, Ghotamist postou um vídeo de um apartamento de dois quartos em Murray Hill, Manhattan, tomado de 22 colchões. Uma dupla de locatários de uma cobertura de três quartos numa casa com terraço em Elmhurst, Queens, instalou placas de reboco para subdividir cada quarto em três quartos menores, que eles inscreveram na Airbnb por U$35 a diária. Proliferaram histórias em Nova York e em todo lugar de senhorios comerciais despejando locatários que buscavam altos rendimentos com diárias.

Em 2014, a empresa começou a implementar o que se tornaria a peça chave de suas estratégias para afastar seus oponentes: mobilizar seus anfitriões. Imediatamente depois que Schneiderman emitiu sua intimação, Douglas Atkin, chefe de comunidade global da empresa, trabalhou com um anfitrião da cidade de Nova York para começar uma petição de que a legislatura de Nova York mudasse o que eles chamavam de "lei do chefe de favela", que dizia que fracassava ao distinguir entre operadores comerciais e nova-iorquinos normais que buscavam alugar seus lares por uma parte do tempo. A empresa contratou o veterano estrategista, o político democrata Bill Hyers, parceiro na Hilltip Public Solutions e gerente de campanha por trás da vitória pela maioria de Bill de Blasio, que concebeu e comandou uma campanha de base multimilionária hiperfocada numa única mensagem: a Airbnb ajudava os nova-iorquinos de classe média. A marca da campanha foi um anúncio de televisão chamado "Conheça Carol", que mostrava uma mãe viúva afro-americana que morava em seu apartamento na baixa Manhattan por 34 anos, e que se voltou à Airbnb depois que perdeu seu trabalho. Com efeito cinematográfico de câmera lenta, Carol balança um lençol novo sobre uma cama, enquanto o sol entra pela janela, e vira panquecas na frigideira para seus hóspedes sorridentes na mesa do café. "Coloquei no meu perfil: 'ganhando o mundo, uma panqueca de cada vez'", diz ela ao final do anúncio.

A mensagem de classe média se tornaria o grito de guerra na batalha de regulamentação pelos anos seguintes: a Airbnb ajuda gente comum a fechar o mês. A empresa argumenta que deixa residentes de longo prazo usarem o que é tipicamente uma de suas maiores despesas, o lar, para ganhar uma renda adicional que ajuda a pagar as contas. A Airbnb diz que é um impulso para o turismo nas cidades – em particular distribuindo os dólares dos turistas em bairros que geralmente não os viam, já que as propriedades da Airbnb ficam tipicamente fora das tradicionais zonas de hotéis. Diz que ajuda locais e pequenos negócios nas vizinhanças, que tradicionalmente não veriam esse dinheiro.

A Airbnb lançou vários relatos para apoiar esse argumento no decorrer dos anos. De acordo com um relatório lançado em 2015, os anfitriões da Airbnb faturaram mais de U$3.2 bilhões nos EUA nos últimos sete anos. Num relatório separado focado em Nova York, a Airbnb relatou que seus negócios trouxeram U$1.15 bilhões em atividade econômica em 2014 – dos quais U$301 milhões foram para anfitriões e U$844 milhões para os negócios de Nova York. Muito dessa segunda parte foi para vizinhanças que não costumam ver dólares de turistas. Dos 767 mil turistas que a Airbnb alega ter levado para Nova York em 2014, quarenta mil ficaram na parte Bedford-Stuyvesant do Brooklyn, onde gastaram U$30 milhões. No Harlem, gastaram U$43 milhões; em Astoria, U$10.6 milhões; no South Bronx, U$900 mil. (A Airbnb contratou a HR&A Advisors para fazer o estudo.)

Ainda assim, nada disso satisfez os oponentes da Airbnb, que a acusavam de exacerbar a gentrificação em áreas onde isso já havia começado. No verão de 2014, com a investigação do procurador em curso, e pouco depois de a empresa ter erguido outra megarrodada de investimento numa valorização de U$10 bilhões, a conversa em torno da Airbnb começou a esquentar e ficar alarmista. Uma pessoa disse: "Não quero a al-Qaeda no meu prédio, por isso não quero a Airbnb no meu bairro", contou-me Chesky posteriormente. "Estava ficando irracional. Não se baseava na realidade e eu pensava: 'isso está ficando perigoso e insalubre'. Então fomos para Nova York".

Embora a reação de Chesky, quando o projeto de lei de 2010 apareceu, tenha sido apenas bater de volta – desde o começo, grandes mentes do Vale do Silício aconselharam a empresa a pegar leve, ficar fora do radar e não antagonizar –, Belinda Johnson, da Airbnb, decididamente trouxe um enfoque mais conciliatório quando entrou na empresa, em 2011. Ela encorajou Chesky a se encontrar com seus oponentes. "Belinda me ensinou que não importa o quanto alguém te odeia, quase sempre é melhor encontrar essa pessoa". Ele embarcou numa "turnê enorme", viajou para Nova York e se encontrou com os interessados: legisladores, hoteleiros, membros da comunidade imobiliária, jornalistas – até o prefeito Bill de Blasio ("Tivemos uma conversa bem boa", diz Chesky). Encontrar cara a cara não mudou a posição deles na maioria dos casos – isso logo se tornaria distante da verdade – mas fez com que ouvissem o lado deles.

Mas o movimento de oposição continuou a ganhar força. No final de 2014, a poderosa união hoteleira da cidade elegeu autoridades que se opunham à Airbnb, e um consórcio de defensores da habitação acessível e da indústria hoteleira juntaram forças para formar a Share Better (Compartilhe Melhor), um tipo de comitê de ação política anti-Airbnb, cuja primeira medida foi o que foi tomado como uma campanha de U$3 milhões contra a Airbnb.

O disse me disse do compartilhamento de lares

A resposta da Airbnb sempre foi que ela não queria exploradores corporativos, e que no decorrer dos anos trabalhou para eliminá-los. Ela aumentou esses esforços no segundo semestre de 2015, quando apresentou um novo "acordo de comunidade", um apelo para trabalhar mais perto das autoridades da cidade e, em particular, para ajudar a cercear qualquer impacto de seu negócio na habitação acessível. Lançaram um relatório baseado em dados sobre suas operações em Nova York, e disseram que estavam mudando para uma política de "um anfitrião, um lar" por lá. "Somos fortemente contra esses especuladores de larga escala que transformam dúzias de apartamentos em quartos de hotel ilegais", dizia o relatório. "Hotéis ilegais não estão no interesse de nossos hóspedes, de nossos anfitriões, de nossa empresa ou das cidades onde os anfitriões da Airbnb compartilham seu espaço." O relatório mais recente sobre as operações da Airbnb em Nova York mostra que 95% de seus anfitriões na cidade só tinham uma acomodação, e que a média de noites reservadas por acomodação era de 41 por ano.

Porém, a questão com os críticos não foi a porcentagem de anfitriões, mas o volume dos negócios que vem de interesses comerciais, seja de anfitriões individuais controlando múltiplos cômodos ou mesmo um cômodo que é dedicado exclusivamente para aluguel na Airbnb. No decorrer dos anos, diferentes estudos mostraram que acomodações comerciais representam até 30% do acervo e, dependendo da definição, até 40% da renda ou mais em alguns mercados. No verão de 2016, o Share Better fez um estudo sobre a atividade da Airbnb em Nova York, que identificou 8058 inscrições que chamavam de "inscrições de impacto", oferecidas por anfitriões que tinham mais de um cômodo alugado por pelo menos três meses por ano ou um único alugado por pelo menos seis meses por ano. De acordo com o estudo, esses cômodos reduzem a disponibilidade de aluguel de domicílios em 10%.

A Airbnb sempre insistiu que os dados oferecidos por terceiros não são precisos. Seus dados mais recentes sobre Nova York, durante a escrita deste livro, mostram que a atividade de múltiplas inscrições representa 15% de seu inventário de lares inteiros na cidade e 13% da renda total de anfitriões, descendo de 20% de renda alguns meses antes. Seus críticos dizem que os dados não contam a história completa; eles querem que a empresa disponibilize dados de anônimos mostrando a localização e comportamento de aluguel de seus anfitriões individuais, o que a empresa se recusa a fazer para proteger a privacidade de seus clientes.

Chesky diz que muitas das nuances sobre os trabalhos da Airbnb estão perdidos nas manchetes. "Nós realmente nos importamos muito com essa questão e estamos tentando resolvê-la". Ele insiste que grandes grupos imobiliários não são o que a empresa quer. "Não temos muito diferencial se for um aluguel corporativo", diz ele. "Parece um hotel. Há menos pertencimento."

Limpar os operadores comerciais não é tão simples, diz a empresa. Parte da atividade de múltiplas inscrições não é ilegal: cômodos são alugados por mais do que trinta dias ou acomodações com menos de três cômodos – digamos casas *brownstones* no Brooklyn ou geminadas no Queens – são isentas da lei de Moradias múltiplas. A empresa também tem um número crescente – trezentos mil espaços, globalmente na última contagem – de hotéis boutique e bed-and-breakfasts que se inscrevem em sua plataforma. Chesky diz que alguns anfitriões inscrevem o mesmo apartamento de múltiplas formas, o que pode fazer uma única inscrição parecer duas. E ele aponta que mesmo que a empresa expulse um anfitrião em particular, ele pode criar outra conta com um nome diferente. "Não conhecemos todo mundo", diz Chesky. "Não entrevistamos cada pessoa para perguntar a ela o que está fazendo."

Essa é a maior questão com membros da indústria da hospitalidade: os ditos hotéis ilegais que parecem proliferar na plataforma. Executivos de hotel acreditam que, apesar do que diz, a Airbnb tem muito mais acomodações do que está divulgando, e acreditam que a empresa tem o poder de identificá-los e policiá-los. "Eles dizem: 'Não podemos nos livrar deles.' Isso é absurdo", diz Vijay Dandapani, presidente da Apple Core Hotels, uma cadeia de cinco hotéis em Midtown Manhattan, e presidente da Associação Hoteleira da Cidade de Nova York. "Por todo mundo há a noção de que eles não jogam conforme as regras e que não são lá muito transparentes."

Muitos dos que tornam seu trabalho examinar a maquiagem das inscrições da Airbnb concordam que a maior parte dos operadores profissionais

143

de larga escala em Nova York e outras cidades deixaram o site. Muitos deles migraram para competidores da Airbnb. Acima de tudo, na cidade de Nova York e em outros mercados, eles parecem mais ter dado lugar a microempreendedores amadores – zés-ninguém de pequeno porte que ou reúnem lucro o suficiente para comprar ou alugar alguns lugares para si, que colocam no site, ou juntam-se com amigos e coinvestidores para fazer isso. São pessoas como Pol McCann, em Sydney, que tem duas acomodações, está reformando uma terceira e espera se aposentar em poucos anos para se tornar um anfitrião da Airbnb em tempo integral; ou gente como Jonathan Morgan, o anfitrião mencionado anteriormente que cuida de seis inscrições de três domicílios em Savannah. Scott Shatford, fundador da AirDNA, começou sua empresa depois de desenvolver um negócio que cuidava de sete acomodações em Santa Monica, Califórnia. Ele diz que estava faturando U$400 mil por ano em seu auge – dinheiro que ele usou para promover seu negócio na AirDNA.

Mas esses empreendedores geralmente se esforçam horrores para se camuflar, criando múltiplas contas de uma acomodação sob nomes diferentes, e cuidando de suas inscrições para gerarem o visual e a sensação individuais que a Airbnb quer e que seus clientes esperam. "Todo mundo quer ter essa experiência muito pessoal", diz Shatford. (Ele e os outros dizem que apesar do que os críticos da Airbnb falam, é muito difícil evitar que as pessoas joguem com o sistema. "Qualquer um que seja um pouco inteligente pode contornar qualquer coisa que eles coloquem sobre administrar múltiplas propriedades", diz ele.) Mas os legisladores ainda estavam esperando para atacar: em 2016, depois que Santa Monica aprovou algumas das leis mais duras regulamentando a Airbnb, e depois que Shatford deu uma entrevista sobre seu negócio, ele foi multado com cinco ações de mau comportamento. Ele fez um acordo com a cidade, pagou U$4500 em multas e desde então se mudou para Denver, onde agora foca exclusivamente na Airdna.

"Acho que toda essa controvérsia sobre aluguel corporativo tenta apenas chegar numa pergunta simples", diz Chesky, quando lhe pergunto no café da manhã em uma inscrição da Airbnb, numa modesta casa geminada em que ele está hospedado em Georgetown, Washington, D.C.. "Que é: há unidades dedicadas à atividade da Airbnb numa cidade onde há falta de moradia? Acho que qualquer coisa sobre o quanto comercial é, quantos lares têm, foge totalmente da questão." De uma perspectiva política, diz ele, em mercados onde não há um problema de moradia, a Airbnb não é contra múltiplas inscrições. Em alguns lugares – e ele usa Lake Tahoe como exemplo – um município pode de fato querer que empresas de administração residencial gerenciem acomodações na Airbnb (e em 2015 a empresa comandou parcerias de administração residencial em alguns mercados de aluguel para férias). É outra forma de alcançar potenciais turistas e trazê-los ao seu destino. "Como *política*", esclarece Chesky, "você não pode ser contra isso". Porém, em cidades onde há uma verdadeira questão habitacional, como em Nova York, ele diz que a política deveria ser muito clara: uma inscrição por anfitrião.

Mas, de uma perspectiva de mercado, ele diz que a história é diferente. "Nossa comunidade de base é formada por anfitriões comuns, pessoas alugando e compartilhando os lares em que vivem. Achamos isso muito especial." Ele aponta ao redor durante essa entrevista, com livros e quinquilharias nas prateleiras. Se esse fosse um aluguel especializado, diz ele, não veríamos o toque humano ao nosso redor. "Você tem uma proximidade. Há um cuidado. Uma noção de pertencimento. Não é um 'serviço', mas um *pertencimento*. É a base da nossa empresa."

Entendeu isso? A Airbnb não se opõe a anfitriões com várias unidades em cidades que não têm questões de habitação – mas apenas se os anfitriões estiverem fazendo o que a Airbnb considera ser uma boa experiência, que define um verdadeiro ser humano oferecendo o tipo certo de "hospitalidade". "Não queremos administradores de imóveis que entram nessa pelo dinheiro", diz Chesky. O objetivo é o que o gerente de hospitalidade da Airbnb chama de "hospitalidade com H maiúsculo e negócios em minúsculas". Então, a Airbnb discute que, numa cidade sem limitações de moradia, microempreendedores como McCann, em Sydney, ou Morgan, em Savannah, devem ser permitidos. (Legisladores em Savannah discordam e atacaram Morgan com mais de quinze advertências totalizando US$50 mil em multas, o que ele diz que não pagou; em Sydney, McCann tem sentido pressão para um possível endurecimento das leis por lá também; se o governo colocasse um limite no número de dias que uma acomodação pode ser alugada por ano, seu negócio não seria viável. Mas até a escrita deste livro, um relatório do governo recomendou permitir os aluguéis de curto período por um número ilimitado de dias por ano em New South Wales; a questão foi enviada ao parlamento.)

Problemas nova-iorquinos

Muitos dos pontos que militantes anti-Airbnb têm são compreensíveis. Conceder a hóspedes temporários acesso aos prédios residenciais significa que gente que não foi verificada tem chaves para espaços públicos do prédio e podem não trancar as portas devidamente ou criar outros incômodos. Apartamentos residenciais não têm as mesmas precauções de segurança de hotéis, como sistemas contra incêndio e planos de evacuação claros (apesar do código de edifícios de Nova York exigir que prédios residenciais também se adequem a padrões de segurança contra incêndio). Talvez o mais válido para os nova-iorquinos do dia a dia seja a questão da qualidade de vida. As pessoas em Nova York vivem em espaços pequenos empilhados uns sobre os outros, já dividindo paredes, pisos, tetos e espaços públicos.

Há poucas coisas que os nova-iorquinos mais valorizem do que seu espaço pessoal e suas rotinas, e ter turistas batendo na porta tentando entrar, jogando lixo no lugar errado ou bitucas de cigarro no deque da cobertura atrapalha tudo isso. Muitos nova-iorquinos que conheço parecem ter alguma história de um Airbnb ao seu lado, envolvendo a passagem de turistas. Uma residente de muito tempo num prédio do West Village diz que ela sabia que seu vizinho ao lado começara a inscrever seu *studio* na Airbnb, quando ela começou a ouvir ruídos através das paredes, e notou gente diferente entrando e saindo do local toda semana. Numa dessas, uma família de quatro pessoas manteve o carrinho de bagagens do prédio no corredor pela duração de sua estadia; ela entendeu o motivo, quando viu as crianças do lado de fora do prédio, empurrando alegremente o carrinho dourado reluzente para cima e para baixo da Oitava Avenida. Não muito longe de onde eu moro, há uma inscrição que é popular entre turistas escandinavos, e os vizinhos se acostumaram a ver grupos de rapazes bem altos e bem loiros reunidos fora do prédio, fumando e conversando até tarde da noite.

Ainda assim, mesmo com esses incômodos, a discussão não é tão objetiva quanto a oposição da Airbnb faz parecer (por algum motivo, nove entre dez mulheres em Nova York diriam a você que receberiam de braços abertos qualquer fluxo de homens altos, temporários ou não). Muitos nova-iorquinos sabem o que é lidar com um vizinho permanente, que é um incômodo o ano inteiro.

Assim, com o passar dos anos, a oposição focou seu argumento na questão de habitação acessível: que a Airbnb remove unidades do mercado, subindo os preços para todo o resto. A Airbnb de fato tem um número tremendo de inscrições na cidade de Nova York – mais de 44 mil na última contagem. Mas com mais de três milhões de unidades habitacionais no total, eles representam menos de 1,5% do total. Um número muito maior, de duzentas mil unidades, está vago por outros motivos. Há muitas forças – leis de zoneamento, o custo alto da construção, leis de limitação de uso de terra, um fluxo de compradores estrangeiros ricos, e uma população sempre em alta graças a um ressurgimento das grandes cidades – isso tudo contribui muito mais diretamente para a falta de habitação e preços nas alturas do que a Airbnb. "Nós reconhecemos que a Airbnb talvez não cause o problema, mas isso não significa que você não deveria tratar disso e tirar milhares de apartamentos do mercado", diz Murray Cox, um ativista de habitação acessível e fundador do Inside Airbnb, outro provedor externo de dados da empresa.

Quanto maior a Airbnb se torna, maior o conflito em Nova York. Além das leis, aluguéis de curto prazo são proibidos pela maioria dos proprietários, e alguns estão começando a acrescentar cláusulas nos contratos proibindo locatários de usarem a Airbnb, implementando protocolos rígidos ao ter hóspedes, acrescentando câmeras e contratando investigadores particulares para pegarem locatários no ato. Related Companies, a maior proprietária de aluguéis residenciais de luxo em Nova York, com mais de sete mil unidades, é conhecida por ter desenvolvido uma apresentação de PowerPoint para ensinar seus administradores de propriedade a farejar locatários que alugam seus domicílios na Airbnb. E no segundo semestre de 2015, o prefeito De Blasio prometeu investir U$10 milhões em três anos em pessoal e tecnologia adicionais para vigiar melhor quem viola a lei municipal de aluguel de curto prazo.

Há poucas coisas mais ácidas do que uma luta política em Nova York, especialmente uma que combina trabalho, grandes negócios e a questão ultrassensível e profundamente emocional de habitação acessível. E conforme as apostas aumentam, aumenta também o nível de acidez. Quando o ator e investidor da Airbnb, Ashton Kutcher, escreveu uma carta defendendo a empresa, a congressista do Estado de Nova York e crítica de muito tempo da Airbnb, Linda Rosenthal, disse ao *Wall Street Journal* que a carta "não fará um pingo de diferença" e acrescentou que "ele está tentando me provocar". Helen Rosenthal, membro do conselho da cidade, representando o Upper West Side (assim como Linda Rosenthal, uma democrata, mas as duas não são parentes), disse ao *The Real Deal*: "A mensagem mais importante para mim é que vamos tornar a vida a mais difícil possível para a Airbnb, que continua a ignorar a lei estadual".

No começo de 2016, a Share Better lançou um comercial que zombava do lema "Pertença a qualquer lugar" da empresa, chamado "Airbnb: Problema em qualquer lugar." ("Obrigado de todo modo, Airbnb, mas você não está ajudando ninguém além da Airbnb", dizia a voz irritada da narração.) Por volta da mesma época, dois membros do conselho municipal enviaram uma carta para os trinta maiores investidores da Airbnb, notificando-os da natureza ilegal das operações da empresa em Nova York, e avisando que isso poderia afetar o valor de seus investimentos. "De nossa parte, se investíssemos numa empresa que trata abertamente de tanta atividade ilegal, pensaríamos duas vezes em manter o dinheiro nela", escreveram os autores.

A Airbnb classificou a carta como "teatral". Isso gerou mais munição política: contrataram uma firma de alto escalão de lobismo, estratégia política e comunicação de Nova York. Contrataram Josh Meltzer como chefe de política em NovaYork, que anteriormente trabalhava para o procurador-geral Schneiderman. Para ajudar na proximidade com uniões trabalhistas, trouxeram à bordo Andy Stern, antigo chefe do poderoso sindicato Service Employees International Union. Gastaram mais em publicidade, financiaram maratonas. (Talvez, previsivelmente, às vésperas da recém-nomeada Meia Maratona Airbnb do Brooklyn, oposicionistas apareceram usando camisetas dizendo: #CorraDoAirbnb.)

Mas havia forças poderosas e bem estabelecidas se juntando contra eles (REBNY, o lobby imobiliário, logo se uniu à briga) e na metade de 2016, no finalzinho da sessão legislativa do estado, um projeto de lei que a congressista Linda Rosenthal havia apresentado no começo do ano, pedindo a proibição da publicidade de aluguéis de curto prazo, começou a ganhar força. Deliberadamente escrito como regulamentação de "publicidade" para contornar a defesa legal de que um site não poderia ser responsabilizado pelo conteúdo que seus usuários postavam, a lei simplesmente proibia moradores de apartamento de inscrever o aluguel de suas unidades desocupadas por menos de trinta dias, e mudavam a punição do proprietário para o locatário ou morador, que pela lei poderia ser multado em U$1000 na primeira infração e U$7500 numa terceira. Apesar de um impulso no RP com pesos pesados da indústria de tecnologia, incluindo os investidores da Airbnb, Paul Graham, Reid Hoffman e Kutcher, que atacaram o projeto de lei por evitar inovações e prejudicar os nova-iorquinos da classe média ("As pessoas vão perder seus lares por causa dessa lei ignorante!", tuitou o ator), a lei passou no último dia da sessão legislativa, gerando um golpe repentino e inesperado na Airbnb.

A Airbnb insistiu que a lei havia sido introduzida injustamente, resultado do que se tomou como um acordo de última hora por debaixo do pano, intermediado por interesses particulares que ignoravam vozes de milhares de nova-iorquinos. Lançaram uma campanha publicitária milionária, removeram mais de duas mil inscrições de sua plataforma em Nova York, daqueles que diziam parecer anfitriões com várias unidades, e apresentaram uma proposta para criar tanto uma ferramenta técnica no site como um processo de registro para banir anfitriões de listar mais de um lar. Mas quatro meses depois que a lei passara, numa sexta-feira no fim de outubro de 2016, o governador Cuomo a aprovou. "Essa é uma questão a que foi dada consideração cuidadosa, mas no fim essas atividades já são expressamente proibidas por lei", disse seu porta-voz numa declaração. Linda Rosenthal, representante do projeto de lei, acrescentou: "Agradeço que o governador Cuomo tenha se posicionado pela causa de moradia acessível e pela proteção dos locatários", disse ao *New York Times* depois de a lei ser implementada.

A Airbnb prontamente respondeu. Em poucas horas depois da assinatura, a empresa abriu um processo contra a cidade de Nova York e contra o procurador-geral do estado, alegando que a lei violava os direitos da empresa de liberdade de expressão, julgamento justo e proteção, garantidos pela Lei de Decoro de Comunicação. A Airbnb circulou um memorando chamado "Hotéis comemoram a chance de extorsão em tarifas" depois que um executivo chefe da indústria hoteleira disse numa coletiva que a legislação impactaria positivamente o poder de precificação da empresa. (Vijay Dandapani, da Associação de Hotéis de Nova York, contestou essa linha de ataque, dizendo que a compressão de preços é simplesmente efeito da economia de oferta e demanda, similar às formas de as empresas aéreas precificarem seus produtos.)

Alguns dias depois, a Airbnb fez um protesto em frente aos escritórios de Cuomo, em Nova York. Duas dúzias de anfitriões apareceram com placas que diziam: "Cada moeda paga meu teto" e "Freelancers pela Airbnb". (Um fã da Cher bem-humorado segurava um cartaz que dizia "Cher your home" (Um trocadilho com "share your home", "compartilhe seu lar" em inglês.) Eles gritavam coros de "Airbnb, you and me!" ("Airbnb, você e eu!") e "Airbnb para NYC!". Mas eles foram sufocados por um protesto contrário de um grupo de ativistas pela moradia acessível, locatários, sindicatos e pela congressista Rosenthal, que conduziu a passeata com o grupo, marchando até os manifestantes da Airbnb e gritando mais alto e mais forte: "Airbnb, ruim para a NYC!" e "Lares não são hotéis!". Alguns dias depois, durante outro protesto, o membro do conselho da cidade, Jumaane Williams, disse ao *New York Daily News*: "Nunca fiquei tão feliz em ver que uma organização perdeu".

Para a comunidade da empresa em Nova York, as notícias criaram confusão. Hóspedes que já haviam reservado viagens para a cidade começaram a perguntar aos anfitriões se deveriam cancelar. Evelyn Badia, a anfitriã do Brooklyn com seu próprio negócio de consultoria, ajustou sua inscrição para que dissesse: "Legal, confortável e um apartamento espaçoso de dois quartos numa casa." No protesto, um passante me perguntou se a Airbnb comprava edifícios e os convertia em lugares para alugar.

Pouco depois do protesto, falei com Chris Lehane, o chefe global de políticas públicas da empresa. "As cartas estavam todas contra nossos anfitriões", disse ele. "Políticas ruins levam a conjuntos de regras ruins. Quando os interesses particulares escrevem uma lei e a aprovam sem nenhum processo público, sem que anfitriões tenham voz, você acaba numa situação dessas." Ele diz que a empresa vai continuar a pressionar por uma solução legislativa que restrinja a atividade comercial em sua plataforma, mas permita que pessoas comuns aluguem seus espaços ocasionalmente, uma proposta de política que, diz ele, "em qualquer análise objetiva é boa para o estado". (Quando este livro ia para o prelo, a empresa chegou a um acordo tanto com o estado como com a cidade de Nova York – no caso dessa, com os dois lados concordando, em teoria, em trabalhar juntos para agir contra os mal-intencionados.) Neal Kwatra, CEO da firma de consultoria política Metropolitan Public Strategies e diretor estrategista da Share Better, diz: "Há uma lei nos livros, desde 2010, que proíbe uma enorme parte do modelo de negócios da Airbnb, ainda assim eles têm um enfoque muito estratégico aqui". Ele diz que a empresa "tinha uma compreensão bem clara de que apesar da verdadeira regulamentação, a aplicação da lei não aconteceria num tipo de escala que atrapalharia seus negócios. E acho que o que temos é uma coalizão de diferentes interesses, principalmente focados no impacto de moradia acessível, em que a Airbnb aumentou os aluguéis ao remover milhares de unidades de moradia de longo prazo."

A congressista Linda Rosenthal diz que está "entusiasmada com a aprovação do projeto de lei, mas acho que a Airbnb está sendo arrastada, enquanto chuta e grita, para fazer seus negócios de acordo com a lei, e acho que vão tentar escapar de todas as formas que puderem." Ela se incomoda com o que chama de "modelo diferente de negócios da empresa, que vai até uma área, a domina, então dita a política em vez de que o governo diga o que fazer." Ela diz que se a empresa se importasse com seus usuários, teria deixado a lei clara na página de seu site. Em sua página de "Hóspedes responsáveis nos EUA", a empresa encoraja seus clientes a agir de acordo com todas as leis locais.)

A Airbnb e aqueles familiarizados com sua estratégia dizem que tentaram muitas vezes durante os anos oferecer um compromisso, mas que os legisladores não estavam interessados numa conversa. "Eles [Airbnb] estavam dispostos a fazer basicamente qualquer acordo", diz Bill Hyers, da Hilltip, que atualmente não trabalha mais com a empresa, mas diz que as várias partes estavam "agressivamente indispostas a conversar. Por causa disso, no final das contas, não havia ninguém com quem lidar."

Lehane diz que a situação de Nova York acabaria se exaurindo com o tempo numa série de batalhas de uma "guerra de maior prazo", e que nos próximos anos as reviravoltas do conflito seriam "a música ambiente no fundo". Ele diz que a empresa vai continuar a pressionar por um compromisso que envolva a mudança da base da lei de 2010.

Organize, mobilize, legitime

Lehane foi simpático e amável quando o conheci no quartel-general da Airbnb, meses antes de a lei ser aprovada em Nova York. Ele não parecia em nada com o apostador combativo como é conhecido. Lehane é um político peso pesado: advogado treinado em Harvard, ele está na política democrata desde os anos 1980. Depois de trabalhar na campanha de Bill Clinton em 1992, foi recrutado para o escritório de consultoria da Casa Branca, uma equipe de elite que cuidou do controle de danos para investigações na administração de Clinton (ele produziu o relatório de 332 páginas que cunhou a frase "vasta conspiração da ala direitista"). Ele então serviu como secretário de imprensa para a campanha de Al Gore em 2000, antes de partir para o setor privado. Conhecido por sua tática agressiva, frases incisivas e pesquisa habilidosa de oposição, Lehane foi notoriamente apelidado como "mestre do desastre". Entre trabalhar com clientes como Microsoft, Goldman Sachs, Lance Armstrong e sindicatos trabalhistas, assim como com iniciativas sem fins lucrativos, como a campanha de combate à mudança climática do bilionário Tom Steyer, ele escreveu e produziu um filme satírico chamado *Knife Fight* ("Briga de Faca"), sobre um estrategista político. Em 2014, a Airbnb trouxe Lehane como consultor para ajudar na batalha da empresa em São Francisco, e logo ele se juntou em tempo integral.

Lehane é esguio, mas tem uma forte presença no quartel-general da Airbnb, onde é quase que universalmente conhecido como "Lehane". O marco zero para suas operações é um prédio único de três andares, num beco atrás do quartel-general da Airbnb, antigamente chamado de Anexo, e batizado por Lehane de ADU, acrônimo em inglês de Unidade de Habitação Acessória, um termo habitacional tortuoso para o que é geralmente conhecido como "apartamento da vovó" ou "puxadinho dos agregados". Tais unidades servem muito bem ao compartilhamento de lares (e convenientemente são complicadas de se regular). Na Airbnb, a ADU abriga todo o time de mobilização, política de comunicações e operações e outros departamentos, incluindo o de impacto social e de pesquisa estratégica – cerca de duzentos funcionários no total, muitos dos quais vêm da política democrata. Lehane moldou a estrutura seguindo o desenho do prefeito Bloomberg para a prefeitura de Nova York, com um cercadinho no meio e diferentes equipes espalhadas ao redor, perto umas das outras para que possam interagir. "Se você já entrou numa campanha de política global, é exatamente assim", diz ele.

Cabe a Lehane supervisionar a estratégia da Airbnb para pressionar e fazer com que as leis se virem a favor da empresa. "É uma coisa maluca", diz ele, sentando-se para uma das nossas conversas nos escritórios da Airbnb. "É como se você construísse um carro, construísse a estrada, construísse as leis, e as pessoas tacassem pedras em você – é ótimo!" Mas ele admite livremente que também é um consumidor do que muitos agora se referem como Airbnb Kool-Aid (o refresco em pó da Airbnb). Ele acredita que a empresa tem potencial para ser uma força motivadora para a classe média, e diz que o compartilhamento de lares pegou o consumidor da forma como o fez porque uma série de tendências socioeconômicas convergiram. Isso reforça contratos sociais que foram desgastados. Permite que gente comum seja empoderada economicamente. Isso junta as pessoas. "No final das contas, o motivo pelo qual a Airbnb está tendo sucesso no nível que está não é por causa de alguma poção mágica ou pó de pirlimpimpim colocado em algum algoritmo", disse ele durante a Conferência de Prefeitos dos EUA, em 2016. "É porque construímos uma plataforma que permite que as pessoas interajam com outras e tenham uma experiência transformadora."

Lehane insiste que a maioria das cidades do mundo está se abrindo para parcerias, e ele é rápido em apontar os vários lugares em que a Airbnb trabalhou com legisladores locais para atualizar ou corrigir leis para tornar suas atividades legais – mais recentemente, no dia em que conversamos em Chicago, passou uma medida legalizando aluguéis de curto prazo, sem limites no número de dias e com a permissão da coleta de uma taxa de 4% em cada aluguel, que financia serviços para os sem-teto. ("Fãs de habitações alternativas visitantes da Cidade dos Ventos, alegrem-se", dizia um artigo sobre as regras.) Enquanto a batalha de Nova York se intensificava, legisladores aprovavam leis amistosas do outro lado do rio Hudson, em Newark e Jersey City, Nova Jersey. E na mesma semana que Cuomo assinou o projeto de lei de Nova York, reguladores forçaram acordos em Nova Orleans e Xangai. (Lehane diz que as pessoas gostam de citar Nova York, mas ele e outros apontam que a plataforma agora é tão grande que nenhum lugar é essencial para a empresa. Isso parece ser verdade: os dados da Airdna estimam que a renda total dos anfitriões da Airbnb em Nova York representem 10% do total dos EUA e 3% da renda global da empresa.) Dos cem maiores mercados que a empresa identificou como importante, Lehane me conta, 75 a 80 estão "ou finalizados ou se movendo numa boa direção"; dez estão "meio que parados"; e os dez restantes estão "sempre em algum tipo de conflito", com quatro no centro: Nova York, São Francisco, Berlim e Barcelona.

Mas nesses lugares de grande conflito, tem sido difícil, e o denominador comum é a política única de lá, diz Lehane. Em Barcelona, o governo tem consciência do fluxo de turismo em seu Bairro Gótico. Em São Francisco, a questão é a falta de moradia sob uma disputa entre as raízes progressistas da cidade e sua indústria de tecnologia mais moderada – e monetizada.

Em Berlim, que baniu todos os lares inteiros do aluguel de curto prazo sem uma legalização e instituiu multas de até U$115 mil para quem infringisse a lei, há as antigas questões ao redor de moradia que remetem à reunificação da Alemanha, agora exacerbadas pela crise de refugiados. E Nova York, é claro, o epicentro do que Lehane chama de "complexo hoteleiro industrial".

Dominar políticas únicas é a especialidade de Lehane, e ele sabe que a chave para vencer as batalhas regulatórias da Airbnb está em mobilizar seus anfitriões. Ele diz que a Airbnb tem algo que nenhuma outra entidade do setor privado tem: centenas de milhares de anfitriões engajados e hóspedes que podem ser "um exército de mudança". Sua solução: implementar um esforço mobilizador de base, como a empresa fez em Nova York, quando o procurador-geral atacou pela primeira vez, mas um esforço que seja o equivalente em tamanho e dimensão a uma campanha presidencial – e que seja lançado em todo o mundo.

Para pensar dessa maneira, a Airbnb tem dois elementos únicos que tornam isso possível. Um é dimensão: só nos Estados Unidos, a base de usuários da empresa é maior do que alguns dos maiores grupos de interesse especial do país, como o Sierra Club, a Federação Americana de Professores e a Campanha pelos Direitos Humanos. Muitos na comunidade da Airbnb são usuários casuais; Lehane os divide em "eleitores de base", os anfitriões que estão mais engajados, mas são um grupo menor, de apenas poucos milhões; e "eleitores ocasionais", os hóspedes. Mas as votações da empresa mostraram que mesmo os hóspedes casuais podem facilmente ser mobilizados e, em certos mercados, de 5 a 15% do eleitorado geral usa a Airbnb de alguma forma. "Se há uma coisa que os políticos sabem fazer é contas", diz ele. "E é uma conta muito convincente."

A segunda coisa única da Airbnb é seu modelo econômico. Seus "eleitores de base" não apenas acreditam na causa; eles ganham dinheiro com ela. Os anfitriões da Airbnb ficam com toda a renda que entra pela porta, tirando os 3% que a empresa cobra de taxa. "É gente fazendo 97 centavos por dólar", diz Lehane. "Junte todas essas coisas e você terá o motivo pelo qual eu acho que podemos ser politicamente incômodos."

Parte de seu trabalho de base já foi feito quando Lehane começou. O esforço de Douglas Atkin de fazer um movimento de petição durante a investigação do procurador-geral de Nova York foi parte de um esforço maior, durante 2013 e 2014, para mobilizar a comunidade da Airbnb em três cidades onde enfrentava oposição: Nova York, São Francisco e Barcelona. Chamado de Firestarter (Incendiário) foi um enfoque de mobilização sofisticado, que recorria a táticas da campanha presidencial de Obama – especificamente, o modelo "floco de neve" da campanha de comunidade engajada, baseado na comunidade, de baixo para cima, que empodera voluntários para organizar e treinar uns aos outros. Ao aumentar aos poucos o pedido de membros da comunidade para uma "curva de comprometimento", seja aparecendo numa reunião ou mandando um tuíte para os editoriais, a tática é usada para extrair o máximo possível de paixão das pessoas comuns. "Você pode fazer um monte de comerciais de tevê, e isso vai ter algum tipo de impacto", diz Lehane. "Mas receber centenas de ligações, quando você é um intendente municipal é outra coisa. E isso acontece."

Lehane basicamente estava encarregado de trazer sua força de defesa política para o modelo Firestarter, expandindo-o e implementando-o em cem cidades-chave pelo mundo. A espinha dorsal de seus esforços são clubes de compartilhamento de lares, grupos de anfitriões que vão de dez ou quinze pessoas até algumas centenas, que Lehane vê quase como sindicatos modernos. A Airbnb os fertiliza fornecendo infraestrutura e apoio, mas os clubes criam seus próprios regulamentos, estabelecem seus próprios objetivos, e a esperança é que se tornem suas próprias entidades políticas de cidadãos. "Esses clubes têm de ser liderados por vocês, construídos por vocês, feitos de vocês", disse ele a uma plateia de cinco mil anfitriões, quando apresentou a ideia no Airbnb Open em Paris, em 2015. "Vamos ajudar a fornecer as ferramentas de defesa, mas será a voz de vocês que sustentará a coisa."

O "teste beta" de Lehane foi o esforço de mobilização em São Francisco, em 2015, para derrotar a Proposta F, uma iniciativa de votação que colocaria amarras nos aluguéis de curto prazo e, como a de Nova York, a batalha regulatória mais importante da empresa. A cidade e a Airbnb já tinham chegado a um acordo para legalizar aluguéis de curto prazo, aprovando o que se tornou conhecido como "a lei da Airbnb" no segundo semestre de 2014, na qual a Airbnb concordou em limitar o número de dias por ano que um anfitrião poderia alugar seu domicílio inteiro, além de exigir que os anfitriões se registrassem no município. Mas a oposição aumentou, quando surgiu o projeto de lei, e a Proposta F queria reduzir o limite, exigindo a entrega de dados trimestrais e dando aos vizinhos e grupos residenciais a habilidade de abrir processos legais. Com uma verba de campanha de U$8 milhões, Lehane posicionou uma equipe de organizadores veteranos de campo e centenas de voluntários para mobilizar a base de usuários da comunidade. No final, 138 mil membros da comunidade bateram em 285 mil portas e contataram 67 mil eleitores para derrotar a proposta. (Sua verba de U$8 milhões foi para publicidade, incluindo televisão e uma série de outdoors agressivos que foram vistos como nocivos e ofensivos. "Querido Sistema Público de Bibliotecas, esperamos que vocês usem parte dos U$12 milhões em taxas de hotel para manter a biblioteca aberta. Com amor, Airbnb." Depois que os anúncios geraram ataques, a empresa os retirou e se desculpou.)

A vitória foi significativa – mas durou pouco. Em junho de 2016, a Comissão de Supervisores aprovou uma nova lei que requeria que plataformas de aluguel de curta duração verificassem suas próprias inscrições para se certificar de que os anfitriões estavam registrados – ou pagariam multas de U$1000 por inscrição não registrada, por dia. Algumas semanas depois, a Airbnb abriu um processo contra a cidade de São Francisco, o qual na escrita deste livro ainda passava pela corte, assim como em Nova York.

Dimensionando a receptividade

A Airbnb se depara com um enigma: ela quer aumentar seus negócios em Nova York e em todo lugar. Mas quer fazer isso de uma maneira simples e apropriada. "Quanto mais humana a interação, mais próxima da nossa missão", diz Chesky. Mas aí há um desafio: como você aumenta o tipo de receptividade humana de contato físico que a Airbnb quer? Como você pega o modelo de hospitalidade aconchegante, de um lar, de um anfitrião, e ainda aumenta isso? Como a maioria das coisas, os fundadores da empresa consideraram isso um desafio de design.

Uma maneira de contornar isso é montar parcerias com os proprietários. A Airbnb é um fenômeno urbano, e em muitos lugares, independentemente das leis locais, moradores de apartamento são proibidos de receber pela Airbnb porque seus proprietários não permitem. Muitos não querem aluguéis de curto período em seus prédios porque eles violam sua política ou porque vão contra regulamentos locais, e são os proprietários que frequentemente são multados, não os locatários. Às vezes são operadores de curto período em prédios isolados sem elevador. Mas muitas pessoas que alugam apartamentos em cidades fazem isso de um pequeno punhado de megaproprietários: enormes empresas imobiliárias como Avalon Bay Communities, Camden Property Trust e Equity Residential Properties. Essas e outras empresas controlam centenas de milhares de apartamentos por todo país, e alugam para um número desproporcional de jovens millennials.

Geralmente, eles alistam grupos de gerenciamento de propriedade de larga escala para o dia a dia de seus prédios, mas são os proprietários que fazem as regras e as colocam em seus contratos padrão. Penetrar nesse grupo e fazê-los mudar as regras, permitindo o compartilhamento de lares, faria a Airbnb conquistar significativa e idealmente o tipo de ganho que deseja, deixando o cidadão comum, morador de apartamento, alugar seu domicílio fosse quando estivesse fora ou quando estivesse lá.

Nos últimos anos, a Airbnb tem trabalhado em criar alianças com esses conglomerados de aluguel. Em 2016, Kia Kokalitcheva da *Fortune* noticiou o lançamento de uma nova iniciativa da Airbnb chamada de Programa do Prédio Amigo, no qual proprietários e desenvolvedores de grandes prédios de várias famílias podem se inscrever numa parceria com a Airbnb. Sob esse arranjo, os edifícios concedem a seus locatários a permissão para alugar espaço em suas unidades pela Airbnb; em troca, os desenvolvedores ficam com a habilidade de estabelecer certas regras ao redor da prática, como horários para check-in e duração da estadia – e recebem parte da renda. A reserva ainda acontece pela Airbnb, mas a empresa pretende dividir com os proprietários os dados sobre o tipo de transação que os locatários fazem e em quais unidades. A ideia segue os interesses dos proprietários: o objetivo primário é encher o prédio e garantir que aluguéis de longo prazo gerem o tipo de renda estável e previsível que seus investidores gostam de ver. O modelo que Cheskey e a Airbnb lhes propõem é que seus clientes de base, locatários millennials, querem viver apenas em lares que são compartilháveis. Eles conhecem a Airbnb por toda sua vida adulta e, assim como em muitas outras coisas, eles se sentem um pouco no direito a essa renda. Se você aceita a Airbnb e torna legal para os locatários compartilharem seus lares – ou é isso que propõem aos proprietários – você tem mais facilidade em ocupar seus edifícios, tem uma taxa de ocupação maior e, como seus locatários terão uma renda adicional, vai ter mais facilidade de receber o aluguel em dia, o que aumenta o interesse dos investidores.

Durante a escrita deste livro, proprietários que controlavam cerca de duas mil acomodações se inscreveram (uma fração do mercado potencial) mas a empresa espera pegar alguns peixe grandes do mercado imobiliário e, no futuro, espera levar as parcerias além.

Empresas imobiliárias também desenvolvem novos complexos de apartamentos com centenas de milhares de unidades e a Airbnb também conversa com elas sobre desenhar novos layouts de apartamentos exclusivamente para compartilhamento de lares: apartamentos com, digamos, um banheiro extra ou com uma arquitetura que seja mais propícia a receber hóspedes, nos quais o segundo quarto seja mais próximo de seu próprio banheiro e do lado oposto da sala do quarto principal.

Depois de me contar esses planos, digo a Chesky que é óbvio que isso ainda não pode acontecer na cidade de Nova York, onde a mameira mais popular de usar a Airbnb – colocar o apartamento para alugar, quando estiver fora da cidade – ainda é ilegal. Chesky diz que os proprietários estão por todo o país e não apenas em Nova York. "Mas essa ideia pressupõe...", eu começo e ele assente e completa minha frase: "um horizonte sem nuvens."

Quem cedo madruga

Chesky é otimista de que vai conseguir um horizonte sem nuvens. Ele acredita que a Airbnb aprendeu com suas batalhas em Nova York, onde seus oponentes a criticaram por ter tapado os ouvidos para a política local. "O que aprendemos é não esperar por um problema", disse Chesky à plateia na conferência de Brainstorm Tech da *Fortune*, na metade de 2016. "Se você quer trabalhar com uma cidade, você deve conhecer uma cidade. Se você primeiro chega lá com as melhores intenções, pode terminar com uma parceria. Se uma cidade vem até você, você pode ter muitos, muitos anos de conflito em potencial."

Alguns mercados continuam a desabar. No primeiro semestre de 2015, apesar de um protesto de cem membros da comunidade da Airbnb, a cidade de Santa Monica instituiu o que era na época a mais dura lei de aluguel de curto prazo nos Estados Unidos, com aluguéis de uma casa inteira por menos de trinta dias banidos completamente. Apenas anfitriões que permanecem no local poderiam alugar o espaço em suas casas, e apenas se obtivessem uma licença de negócios do município, aderissem aos códigos de incêndio e pagassem um imposto de hotel de 14%. (Essas foram as novas regulamentações que deixaram em apuros o fundador da AirDNA, Scott Shatford.)

A Airbnb se tornou uma grande questão em Reykjavik, Islândia, um mercado muito menor, mas onde o turismo deslanchou e a capacidade dos hotéis não acompanhou. As inscrições da Airbnb preencheram o buraco, e a pequena cidade agora tem o dobro do número de unidades da Airbnb *per capita* do que cidades como São Francisco e Roma. Pesquisadores estimaram que pelo menos 5% do estoque habitacional da cidade passou a ser alugado na Airbnb, piorando o que já era uma disponibilidade apertada de moradia. A cidade estabeleceu regulamentações rígidas – os anfitriões precisam se registrar e pagar uma taxa, e são limitados a noventa dias de aluguel por ano antes de pagar uma taxa de serviço. Enquanto escrevo, a questão dos aluguéis de curto prazo está esquentando em Toronto e Vancouver e o novo prefeito de Londres, Sadiq Khan, expressou interesse em revisitar as leis de aluguel de curto prazo pela preocupação com moradia acessível e questões de qualidade de vida para os vizinhos.

Enquanto isso, aqueles que usam a Airbnb se acostumaram a tolerar a falta de clareza em certos mercados. Muitos viajantes que reservam na Airbnb escutam pedidos dos anfitriões para dizer aos vizinhos que encontrarem no corredor que são amigos ou parentes visitando. Uma amiga, numa viagem a Los Angeles, ouviu para procurar a chave escondida em uma pilha de bicicletas e dizer para qualquer um que perguntasse que ela era uma amiga visitando. Mesmo antes do projeto de lei de aluguel de curto prazo ser aprovado em Nova York, proprietários podem ter notado um número crescente de locatários com amigos carregando bagagens que iam e vinham frequentemente para "cuidar dos gatos".

Mesmo aqueles que alugam quartos legalmente em seus domicílios estão se esforçando ao máximo para seguir as regras. "Até isso tudo ser esclarecido, quero andar o máximo possível na linha", diz Chris Gatto, um anfitrião de Nova York. Ele aluga um quarto de hóspedes, então sua operação é permitida na cidade, mas ele se certifica de dar a cada hospede um tour de dez minutos pelo apartamento, apontando o extintor de incêndio e saídas de emergência, e instalou sinais claros pelo lugar. Sheila Riordan, uma viajante entusiasmada dos primórdios da Airbnb, não fica em nenhuma inscrição em que a legalidade esteja sujeita a dúvidas. "Não quero ficar em nenhum lugar onde alguém possa questionar por que estou lá", diz ela. Empresas que construíram seus negócios no começo do boom de compartilhamento de lares se resignaram com o fato de que pode levar mais uns anos até as coisas se ajeitarem. "É um problema externo com que apenas temos de conviver", diz Clayton Brown, CEO da startup de entrega de chaves Keycafe. (Enquanto isso, um novo subsistema da indústria artesanal da Airbnb surgiu: empresas que ajudam governos e proprietários a flagrar locatários que quebram as regras.)

No Open de Paris em 2015, os esforços de mobilização estiveram no palco central. "Sabe, sendo um anfitrião, eu acho que muitas vezes somos mal compreendidos", disse Chesky à plateia. "Não apenas isso, acho que às vezes somos até atacados." Ele lhes prometeu que isso logo mudaria. "Porque eles não vão ver apenas nossa casa, mas quem somos em nossos corações." Lehane os incitou a agir. "Teremos mais brigas e mais batalhas nos dias, meses e anos à frente. 'Mas quando essa comunidade é empoderada por um movimento, não pode ser derrotada." Enquanto eles seguem em frente, Lehane diz: "Nosso mantra será Deus ajuda quem cedo madruga e trabalha para danar."

Questão numérica

À longo prazo, a maioria dos especialistas e observadores acham que a sorte está do lado da Airbnb, e que ela vai acabar tendo liberdade para operar, mesmo que seja sob leis estritas em alguns mercados; isso por apenas uma razão: o consumidor quer. Você não tem esse tipo de crescimento que a

Airbnb registrou sem atingir profundamente o público consumidor. Nesse sentido, não significa necessariamente que os anfitriões e hóspedes, sendo mais de 140 milhões, tenham a última palavra sobre os legisladores. "Penso em termos de... tem mais gente fazendo isso amanhã do que hoje? Sim. E mais gente no dia seguinte", diz Lehane. "O público já está lá e os políticos seguem bem rapidinho onde o público está."

Carl Shepherd, cofundador da HomeAway, acha que os legisladores que preferem não embarcar nessa estão com a cabeça no buraco. "É como se dissessem: 'não vou participar do mundo em 2015'", disse ele ao *Los Angeles Times*. "Você pode negar que isso exista ou então pensar em como tornar (isso) seguro."

Pode-se medir o apego do consumidor à Airbnb de diversos modos, mas todos mostram a mesma coisa: é um trem de carga. Uma pesquisa da Quinnipiac descobriu que nova-iorquinos que apoiam a Airbnb ultrapassam o número daqueles que querem que seja proibido de 56 a 36% (durante minha reportagem, eu observei um fenômeno particularmente flagrante de nova-iorquinos que reclamam dos vizinhos temporários em seus prédios, mas fazem uso da Airbnb, quando eles mesmos viajam.)

Em Nova York, tirando a indústria hoteleira, a comunidade mais ampla de negócios apoia a Airbnb, ainda que comedidamente. "Certamente nós não apoiamos os abusos e não estamos endossando a Airbnb em todos os termos", disse Kathy Wylde, presidente da Parceria pela Cidade de Nova York, a entidade sem fins lucrativos feita pelos CEOs dos maiores negócios da cidade e funcionários do setor privado, ao *The Real Deal*. "Mas achamos que há espaço para trabalhar um acordo em que todos saiam ganhando."

Então sim, até mesmo ao plantar uma bandeira em mercados em que a lei proíbe especificamente, a empresa mostra certo grau de ingenuidade, atrevimento ou total desrespeito pela autoridade, dependendo em qual lado da discussão você caia. Mas há uma razão pela qual tantos milhões de consumidores abraçaram a Airbnb. Não foram apenas três caras que quebraram todas as regras. Foi uma junção das forças que eram mais poderosas do que isso: uma recessão que deixou as pessoas com um incentivo muito maior para viajar de forma barata ou para procurar uma oportunidade de tornar seus lares em algo monetizável; uma sensação generalizada de cansaço com uma indústria de hospitalidade que se tornou cara demais ou comercial demais; uma onda de novos valores do milênio e atitudes que tornam a ideia de uma forma de viajar mais exótica, mais eclética, mais original e mais autêntica, não apenas aceitável, mas uma forma de vida; e um declínio na confiança no governo, especialmente entre a classe média; e a busca por meios individuais e autossuficientes de empoderamento econômico.

Compreensivelmente, essas forças podem ajudar os legisladores a entender por que a Airbnb pegou – e por que seus usuários estão tão prontos para pegar uma espada e lutar pela causa. "Digam aos líderes da cidade que vamos vencer", diz Jonathan Morgan, o anfitrião em Savannah que enfrenta U$50 mil em multas. "Digam a eles que vou lutar até a morte. E sou mais jovem do que vocês."

Muitas outras indústrias passaram por questões de regulamentação, quando estavam a caminho de serem aceitas: quando o eBay estabelecia território, encarou resistência fervorosa de vendedores tradicionais; um de seus oponentes tentou aprovar uma lei que exigia que os usuários tivessem uma licença de leiloeiro para vender na plataforma. Startups de pagamento, da PayPal a Square to Stripe, tiveram de provar sua legitimidade para reguladores que ficaram horrorizados com a ideia de trocar dinheiro on-line. "O sucesso quase sempre resulta em legitimidade", diz o membro do conselho da Airbnb, Jeff Jordan. (Claro, nem todas as tecnologias populares vencem – o serviço de compartilhamento de música Napster foi fechado por infringir direitos autorais, apesar de depois o streaming de música se tornar padrão e a indústria descobrir uma forma de cobrar por isso.) Nenhum dos investidores da Airbnb parece muito preocupado. "Acho que no fim vamos chegar a um lugar onde o mundo será como deve ser, e no pior dos casos haverá um crescimento menor em, paradoxalmente, duas cidades americanas (Nova York e São Francisco) que deveriam ser lares de jogadores ousados na tecnologia, mas que são duas das cidades mais problemáticas do mundo", diz Reid Hoffman.

Chesky adora apimentar seus discursos com citações de grandes pensadores da história, e frequentemente parafrasea uma de George Bernard Shaw:

"O homem ajuizado se adapta ao ambiente. O homem sem juízo adapta o ambiente a ele. Portanto, todo o progresso depende do homem sem juízo." É uma referência muito citada no Vale do Silício, onde legiões de fundadores de startups se orgulham de não serem ajuizados a ponto de pegarem investimentos, depois fazerem as leis mudarem a favor deles.

Por esse motivo, Chesky não está surpreso que a Airbnb tenha gerado tanta resistência. "Quando começamos esse negócio, eu sabia que, se fosse um sucesso, seria um pouco controverso", disse-me ele durante um momento de reflexão na Sala do Presidente, no quartel-general da Airbnb, uma réplica de uma sala executiva de 1917 toda revestida de madeira, no escritório da empresa, em 2015. Ele disse que mesmo nos tempos daquelas férias de 2007, quando, sem emprego e desestimulado, começou a falar casualmente sobre a ideia da AirBed & Breakfast para as pessoas, quando estava em casa em Niskayuna, elas tinham uma reação visceral à essa nova ideia: ou amavam ou odiavam. "Ou era 'ótimo, mal posso esperar para fazer isso' ou 'eu nunca iria querer isso no meu bairro'." E, quando ele ouviu sobre a lei de 2010 em Nova York, e quando os legisladores da época asseguraram a ele que a lei não se baseava na Airbnb e não afetaria os usuários de sua empresa, ele suspeitava lá no fundo que poderia não ser sempre bacana. "Não parece 'bacana', porque é a lei", ele se lembra de pensar. Até George Bernard Shaw poderia ter dito que era uma suposição ajuizada a se fazer.

Chesky é confiante de que haverá uma solução, e que "meu cabelo ainda não estará branco, quando isso acontecer." Ele acha que acabará sendo aprovada uma lei que permita às pessoas alugarem seus lares primários, proibindo que aluguéis profissionais e segundos lares sejam alugados em Nova York. Ele também acredita que a Airbnb vai coletar e reemitir taxas para Nova York. "Acho que isso vai acontecer, mas acho que vai ser meio uma disputa nos próximos anos para chegar aqui."

No mínimo, toda essa saga fez Chesky planejar o futuro de um jeito um pouco diferente. Lá em 2007, parecia impossível que a Airbnb estivesse em dez mil lares, quanto mais em três milhões. Agora que ele viu o inimigo com seus próprios olhos, enquanto planeja a próxima fase da empresa, suas ambições vão para as experiências locais. Ele tomou cuidado de assumir o mesmo tipo de crescimento e toda sua resistência. "Tenho criado pensando em tudo isso", ele diz depois de me dar uma amostra dos novos planos de expansão da empresa. "O que fará com os bairros? Vamos enriquecer as comunidades ou levá-las embora? Isso não vai acontecer sem críticas. É a primeira coisa que aprendi."

Outros têm um enfoque diferente: eles ignoram. Dizem que tudo isso, ainda que seja uma grande dor de cabeça, era totalmente previsível. "É *cem por cento* inevitável", diz Michael Seibel, o primeiro consultor dos fundadores da Airbnb e a pessoa que, mais do que ninguém além deles, é responsável pela Airbnb ter se tornado o que é hoje. "Sempre que você mexe com uma indústria enorme e tenta arrumar um espaço para você lá dentro, os vários interessados tentam te jogar para fora", diz ele. "Eles não construíram uma indústria hoteleira de bilhões de dólares sem saber te jogar para fora. Quanto mais estabelecido você for, mais você pode usar a política para fazer isso." No final das contas, diz Seibel, ecoando muitos outros, é o consumidor que vota e o consumidor que acaba ganhando.

Outra das citações favoritas de Chesky é a de Victor Hugo: "Não se pode matar uma ideia que chegou a seu tempo", parafraseada para a plateia no Airbnb Open de 2014. Mas Seibel resume de maneira ainda mais sucinta. "No final das contas, as pessoas gostam de usar a Airbnb? Milhões e milhões de pessoas querem a Airbnb? Sim", diz ele. "Tudo mais é um problema solucionável. É solucionável investindo gente esperta, tempo e dinheiro."

"O que você não pode resolver", diz ele. "É se você constrói algo que ninguém quer."

6
Hospitalidade renovada

É para isso que o mundo está nos levando...
Você precisa aceitar.
SÉBASTIEN BAZIN,
CEO, AccorHotels, para *Skift*

Em 1951, Kemmons Wilson, empresário e pai de cinco filhos que mora em Memphis, largou seu emprego por causa de sua esposa, que insistiu que eles saíssem de férias. A família se amontoou no carro e saiu para uma viagem pelas estradas até Washington, D.C., para visitar os marcos do país. Decepcionados com os motéis de beira de estrada em que ficaram pelo caminho, que tinham quartos pequenos, camas desconfortáveis e taxas extras para cada criança, Wilson viu a oportunidade de algo melhor. Quando chegaram a D.C., ele surgiu com uma ideia: construir uma cadeia de quatrocentos hotéis pelo país, todos com entrada pelas rodovias e cada um a distância de um dia de viagem do outro, que seriam limpos, acessíveis e, mais importante, previsíveis: cada centímetro seria padronizado para que os hóspedes pudessem esperar os mesmos traços, não importa onde estivessem. Depois de tirar medidas meticulosas de cada quarto em que a família ficou durante a viagem, ele chegou às dimensões ideais, e voltando a Memphis pediu para um arquiteto desenhar as plantas. Por acaso, ele havia visto um filme do Bing Crosby chamado *Holiday Inn* (*Duas semanas de prazer*, no Brasil), e sem pensar colocou esse nome sobre as plantas.

O primeiro Holiday Inn abriu um ano depois, em 1952, saindo de uma das rodovias principais de Memphis para Nashville, e no ano seguinte ele construiu mais três. Eram de fato muito previsíveis, limpos, familiares (não havia custos adicionais para crianças) e muito acessíveis para viajantes rodoviários.

E foram revolucionários na época. A ideia criou raízes, se espalhou e se tornou uma marca global, e seu carimbo eram os outdoors de quinze metros pela estrada com o logo da empresa. Em 1972, a Holiday Inn tinha 1.400 pontos em todo o mundo, e apareceu na capa da revista *Time* "O dono da hospedaria mundial."

Wilson não era o único com a ideia. No Texas, em 1920, durante o boom do petróleo, um jovem chamado Conrad Hilton começou a construir hotéis. Em 1957, J. W. Marriott abriu o Twin Bridges Motor Hotel em Arlington, Virginia. Coletivamente, e junto a alguns outros, eles criariam uma era de cadeias de motéis de beira de estrada de massa, previsíveis e onipresentes, o que era uma ideia inovadora que a indústria de hospitalidade nunca havia visto. Anteriormente, os pernoites estavam limitadas principalmente a pensões; a pequenos motéis independentes ou a hotéis caros de cidade e grandes propriedades de férias, que eram os destinos em si. Mas as condições estavam propensas a inovações: milhões de soldados haviam voltado da guerra e constituíram famílias; o boom econômico do pós-guerra trouxe prosperidade a uma nova classe média que crescia rapidamente; milhões de casais ainda estavam maravilhados com seus novos automóveis particulares e com a mobilidade e a liberdade que possibilitavam; e, graças ao presidente Eisenhower e o Ato Federal das Rodovias, a grande era das construções interestaduais estava acontecendo. Outrora um privilégio dos ricos, as viagens foram disponibilizadas e democratizadas.

Wilson, Marriott, Hilton, e um punhado de outros foram os primeiros inovadores da indústria de hospitalidade. Eles sacudiram a situação com sua nova visão do que a viagem deveria ser, construíram grandes fortunas e abriram terreno para os conglomerados modernos.

Agora, cerca de 63 anos depois, em outubro de 2015, um representante da inovação da indústria hoteleira estava num palco diante de um grupo de executivos do ramo hoteleiro e imobiliário. "Sou um de vocês", assegurou Chip Conley à plateia, na Reunião de Outono de 2015 do Urban Land Institute's (ULI). "Sou uma evidência do fato de que vocês podem ensinar um truque novo para um cachorro velho." O empreendedor hoteleiro que se tornou executivo da Airbnb dirigia-se à plateia com uma conversa sobre a história da inovação no ramo da hospitalidade, baseada em sua própria experiência como um inovador da indústria por duas vezes: primeiro como um empreendedor de hotel boutique, começando com sua cadeia de hotéis Joie de Vivre em 1987; e agora como um executivo de topo na Airbnb. Ele conduziu a plateia por uma história dos tempos modernos sobre inovação na hospitalidade, de motéis de beira de estrada para os ditos hotéis boutique até o surgimento de aluguéis de curta temporada ou "compartilhamento de lares". Sua mensagem era: a indústria da hospitalidade foi remexida várias vezes; a inovação geralmente se trata de alguma necessidade implícita que não é atendida; e, no final, as grandes cadeias entram no jogo e todo mundo sai ganhando. "Com o tempo – e para aqueles entre vocês que cuidam de grandes empresas agora – isso vai fazer vocês se sentirem melhores", disse ele, "com o tempo, o padrão aceita as inovações que representam uma tendência de longo prazo".

O relacionamento entre a Airbnb e a indústria hoteleira é complicado, mas evoluiu com o tempo. A Airbnb se desdobrou para dizer que *não* mexe com a indústria hoteleira, para criar um quadro de coexistência benigna. "Para nós ganharmos, os hotéis não têm que perder", Chesky gosta de dizer, e ele e sua equipe frequentemente apontam fatos que demonstram isso. A estadia num Airbnb é maior do que as estadias tradicionais em hotéis. Por volta de três quartos de suas acomodações ficam fora de áreas onde os grandes hotéis estão localizados. Ela tende a atrair grupos maiores. É um "caso de uso" diferente, em termos da indústria da tecnologia. Um grande número de viajantes fica com amigos e família, "então, se nós mexemos em algo, nós mexemos em quem fica com os pais", disse Chesky à plateia da ULI no começo do programa da conferência. E a empresa aponta que a indústria hoteleira teve taxas de ocupação recordes em 2015. Se a Airbnb estivesse realmente atrapalhando os negócios dos hotéis, como isso aconteceria? "Nenhum hotel ficou sem trabalho por causa da Airbnb", disse Nathan Blecharczyk ao Globe and Mail. Chesky diz que ele não gosta da palavra "agitador". "Nunca gostei do termo, porque eu era muito agitado na escola, e isso nunca foi uma coisa boa", disse ele no evento da ULI.

Mas, é claro, a Airbnb provoca um impacto nos negócios dos hotéis. Vende quartos a milhões de pessoas por noite. Cresceu como mato. Capturou a imaginação da demografia mais importante da indústria de hospedagem: os millennials. Então, quanto maior a Airbnb fica, mais as empresas hoteleiras a veem como uma ameaça, e uma ameaça que joga com regras diferentes. Ao mesmo tempo, eles reconhecem que a empresa tocou em algo – alguma necessidade fundamental que não estava sendo preenchida – e os admiram por isso. "Tiro meu chapéu para eles", disse Steve Joyce, CEO da Choice Hotels, a uma plateia no Americas Lodging Investment Summit, no começo de 2016. "Eles viram uma oportunidade que nós perdemos." Tudo gera uma situação dinâmica fascinante em que as empresas hoteleiras estão simultaneamente financiando a luta contra a Airbnb, cuidadosamente se seduzindo com ela, e experimentando como atingir a onda de aluguéis de curto prazo, seja experimentando seus próprios conceitos, comprando ou investindo em outras empresas, ou estabelecendo parcerias com uma das dúzias de novas startups que emergiram na nascente indústria de "acomodações alternativas".

Em sua maioria, a indústria da hospitalidade chegou atrasada para ver ou reconhecer a Airbnb como algo em que deveriam prestar atenção. Jason Clampet, cofundador do site de notícias de viagens *Skift*, se lembra de encontrar o CEO de uma das maiores cadeias de hotel em 2013, que disse "O que é a Airbnb?", quando Clampet perguntou a ele sobre isso. "Eles não estiveram a par dessa realidade até dezoito meses atrás, no máximo", disse Clampet no segundo semestre de 2016. A maioria dos executivos de hotel insiste que a Airbnb serve a um tipo diferente de consumidor. "Pensamos muito sobre isso. Fizemos muita pesquisa", disse o presidente internacional e CEO do Hilton, numa teleconferência sobre resultados, no final de 2015. "Suspeito que com o tempo os investidores vão ver o que é realmente isso, que é um negócio bem bom, mas que talvez não seja 100% distinto, embora bem distinto do que fazemos, e que há oportunidade para nós todos termos modelos de negócios bem-sucedidos." Ele disse que seria difícil para a Airbnb replicar os serviços que o Hilton fornece. "Não acho que nossos clientes centrais vão de repente acordar e dizer: 'Não nos importamos realmente com produtos de alta qualidade e não precisamos de serviços e amenidades.' Eu não entro nessa."

Barry Diller, o fundador do conglomerado de consumo de internet IAC e presidente da gigante das viagens Expedia.com, disse a *Bloomberg Business*

Week, em 2013, que ele não achava que a Airbnb estava roubando muitos negócios de hotéis urbanos. "Acho que serve às pessoas que não viajavam porque tinham medo, ou não podiam pagar, ou que usam porque é um antídoto para a solidão", diz ele. "Um quarto na casa de alguém não tem tanto valor quanto um quarto no Helmsley."

O empresário do ramo imobiliário de Nova York Richard LeFrak também deu seu pitaco, dizendo ao *Commercial Observer*: "Não é que vá ficar ou no St. Regis ou na casa de alguém." David Kong, CEO do Best Western Hotels and Resorts, lembra-se de falar num debate em algum momento de 2011 e ser perguntado sobre a economia compartilhada. "Eu disse, na época, que era um jogo de nicho – que provavelmente poderíamos coexistir e provavelmente não haveria um impacto muito grande", Kong se lembra. "Desde então isso cresceu tremendamente – dobra de tamanho a cada ano."

Em 2015, Bill Marriott, 84 anos e presidente executivo do conselho da Marriott International, reconheceu que a Airbnb havia se tornado uma antagonista. "É uma verdadeira perturbação para nós", disse ele, notando que a Airbnb tinha mais quartos disponíveis em Orlando do que o Marriott. "Qualquer um que tenha um apartamento lá – e há muitos apartamentos – está alugando na Airbnb". Ele reconheceu que é uma boa ideia. "É um ótimo conceito", disse ele, antes de acrescentar: "Você fica preocupado com o tipo de qualidade que vai ter... A consistência não está lá. Talvez você queira levar sua própria toalha", disse ele com um sorrisinho.

Os líderes da indústria hoteleira entraram numa dança delicada com a Airbnb. No começo de 2014, os CEOs ou executivos de quatro das maiores empresas hoteleiras visitaram separadamente o quartel-general da empresa por um dia e meio de "imersão". Mas quanto maior a Airbnb fica, mais o relacionamento esfria e mais se torna competitivo. E embora seja verdade que os hotéis tenham vivido alguns anos exemplares recentemente – a indústria cresceu tanto nos últimos anos que, em 2015, viu um número recorde tanto de ocupação quanto de renda por quarto disponível, ou *revpar*, a métrica da indústria – há sinais de que o ciclo pode ter chegado ao seu fim. Por toda a indústria, a oferta começou a superar a demanda em 2016, e enquanto este livro é escrito, a ocupação foi projetada para ser igual ou menor este ano, com demanda, ocupação, taxa média de diárias e *revpar* continuando a desacelerar em 2017. A coisa está particularmente feia em Nova York, onde o desempenho tem sido muito fraco nos últimos anos.

Muito dessa fraqueza se deve a outros fatores, incluindo a valorização do dólar e o excesso de oferta em alguns mercados – particularmente em Nova York, onde a indústria está no meio de um boom de construções sem precedentes (os nova-iorquinos podem ter notado belos e novos hotéis de redes acessíveis surgindo nas ruas laterais em Manhattan e no Brooklyn nos últimos anos). Mas essa suavidade maior também pode ser atribuída à competição com a Airbnb. Num relatório de setembro de 2016, Moody citou que a Airbnb "extraía demanda do mercado", como um fator de desaceleramento no crescimento de demanda da indústria. "A Airbnb vai continuar a avançar no negócio da indústria tradicional de habitação", concluiu um relatório de 2016 da CBRE, chamado "The Sharing Economy Checks In" (A economia compartilhada faz check-in"). O relatório, que criou o Índice de Competição da Airbnb, descobriu que o impacto é maior em Nova York e São Francisco. "Em Nova York particularmente, vemos um desempenho bem fraco dos hotéis desde 2009, quando a ocupação voltou à cidade, mas perdeu seu poder de preço, e achamos que isso pode ser ao menos parcialmente atribuído à Airbnb", diz Jamie Lane, economista sênior da empresa.

Um estudo muito citado do Texas, liderado por pesquisadores da Universidade de Boston, descobriu que a Airbnb causou um declínio estatisticamente significativo na renda dos quartos de hotel, mostrando que em Austin a presença da Airbnb levou a declínios de renda de 8 a 10% nos hotéis mais vulneráveis. O relatório descobriu que os hotéis foram afetados desproporcionalmente durante a alta temporada por um poder limitado de precificação, e que o impacto afetou principalmente hotéis mais modestos e aqueles que não tinham instalações para conferências. "Nossos resultados sugerem que o risco de hotéis incumbentes pela Airbnb participar do mercado é ao mesmo tempo mensurável e progressivo", disseram os pesquisadores.

Uma forma importante de os hotéis ganharem dinheiro é o chamado "compression pricing": a habilidade de aumentar muito as tarifas em momentos de pico da demanda. Tais noites representam de 10 a 15% do total de noites, mas são uma fonte crucial de renda. Uma das características da Airbnb que faz com que os executivos de hotel torçam o nariz é que, quando um grande evento vem à cidade, sua oferta de acomodações pode expandir instantaneamente para satisfazer a demanda. Anteriormente, os viajantes pagariam tarifas maiores ou iriam até onde fosse necessário nos subúrbios para encontrar um quarto de preço razoável. Agora eles podem apenas se voltar para a Airbnb. "A próxima vez em que você for a uma conferência, você pode fazer a pergunta: 'Quantos de vocês estão ficando num Airbnb?'", diz Kong da Best Western. "E você vai ver mais e mais gente levantando a mão. Então, como a indústria hoteleira pode dizer que não tem impacto?"

Mesmo para as empresas hoteleiras que ainda veem um impacto mínimo em sua linha final, o fato é que por menor que seja o impacto da Airbnb hoje, sua taxa de crescimento, alimentada por seu custo marginal de quase zero e a habilidade de se expandir em novos mercados quase do dia para a noite indica que a influência só vai aumentar. "Quaisquer que sejam nossas conclusões sobre os riscos oferecidos pela Airbnb hoje", diz uma nota de investimento da Barclays, "deveríamos ter consciência de que a ameaça pode ser duas vezes mais significativa só no ano que vem, se esse ritmo de crescimento continuar."

Nos últimos anos, executivos da indústria hoteleira, alguns por baixo do pano e outros mais publicamente, juntaram-se no esforço de conter a Airbnb. O braço lobista da indústria hoteleira, o American Hotel and Lodging Association, tem sido um participante ativo no movimento de oposição à Airbnb em Nova York e São Francisco. Executivos da indústria hoteleira e de acomodação dizem que não tem nada contra o compartilhamento de lares, mas são firmes quanto aos ditos hotéis ilegais – essas unidades que se dedicam ao aluguel através da Airbnb – e dizem que a Airbnb deveria ter de operar com as mesmas regras dos hotéis: seus anfitriões deveriam respeitar os padrões da indústria para a segurança contra incêndio, para prevenção de doenças, obedecer o Ato para Americanos com Deficiências e pagar os impostos justos. Eles dizem que a inovação deles, outrora um detalhe fofo e agora um peso pesado, cresceu assim em grande parte por poder expandir sem nenhuma limitação, e isso não é justo. Então, enquanto muitos na indústria se agarraram à crença de que os dois não competem, esse argumento tem se tornado mais difícil de se sustentar.

A Airbnb não pode dizer exatamente que não vai atrás do negócio da hotelaria, porque tem uma área de expansão que foca no centro dessa indústria: as viagens de negócios, um segmento lucrativo do mercado em que clientes corporativos são persistentes em coisas como a segurança de seus empregados, porque se algo der errado, o empregador é responsável. Em 2014, a Airbnb anunciou uma parceria com o serviço de gerenciamento de gastos com viagens Concur, para atuar oficialmente como um fornecedor de viagens corporativas, e tem construído firmemente seu programa por lá. Em 2015, a Airbnb lançou o "Pronto para viagens de negócios", um programa de credenciamento para inscrições de domicílios completos que atendessem a certas avaliações e responsabilidades, e que aderissem a certos padrões, como fornecer um check-in 24 horas, wi-fi, um espaço de trabalho para laptops, cabides, ferro de passar, secador de cabelo e xampu. A vantagem para os anfitriões: eles recebem um logo especial que faz sua inscrição se sobressair para um grande fluxo de profissionais que pagam mais e se comportam melhor; e podem preencher datas vazias ou épocas tradicionalmente sem movimento no calendário, já que viajantes de negócios com frequência reservam no meio da semana e fora da temporada. "Ideal para qualquer tipo de viagem de trabalho", o site de viagens de negócio alega, agendando diárias estendidas, novos destinos, retiros e viagens em grupo.

No verão de 2016, a empresa disse que tinha cerca de cinquenta mil empresas registradas. A vasta maioria delas era de pequenas a médias, cujos empregados viajam com pouca frequência. Mas a empresa também assinou com alguns pesos pesados, como Morgan Stanley e Google. Alguns meses depois, a Airbnb anunciou parcerias com American Express Global Business Travel, BCD Travel e Carlson Wagonlit Travel – pesos pesados do negócio de viagens corporativas, que lidam com a parte final de tantas necessidades das compras de viagens por empresas. Esses acordos mostram uma consciência crescente no mundo de viagens de negócios que reconhece a Airbnb como grande parte na demanda orgânica que departamentos de viagens corporativas viam surgir de seus empregados.

Carlson Wagonlit disse que seus dados mostram que um em cada dez viajantes a trabalho já usava a Airbnb, e os números crescem para 21% entre os millennials. "É hora de os hotéis realmente, verdadeiramente se preocuparem com a Airbnb", dizia uma manchete no site *Quartz*, quando os acordos foram anunciados.

Conley diz que a viagem a trabalho ainda representa uma porcentagem menor de vendas para a Airbnb do que para as empresas tradicionais de hotel, estimando que esse ramo pode crescer para 20% dos negócios da Airbnb. Ele aponta que os viajantes a trabalho da Airbnb são mais jovens e seus comportamentos na estrada são diferentes – eles tendem a ficar mais tempo, com uma média de seis dias – o que Conley atribui a onda em direção a "bleisure", a junção de "business" com "leisure" – negócios e lazer. Mas a Airbnb também começou a fazer um movimento para reuniões e eventos: Conley fez uma palestra numa conferência sobre eventos – sobre o ramo de conferências – na qual ele apresentou a Airbnb como uma maneira de personalizar as viagens corporativas, e sugeriu que talvez pudesse ser um "jogador periférico" na indústria de reuniões. E ainda que a empresa não tenha dito muito sobre entrar no ramo de casamentos, há uma lista de "os melhores destinos de casamentos" no site, incluindo, no verão de 2016, uma casa de pedra do século XVI no Reino Unido, uma *Vila* na Itália e uma "casa de fazenda estilo Ralph Lauren" em Morongo Valley, Califórnia. Nenhum deles tinha um logo de "pronto para casar", mas talvez seja apenas uma questão de tempo.

É duro para a Airbnb dizer que não representa um desafio para a indústria hoteleira, dado tudo isso. Mas uma das coisas que a indústria mais deveria temer é o quanto os usuários da Airbnb parecem gostar dela. Goldman Sachs encomendou uma pesquisa com dois mil consumidores para medir atitudes em relação a acomodação *peer-to-peer*, e enquanto a familiaridade geral com o conceito era razoavelmente baixa, aqueles familiarizados com ela subiram de 24% para 40% do começo de 2015 ao começo de 2016. Cerca de metade desses estavam familiarizados com os sites – não apenas Airbnb, mas também HomeAway, FlipKey, e outros – fizeram uso deles e, se ficaram em tais acomodações nos últimos cinco anos, a propensão de que preferiram hotéis tradicionais estava no meio a meio. Mesmo que tenham usado esses sites para reservar menos de cinco noites, os pesquisadores descobriram que os votos dos consumidores mostravam essa "mudança dramática nas preferências" e então disseram que acharam notável as pessoas tenderem a "fazer um 18%."

Essa, é claro, não é a primeira vez que a indústria hoteleira foi sacudida. Como a fala de Conley no ULI apontou, nos anos 1950, a própria ideia de cadeias de mercado de massa era inovadora. Mas desde então, conforme ele diz, a indústria passou por vários recomeços. Nos anos 1960, poucos empreendedores na Europa tiveram a ideia inovadora que misturava viagens a lazer com interesse crescente em obter propriedades: a noção de que você podia comprar uma propriedade "pronta para usar" em vez de investir nela e que, dessa forma, suas férias podiam ser algo que você "possuía", em vez de alugar. Esse novo modelo pegou e logo se espalhou pelos Estados Unidos; a indústria moderna de *time-share* nascia; e depois de algum tempo, grandes cadeias de hotel entraram no mercado.

Em 1984, Ian Schrager e seu sócio no Studio 54, Steve Rubell, apresentaram um novo conceito, quando reformaram um velho prédio da Madison Avenue e abriram o Morgans Hotel em Nova York, focando em design e espaços sociais acima de tudo. O hotel atraiu um público chique e rapidamente se tornou uma "cena". Na costa oeste, Bill Kimpton foi o primeiro a surgir com um conceito similar, com os Kimpton Hotels, convertendo propriedades únicas em pequenos hotéis com um foco em design e atmosfera de espaços públicos.

Kimpton acrescentou locações pelo país, Morgans lançou derivados – o Delano em Miami e o Royalton em Nova York – e Conley logo fez sua primeira entrada com o Joie de Vivre, começando com o Phoenix, um hotel modesto no bairro Tenderloin de São Francisco, que ele relançou com um tipo de atitude rebelde de astro do rock, mirando em músicos em turnê.

Cadeias convencionais de hotéis duvidaram dos hotéis boutiques, mas o setor se superou. A nova linha de hotéis individualizados de alto design conversava com uma nova geração de viajantes para quem o apelo social e estético das propriedades eram um grande atrativo. "Acho que o que começamos é o futuro da indústria", Schrager disse ao *New York Times*, na época. "Se você tem algo único e distinto, as pessoas derrubarão portas para vir a ele." Logo as cadeias de hotel continuaram; em 1998, Starwood criou a pioneira marca W, e muitos outros rapidamente entraram em cena. Mais recentemente, o Marriott se juntou com o próprio Schrager para desenvolver uma nova marca chamada Edition, uma coleção de quatro propriedades até agora (com mais no caminho) que são descoladas com alto design e não parecem nada com o Marriott padrão.

Nos últimos anos, outra grande ameaça para a indústria hoteleira veio do surgimento de agências de viagem on-line, ou OTAs – sites como Travelocity, Expedia, Priceline e Orbitz, que permite que viajantes acessem tarifas com desconto por várias marcas num único site. Por anos, esses inovadores representaram apenas uma pequena parte do negócio das cadeias de hotel, já que eles cobravam comissões pesadas pelo acesso de sua grande distribuição de plataformas. E como cuidavam do processo de reserva, eles "possuíam" o relacionamento direto com o consumidor, do que as companhias hoteleiras detestavam abrir mão. Mas com o 11 de setembro, quando as pessoas pararam de viajar, sites de reservas de terceiros e suas plataformas enormes se tornaram uma maneira fácil de ocupar os quartos, então os hotéis os alimentaram com mais de suas acomodações. Tem sido difícil recuperar esse negócio – os hotéis agora travam grandes campanhas publicitárias para convencer viajantes a reservar diretamente – e com os anos, as OTAs ganharam força para exigir melhores condições. Hoje, Priceline tem mais valor de mercado do que o Marriott, Hilton e Hyatt juntos.

Mas por mais inovadoras que sejam, as OTAs não ofereciam um lugar competitivo para deitar a cabeça de noite. Então, enquanto muitos dos outros setores de serviço de consumidor passaram pela ameaça de substituição por novatos de internet, como Goldman Sachs apontou num relatório sobre os resultados de sua pesquisa – pense na Amazon e no Walmart ou na Netflix e na Blockbuster –, a chamada acomodação *peer-to-peer*, como melhor exemplificada pela Airbnb, marcou a primeira vez em que a indústria hoteleira se deparou com uma verdadeira alternativa de acomodação em relação aos hotéis. "A Airbnb teve um impacto mais radical na indústria de viagens do que qualquer outra marca nessa geração", diz Jason Clampet, da Skift.

Os inovadores empreendedores de compartilhamento de lares on-line de... 1995

É claro, a Airbnb não foi nem o primeiro nem o único serviço desse tipo. Como Chip Conley apontou em sua fala na ULI, nos anos 1950 os sindicatos de professores holandeses e suíços estabeleceram uma prática de compartilhamento de lares para que os professores pudessem aproveitar uma viagem acessível para o país um do outro durante o verão. Mas a indústria moderna de aluguel de curto prazo tem suas raízes em meados dos anos 1990, quando a Craigslist começou a ganhar força como um lugar para inscrever uma casa ou apartamento, fosse para viajantes ou sublocatários, assim como se tornou um lugar para se anunciar quase tudo o que existia.

Por volta dessa mesma época, Dave e Lynn Clouse, um casal que morava no Colorado, precisavam alugar sua cabana para esqui em Breckenridge, que eles compraram como uma propriedade de investimento. Então começaram um site que chamaram de Vacation Rental by Owner (Aluguel de Férias pelo Proprietário), ou VRBO.com, para anunciar. Na época, aluguéis de férias eram cuidados de maneira fragmentada, seja por corretores imobiliários locais, por revistas de viagem com interesses especializados, por classificados caros ou por números de telefone. A ideia dos Clouse era que as pessoas pudessem fazer transações de aluguel diretamente uns com os outros. Dave Clouse juntou uma base rudimentar no porão, fez com que alguns amigos viessem ajudar e logo eles tinham um site (a internet ainda estava nos primeiros dias, eles se chamavam "webmasters").

Na época, era uma ideia inovadora; a maioria das pessoas ainda usava hotéis para as férias, e a indústria nascente atraiu gente apaixonada pela ideia *anti-establishment* de "direto do proprietário" e até pelos "defensores do direto com o proprietário" que expuseram os benefícios dessa nova forma de viajar. (Soa familiar?)

Na metade dos anos 2000, a VRBO.com havia crescido para 65 mil propriedades e 25 milhões de viajantes por ano. Os aluguéis de férias direto com o proprietário haviam crescido de um subsistema dentro da indústria de viagens para ser algo muito mais comum. O interesse internacional crescia e havia mais demanda para casas de veraneio do que os Clouse podiam lidar sem que fizessem grandes investimentos em tecnologia e marketing. Então, em 2006, eles venderam a empresa para a HoweAway, uma startup fundada um ano antes por Brian Sharples e Carl Shepherd, em Austin, no Texas, com o objetivo de consolidar esses sites de aluguel de férias novatos pelo mundo sob um único teto.

A HomeAway acabou construindo um negócio enormemente bem-sucedido, e sua estratégia de desdobramento permitiu que aumentasse de seis mil inscrições para as mais de 1.2 milhão que a empresa tem hoje. Como a VRBO, a HomeAway foca primariamente em aluguéis de segundas propriedades. Tendo atraído todo jogador significativo da indústria, a HomeAway conseguiu financiamentos significativos, levantando mais de U$400 milhões antes de abrir seu capital, em 2011.

Esses sites serviram a um mercado saudável e crescente por anos, funcionando em grande parte como quadros de avisos, nos quais o proprietário anunciava um espaço e administrava seu relacionamento com os possíveis clientes. Os pagamentos eram combinados diretamente entre comprador e vendedor.

Quando a Airbnb surgiu, era diferente em alguns sentidos significativos. Tinha uma interface mais amistosa do que qualquer coisa que veio antes. Juntava o proprietário e o cliente de uma maneira nova e mais íntima, mostrando as personalidades dos locatários e os lares com fotos dignas de revista. Era um sistema autônomo que cuidava de tudo: pagamentos, mensagens e atendimento ao consumidor. Tinha um programa sofisticado que se beneficiava de todas as inovações vindas da era de ouro do Vale do Silício – nuvens baratas e poderosas de computação, banda larga rápida, mecanismos de buscas sofisticados. E, talvez, o mais importante, em vez de focar em destinos de férias ou em áreas de turismo, focou em cidades. Apesar da atenção dada às casas na árvore e a tendas, a verdadeira invenção da Airbnb foi ser um fenômeno quase que totalmente urbano, desde o começo, pegando suas raízes de viajantes millennials, focados em cidades, e anfitriões millennials, que queriam monetizar seus pequenos apartamentos urbanos. Enquanto se expandiu para bem além disso, em 2015, 70% das inscrições de lares inteiros da Airbnb eram *studios*, apartamentos de um e dois quartos, de acordo com o Airdna. Então, pela primeira vez, os aluguéis de curta temporada não eram mais só grandes casas em lagos, na praia ou na montanha. Estavam no apartamento logo ao lado, no coração de cada cidade do planeta. Foi isso que fez a plataforma crescer tão rápido e o que torna a empresa ameaçadora para hotéis. Mas também é por isso que tanta gente que foi inicialmente atraída pela Airbnb, tanto no lado do hóspede quanto no do anfitrião, não era cliente de outros sites de aluguel de férias; são um tipo de cliente totalmente diferente.

Depois de desprezar isso por tanto tempo, a indústria hoteleira começou lentamente a enfrentar o problema da Airbnb. Os executivos começaram a falar abertamente sobre isso nos eventos da indústria. Na International Hospitality Industry Investment Conference de 2016, em Nova York, uma série de CEOs tomaram o palco e, se referindo à "segunda fase" da Airbnb, apontaram por que não competiriam, citando os prós da indústria hoteleira – que hotéis se focavam em pessoas e serviços, que sempre haveria um cliente para os hotéis e que a indústria hoteleira só precisava dobrar a sua força. (A *Skift* descreveu a reação dos CEOs como "surpreendentemente morna e genérica, especialmente se comparada com a euforia de consumo que cercava a Airbnb.")

Porém, alguns diziam que a indústria precisava ficar alerta. Javier Rosenberg, executivo-chefe de operações e vice-presidente executivo do Carlson Rezidor Hotel Group, o pai da Radisson Hotels nos Estados Unidos, disse à plateia que enquanto os clientes da Airbnb forem diferentes e mais focados em lazer, há algo a se estudar nesse sucesso: "o que está funcionando é o 'conceito de lar' da Airbnb e essa coisa de ser o anfitrião de alguém", disse ele. "O verdadeiro anfitrião, e o serviço que ele fornece, receber você com um sorriso, cuidar realmente de você por cinco, seis, sete dias... então como nós, de uma perspectiva de liderança, como engarrafaremos isso?"

Com ou sem Airbnb, os hotéis já estavam cuidando de reformular seus negócios para ganhar os millennials, sua base massiva de clientes cujos hábitos e gostos são tão marcados e diferentes daqueles antes deles. Há muitos anos, todas as grandes cadeias de hotéis têm trabalhado duro criando novas marcas focadas num grupo mais jovem. Junto à parceria Edition com Schrager, o Marriott também lançou a Moxy, uma cadeia global de hotéis estilosos acessíveis para viajantes jovens com orçamento apertado (Marriott os chama de "Fun Hunters" ["Caçadores de Diversão"]), e AC Hotels do Marriott, uma cadeia mais sofisticada baseada nas cidades. Hilton lançou duas marcas, Tru e Canopy, e diz que considera lançar uma nova cadeia de hotéis "como albergues", para a demografia mais jovem. Best Western tem duas novas marcas de hotéis boutiques, GLo para seus mercados suburbanos, e Vīb, um "hotel boutique estiloso e urbano." Quase toda empresa hoteleira está acrescentando detalhes e toques que acha que vão conquistar os millennnials, seja uma entrada sem chaves, conteúdo de streaming, estações de recarregamento, parcerias com marcas como Uber e Drybar, ou, numa tentativa única, serviço de quarto por emojis.

Os hotéis estão agarrando a mesma mudança de consumidor que impulsionou a Airbnb, e agora se vendem como tudo *menos* padrão e rotina. A campanha publicitária atual da Royal Caribbean anuncia: "Esta não é a página três do guia de viagens", enquanto o Shangri-La Hotels and Resorts encoraja seus clientes a "deixar o tédio para trás". No primeiro semestre de 2016, o Hyatt anunciou a Unbound Collection by Hyatt, uma seleção de hotéis independentes, de luxo, que teriam seus próprios nomes, com a ideia de que cada um traria sua própria história única e "rico capital social" para sua coleção. Eles apontaram que as futuras propriedades da Unbound poderiam incluir produtos que não fossem hotéis, como cruzeiros em rios e outras experiências, assim como "acomodações alternativas". "É uma coletânea de estadias, não apenas hotéis", diz o CEO do Hyatt, Mark Hoplamazian, ao anunciar sua nova marca. Hoplamazian também supervisionou a busca para trazer "mais empatia" de volta à experiência dos clientes, desfazendo-se de procedimentos, apólices e roteiros. Eles reformularam o processo de check-in, por exemplo, para ser menos focado no computador e incluir mais interação face a face. Hoplamazian também instaurou um mandato para "libertar os funcionários e deixá-los serem quem são"; acabou com padrões de visual, encorajou os empregados a se vestirem e parecerem como quiserem (dentro de um limite razoável), e instruiu-os a "saírem do roteiro" e ficarem livres para serem eles mesmos. O objetivo, diz ele, é "trazer a humanidade de volta à hospitalidade".

Na metade de 2016, quando a indústria de hotéis boutique se reuniu na conferência anual de investimento da Boutique and Lifestyle Lodging Association, em Nova York, seu inovador original, Ian Schrager, tomou o palco e disse a uma multidão de hoteleiros que eles deveriam se preocupar. "A Airbnb vai atrás dos seus filhos", disse ele, acrescentando que era uma grande ameaça para a indústria, querendo ou não ela cuidar disso. Seus comentários inspiraram a associação a formar um Comitê de Ruptura para descobrir como a indústria hoteleira poderia inovar e se ajustar para competir.

A atitude mais dramática que as empresas hoteleiras tomaram até agora é testar elas mesmas a temperatura de aluguéis de curta temporada. Hyatt foi a primeira a tentar, quando no primeiro semestre de 2015 comprou uma parte do onefinestay, uma startup com base no Reino Unido, que crescia rapidamente, focada em aluguéis de curto prazo com mais serviços do que havia de mais avançado do mercado. Embora o investimento da Hyatt tenha sido pequeno, foi a primeira vez em que uma empresa hoteleira reconheceu que suas acomodações *peer-to-peer* eram legítimas; as manchetes chamaram de "o sinal mais claro de que um grande operador de hotel vê aluguéis de casa como um negócio viável". Por volta da mesma época, Wyndham Hotels, pai de Ramada e Travelodge, comprou uma parte de outra startup sediada em Londres, Love Home Swap, uma plataforma de compartilhamento de lares com base em inscrições; e a InterContinental Hotels Group criou uma parceria com Stay.com, um site com sede na Noruega que oferece recomendações de locais para viajantes.

No começo de 2016, Choice Hotels disseram que fariam uma parceria com empresas de gerenciamento de aluguéis de temporada num punhado de destinos pelos Estados Unidos para lançar o Vacation Rentals by Choice Hotels (Aluguéis de Férias do Choice Hotels), um novo serviço que forneceria uma alternativa para quartos tradicionais de hotel. "É um negócio imenso", disse o CEO Steve Joyce à época. "Não precisamos ter muita participação para irmos muito bem." O Marriott não investiu em aluguéis de curta temporada, mas na metade de 2016 anunciou a criação de uma nova coleção de *time-shares* urbanos chamada Marriott Vacation Club Pulse.

A empresa hoteleira que pensou mais longe até agora foi a AccorHotels, a cadeia multinacional francesa de hospitalidade, dona das marcas de hotel Sofitel, Raffles e Fairmont, entre outras. É a mais notável por sua investida agressiva na economia compartilhada. Em fevereiro de 2016, anunciou que havia comprado uma participação de 30% na Oasis Collections, uma startup de luxo com sede em Miami, que se coloca como "um hotel boutique" dos aluguéis de curto prazo. No mesmo dia, a Accor também anunciou um investimento na Squarebreak, uma startup francesa de aluguel de curta duração. Alguns meses depois, fez sua maior investida até então, adquirindo Onefinestay por cerca de US$170 milhões. O acordo foi pequeno para a Accor, mas foi significativo por ser a primeira validação de que as ditas acomodações alternativas tinham um lugar no portfólio de marcas tradicionais de hospitalidade. O CEO da Accor, Sébastien Bazin, foi sincero sobre as mudanças que tais empresas traziam à indústria: "Seria uma tolice completa e irresponsável lutar contra qualquer novo conceito, oferta ou serviços como esses, quanto mais lutar contra a economia compartilhada", disse Bazin à *Skift*. "É para esse lado que o mundo está nos levando. Todos esses novos serviços são muito poderosos, muito bem implementados e executados. Precisamos adotá-los."

Agora há de fato uma indústria caseira de startups de aluguel de curto prazo. Tenha começado antes ou depois da Airbnb, a categoria agora inclui dúzias de outras empresas: Roomorama, Love Home Swap, Stay Alfred, e muitas outras. Algumas foram pegas pelos gigantes da indústria de viagens – FlipKey e HouseTrip da TripAdvisor, Booking.com da Priceline – e no segundo semestre de 2015, a Expedia pagou US$3.9 bilhões para a veterana da indústria HomeAway e suas mais de 1.2 milhões de propriedades inscritas.

Algumas novas entradas começam a oferecer sua própria versão do conceito, evidenciando o tipo de segmentação que acontece, quando uma ideia nova e ousada se torna mais estabelecida. Onefinestay foi a primeira a ter uma força significativa. Fundada em 2009 por três amigos com currículo em tecnologia e administração, a empresa criou seu próprio nicho de aluguéis de luxo de curto prazo com toque humano (é com frequência descrita como a "Airbnb de luxo"). Anfitriões potenciais têm de se inscrever para ter suas residências aprovadas (e precisam atender a certos padrões, como determinado número de taças de vinho à mão e uma densidade de colchão específica). Cada uma das propriedades em sua coleção é visitada pela equipe da empresa antes que qualquer reserva seja feita, e recebe um banho de luxo: é limpa e arrumada, a roupa de cama é substituída e apropriadamente anonimizada, é coberta com edredons acolchoados e lençóis de luxo, e xampu e sabonete são fornecidos.

A empresa, que se coloca como o "desotel", encaminha empregados para receber os clientes no check-in e oferece tratamento VIP no local, incluindo um iPhone pessoal para usar durante a estadia, um concierge remoto 24 horas e serviço de quarto entregue por uma rede de fornecedores. Esse modelo de serviço de luxo não é tão expandível, já que cada propriedade precisa ser aprovada e receber sua camada de requinte, então, por enquanto, suas 2500 inscrições estão disponíveis em apenas cinco cidades; mas, como a Airbnb, cresceu muito no boca a boca.

Em 2006, Parker Stanberry morava na cidade de Nova York e tinha acabado de ser demitido da Miramax depois que esta se separou da Disney. Ele decidiu se mudar para Buenos Aires por três meses, e precisava encontrar um lugar para ficar. Depois de passar por um processo tortuoso com corretores e com a Craigslist, ele encontrou um local, mas ao chegar lá sentiu falta de um nível de serviço, em particular os toques personalizados e a cena animada de bar e sociabilidade que um hotel boutique fornece. Ele teve a ideia do Oasis, um negócio que levaria elementos de um hotel boutique para o mundo de aluguéis de curto prazo. A Airbnb não existia na época, mas o enfoque de Stanberry era diferente; era menor, não envolvia receber pessoalmente, e era mais voltado aos serviços, com uma equipe no local para cuidar da entrada e saída dos hóspedes, "clubes" para membros acessíveis por perto e passes grátis para a academia de ginástica SoulCycle e afins. Ele chama o modelo de "um hotel boutique desconstruído" (ou, como ele descreve em sua comparação com a Airbnb: "remove parte da incerteza com grandes coisas a mais"). Oasis agora tem duas mil inscrições em 25 cidades – seus preços começam por volta de U$120, então têm uma gama mais ampla do que a Onefinestay – com o objetivo de chegar a cem cidades. (Eles listam muitas de suas propriedades em outros sites também, incluindo Airbnb e HomeAway.) Oasis teve algumas conquistas: durante as Olimpíadas do Rio de Janeiro, em 2016, a empresa abrigou grupos da Nike, Visa e BBC. "Eles podem vir para nós e dizer para um ponto central de contato: 'Precisamos de trinta unidades de nível mediano para funcionários, cinquenta de luxo para varejistas VIP e algumas vilas para atletas e CEOs'", diz Stanberry. "E podemos fazer isso." Ele reconhece que há uma "corrida do ouro" para sites de aluguéis de curto prazo na esteira do sucesso da Airbnb. "É muito fácil levantar de um a três milhões de dólares numa Series A e dar uma volta em São Francisco ou Londres", diz ele. "Mas de fato construir algo diferenciado o suficiente e fazer crescer é mais difícil."

Outro híbrido recém-lançado: Sonder, o relançamento de uma empresa anterior, Flatbook, que se coloca como um "hometel", um aluguel de curto prazo com toques de hotel. Como os outros, foca no que vê como falha ou inconsistência em sites maiores que oferecem o mesmo serviço (ou seja, Airbnb). Recentemente, levantou U$10 milhões em financiamento. Novas modalidades em hotéis também estão emergindo. Empresas como a Common, um modelo flexível de habitação compartilhada, com sedes principalmente no Brooklyn; e Arlo, uma nova marca de hotéis que se chama de "uma base para exploradores urbanos".

Tudo faz parte da rápida assimilação da categoria de "acomodações alternativas" que cresce rapidamente, e muitos dos jogadores na indústria de hospitalidade querem entrar nessa. Há diversas maneiras de pegar uma fatia, e num número curioso desses casos, os designs dos sites, vozes amistosas e sistemas de avaliações trazem uma misteriosa semelhança com a Airbnb. Mas a ideia de algo que não seja o quarto de hotel do seu pai se estabeleceu. "É uma fatia realmente relevante e crescente no bolo das acomodações", diz Stanberry da Oasis. "E não há dúvidas de que continua a crescer."

Claro que sempre haverá mercado para hotéis, inclusive um mercado robusto. Muitas pessoas não ficariam nem mortas na casa de alguém, não importa quão luxuoso fosse o serviço. Arne Sorenson, do Marriott, observa que um motivo pelo qual a Uber decolou foi que o nível de qualidade que oferece é dramaticamente mais alto do que o de um táxi, que pode ser "terrível" e, em muitas cidades, difícil de conseguir. Ele contou à revista *Surface*: "No ramo de hotéis, acho que ainda podemos entregar um serviço melhor, então não corremos exatamente o mesmo risco." David Kong, CEO da Best Western, aponta as várias coisas que os hotéis fornecem que a Airbnb não consegue: o saguão, um local de encontros sociais; uma equipe que te recebe; a habilidade de ligar para a recepção e pedir um cobertor extra ou que algo que não esteja funcionando seja consertado. "Você só encontra isso num hotel", diz ele.

Uma antiga colega minha, para quem as viagens são uma paixão da vida toda, passa reto de qualquer coisa próxima a ficar na casa de alguém. "Quero um lugar maior do que meu próprio apartamento, com lençóis brancos limpinhos, uma TV grande e um ar-condicionado bem bom", diz ela. E ela adora serviço de quarto: "Adoro como eles empurram o carrinho, o vaso com as flores, tudo". Se ela tem um vizinho barulhento ou algo não funciona, ela gosta de saber que pode ligar para a recepção e então mandarão alguém para arrumar ou dar a ela um novo quarto. Entendo o ponto dela: quando posso pagar pela ostentação ou quando minha empresa pode pagar, adoro ficar em hotéis de luxo; há um motivo pelo qual o anfitrião da Airbnb em que fiquei em Georgetown se referiu a mim como "a moça Four Seasons". E enquanto a Nike usou o Oasis para algumas de suas necessidades de viagem durante as Olimpíadas, Stanberry aponta que a empresa também reservou muitos quartos de hotel, praticamente fechando um dos hotéis da cidade para seus funcionários.

Mas não há dúvida de que o cenário da hospitalidade está mudando diante dos nossos olhos. Um antigo alto executivo da indústria hoteleira diz que inicialmente ele também desprezava a ameaça oferecida pela Airbnb e que em retrospecto ele agora entende o motivo. "Eu sobrepus minhas próprias preferências de quarenta e poucos anos de idade", diz ele. "E quanto aos lençóis, o colchão? Como eu pego a chave? Eu tinha todos esses medos de uma pessoa mais velha." A geração mais nova cresceu sem os medos e preconceitos que ele tinha – e só conhece o mundo em que a Airbnb está. Os jovens são "nativos da Airbnb" da mesma forma que são "nativos digitais"; para muitos nesse grupo, ficar num hotel de uma cadeia é algo tão estranho como falar num telefone fixo, pegar uma fila de banco ou ver o que está passando na tevê aberta. "A Airbnb educou uma geração toda", diz o executivo. E ele afirma que a mão da empresa fica cada vez mais forte conforme é capaz de usar seus dados para prever com precisão e entregar exatamente o que seus consumidores querem. "Eu não apostaria um centavo contra a Uber ou a Airbnb", diz ele.

Um futuro de parcerias

O que pode acabar acontecendo é que grandes hotéis montarão mais parcerias com sites de aluguel de curto prazo para colaborações que ofereçam o melhor dos dois mundos. Parte dessa experimentação já aconteceu. Antes de a Accor comprar a Onefinestay e lá, quando o Hyatt ainda era investidor na startup, as duas empresas testaram um programa piloto em Londres onde os hóspedes da Onefinestay podiam guardar a bagagem no Hyatt Regency London – Churchill – se chegassem antes do check-in, e podiam usar o hotel para tomar banho, malhar ou fazer uma refeição. Room Mate, uma nova cadeia de hotéis de baixo custo na Europa e nos Estados Unidos, também oferece uma coleção de "apartamentos escolhidos a dedo", mas hóspedes que escolhem essa opção podem usar o hotel como um tipo de centro de concierge: podem pegar suas chaves num dos hotéis, de lá ir para o apartamento, e até pedir serviço de quarto e escolher com que frequência querem o local limpo durante a estadia. Muitos na indústria veem isso como um modelo legítimo para uma adoção mais ampla.

Uma área na qual analistas da indústria de acomodações já estão pressionando os hotéis para se aproximar da Airbnb é a distribuição. A Airbnb se tornou uma plataforma robusta de marketing que chega a milhões de olhos; alguns hotéis já veem isso como uma forma de atrair hóspedes. Globalmente, há mais de trezentos mil lares ou espaços classificados como fornecedores profissionais de hospitalidade ou verdadeiros bed-and-breakfasts na plataforma, e Chesky diz que ele está aberto a esse tipo de fluxo na Airbnb, desde que forneça o tipo certo de experiência. "Queremos B e Bs", diz ele. "Estamos abertos para algumas boutiques. Quero sim que negócios pequenos e profissionais percebam que há um lugar para hospitalidade profissional na Airbnb."

Mas para alguns líderes da indústria hoteleira, isso seria como dormir com o inimigo. O CEO da Best Western, David Kong, que tem um enfoque cerebral porém firme sobre a questão da Airbnb, diz que isso seria um erro sério, igual a repetir aquele que a indústria fez ao se tornar confiante demais em agências de viagens on-line. Num post de blog sobre isso, Kong escreveu: "O famoso autor e dramaturgo George Bernard Shaw disse: 'O sucesso não consiste em nunca cometer erro, mas nunca cometer o mesmo erro duas vezes.'" (Kong e Chesky podem se surpreender ao descobrir que têm a afinidade em citar George Bernard Shaw.)

O relacionamento entre as duas partes está propenso a se tornar mais tenso. A Airbnb ainda diz que quer se aproximar dos hotéis e que não compete realmente com eles. Mas essa linguagem amistosa é estranha com seu modelo de negócios, que desde a CND em Denver, em 2008, cristalizou-se como uma plataforma onde viajantes podiam reservar um quarto na casa de alguém tão facilmente quanto podiam reservar num hotel. E quanto mais evolui, mais seu negócio se aproxima do ramo hoteleiro, seja em viagens de negócios ou em uma novidade como Instant Book, que permite que viajantes reservem um quarto instantaneamente – assim como os quartos são reservados no site de um hotel – em vez de esperar pela aprovação do anfitrião.

Desde o começo, os fundadores da Airbnb falaram sobre encorajar seus anfitriões a prestar um "serviço sete estrelas", indo muito além das cinco estrelas da indústria hoteleira. Durante sua conversa íntima com Sarah Lacy, lá em 2013, Chesky colocou três motivos pelos quais as pessoas ficam em hotéis: uma experiência de reserva sem atritos, saber o que vão receber e os serviços. Ele tratou de cada uma. Ele disse: a Airbnb teria cada vez menos atritos; seria capaz de entregar um produto mais consistente com o tempo; e "cada um desses serviços é algo que alguém numa cidade pode fazer".

Um dos primeiros lemas da empresa era "esqueça os hotéis". E em dado momento de 2014, enquanto testavam um novo programa de concierge, Chesky mandou entregar flores para sua namorada, Elissa Patel, com um bilhete que dizia: "Querida Elissa, fodam-se os hotéis. Com amor, Brian". Havia se tornado uma piada interna entre eles depois que a namorada sugerira mudar o lema original; não era para ser visto publicamente, mas uma foto apareceu na internet e teve certa repercussão. (Alguns observadores da indústria ficaram simplesmente aliviados de finalmente verem um prova do verdadeiro conflito.

"Já é hora que a rixa da Airbnb com a indústria hoteleira se torne real", comentou o site imobiliário Curbed. "Essa é a rivalidade de nossa época.")

Há outro ditado que você escuta dentro das paredes da Airbnb. É uma citação frequentemente atribuída a Gandhi que Chip Conley citou em seu primeiro dia, lá em 2013, quando se dirigiu a quatrocentos empregados, e ainda deve ser repetida com frequência, porque pelo menos três executivos contaram para mim quando levantei a questão da competição com hotéis. "Há essa grande citação do Gandhi", começam eles. "Primeiro eles te ignoram, depois te ridicularizam, então lutam contra você – daí você ganha."

Design é parte do que o faz funcionar, mas ele basicamente foi treinado para cuidar de uma campanha militar.
MARC ANDREESSEN, cofundador da Andreessen Horowitz

"Só quero me vangloriar pelo Brian por um segundo", diz Barack Obama.

Obama está no palco em Havana, Cuba, em março de 2016, num evento que celebra a abertura das relações comerciais dos EUA com Cuba. Ele trouxe consigo uma delegação de empreendedores americanos que têm feito negócios com Cuba desde que o presidente restaurou as relações diplomáticas por lá, incluindo Brian Chesky, assim como os CEOs de startups do Vale do Silício, Stripe e Kiva.

Mas Chesky é o único de quem o presidente "se vangloria". Ele continua: "Antes de tudo, para aqueles cubanos que não estão familiarizados com o Brian, vocês podem ver como ele é jovem. A empresa que ele fundou, a Airbnb, basicamente começou com uma ideia com seu cofundador, que também está aqui – há quanto tempo vocês começaram, Brian?" "Oito anos", diz Chesky de seu lugar num balcão adjacente. "E qual é o valor agora?" Chesky começa a enrolar. "Não seja tímido", avisa o presidente. Chesky diz a ele U$25 bilhões. "Vinte e cinco bilhões de dólares", repete Obama. "Com um *b*?" "Sim", Chesky confirma. Obama explica para a multidão como Chesky é um dos "jovens empreendedores impressionantes dos EUA" e elogia a plataforma da empresa. Ele aponta como alguém na Alemanha pode ir para a Airbnb e procurar uma casa em Cuba e ver os anfitriões e as avaliações. Até há notas, explica o presidente, então "quando você chega lá, o quarto parece de fato com o quarto da internet", então se o hóspede usou a plataforma antes, o anfitrião pode ver que eles "não destruíram completamente a casa".

Além de mostrar um nível de conhecimento detalhado com o sistema de avaliações da Airbnb, o ponto geral do presidente era de que Chesky era um bom exemplo do potencial empreendedor que pode ser libertado com o investimento certo na infraestrutura de internet. Mas para Chesky, sua equipe local em Cuba, e para aqueles vendo em casa em São Francisco, era uma novidade: ser "vangloriado" pelo líder do mundo livre.

Um dos aspectos únicos da história da Airbnb não tem nada a ver com sua ideia de negócio estranha e impensável ou com suas batalhas de alto escalão com legisladores ou mesmo com o rápido crescimento de sua base de usuários. Em vez disso, é a falta de experiência tradicional de administração da equipe de fundação da empresa – especialmente seu CEO – e a velocidade com a qual eles tiveram de aprender a como se tornar líderes de uma empresa muito grande.

A Airbnb está agora em seu nono ano do chamado hipercrescimento, essa fase vertical no meio da parte do cabo daquele crescimento de gráfico em forma de taco de hóquei, quando as rendas essencialmente dobram, ou perto disso, a cada ano. Tal explosão dura tipicamente um ano, dois, talvez três. A Airbnb basicamente entrou nessa fase em 2009, e ainda não saiu.

Mas essa ascendência vertical pode ser estonteante para todos os envolvidos, sobretudo para seus maiores líderes – e especialmente quando eles nunca fizeram isso antes. O verbo para "seguir com" ou "na frente" desse crescimento, no linguajar da indústria tecnológica, é "dimensionar", e nos anais da história do Vale do Silício há muitos exemplos de CEOs fundadores que saíram ou quebraram depois que as empresas cresceram para um certo tamanho, por causa de disputas por poder ou dinheiro, por incidentes de assédio sexual ou vários outros motivos.

Chesky, Blecharczyk e Gebbia são incomuns por ainda estarem juntos, todos conduzindo o foguete nove anos depois. Ninguém com quem falei poderia dar um exemplo de um time de fundadores no atual boom de tecnologia ou de qualquer empresa de tecnologia que poderia dizer o mesmo.

Seus papéis evoluíram e mudaram significativamente, especialmente nos últimos anos, de forma que se adequaram a suas forças individuais. Não foi uma estrada suave, mas a forma como eles conseguiram manter e aprender a conduzir uma empresa do tamanho da Airbnb com tão pouca experiência prévia pode oferecer um novo guia para desenvolvimento de liderança.

O caminho foi especialmente extraordinário para Chesky, o líder da empresa – e o único dos três que anteriormente não tinha nenhuma experiência em negócios. "É tipo, o que eu sabia?", diz Chesky. "Quase tudo era novidade."

Ainda assim, não havia tempo para nenhuma das formas convencionais de aprender a como se tornar CEO: sendo preparado por um antecessor, comandando uma divisão chave do negócio, passando alguns anos nas subsidiárias da empresa no exterior, adquirindo um MBA executivo – nenhuma dessas estratégias se aplicou. Até a ideia de ter algum tipo de treino formal teria sido risível; não havia tempo. A empresa crescia tão rápido que essencialmente mudava de pele a cada poucos meses, as crises atingiam todo lado, e havia uma cultura inteira para se construir, com todo mundo olhando diretamente para Chesky em busca de missão e direção. A empresa precisava que ele fosse o CEO imediatamente; não dava para esperar ele chegar lá. "Basicamente não havia tempo para uma curva de aprendizado", diz Chesky, trazendo outra paráfrase histórica: "É meio como o Robert McNamara diz: não há curva de aprendizado para quem está na guerra ou numa startup".

E essa startup era mais complexa do que seu aplicativo padrão sob demanda ou, digamos, até uma rede social. O negócio da Airbnb foi construído em torno de uma ideia bem simples, mas o negócio e o desafio operacional por trás desse site simpático era muito mais complicado do que parece.

Em algum ponto do processo, o sócio administrativo da Sequoia, Doug Leone, puxou Chesky de lado e disse que ele tinha o trabalho mais difícil de qualquer CEO no portfólio da Sequoia. Leone disse que, além de todos os desafios rotineiros de comandar uma empresa de tecnologia, a Airbnb era mais global do que qualquer uma; estava em quase duzentos países, então tinha de ter escritórios e equipe nesses países, e tinha de pensar em como operar internacionalmente. É essencialmente uma empresa de pagamentos, lidando com bilhões em transações pelo globo todo dia, então Chesky tinha de se preocupar com toda as fraudes e os riscos potenciais inerentes a isso. Tinha centenas de milhares de pessoas acomodadas na cama de terceiros, toda noite, dando muita oportunidade para coisas horríveis acontecerem, sem falar nos equívocos do dia a dia e das diferenças culturais. E há os problemas legislativos e as grandes quantidades de tempo, atenção e recursos de políticas públicas que entram para afastar esses problemas cidade a cidade.

"Um animal em aprendizado."

Chesky já tinha algumas habilidades-chave que se tornariam essenciais para seu crescimento como líder: uma queda por liderança que datava de seus dias na RISD e uma curiosidade quase patológica. Sua solução para adquirir o resto das ferramentas de que precisava foi basicamente hackear a liderança, buscando ajuda de uma série de mentores especialistas. Mas enquanto qualquer novo CEO busca conselhos, o processo de Chesky pode ser descrito como obsessivo, metódico e interminável. Ele chama sua prática de "ir até a fonte": em vez de falar com dez pessoas sobre um tópico em particular e então sintetizar todos os conselhos, ele reflete, passa metade do tempo aprendendo quem é a fonte definitiva, identifica a pessoa que pode contar mais sobre aquele assunto do que qualquer outra – então vai até essa pessoa. "Se você pegar a pessoa certa, você pode acelerar", diz ele.

Ele já havia começado esse processo com os primeiros conselheiros da Airbnb: primeiro, as sessões semanais no horário do expediente com Michael Seibel e Paul Graham do Y Combinator; depois, café da manhã no Rocco com Greg McAdoo da Sequoia. As próximas rodadas de investimento da Airbnb deram acesso a ícones do Vale do Silício, como Reid Hoffman, Marc Andreessen e Ben Horowitz, todos vistos como gurus quando se tratava da arte de construir empresas de tecnologia no Vale do Silício. Quanto mais bem-sucedida a Airbnb se tornava, a mais gente do topo os fundadores tinham acesso; e conforme começou a crescer, Chesky começou a buscar fontes para áreas específicas de estudo: Jony Ive, da Apple, no design; Jeff Weiner, da LinkedIn, e

Bob Iger, da Disney, em gerenciamento; Mark Zuckerberg, do Facebook, em produto; e Sheryl Sandberg em expansão internacional e sobre a importância de empoderar mulheres líderes. John Donahoe, do eBay, foi um mentor particularmente importante, ensinando Chesky a dimensionar as operações, a gerenciar um conselho e outros aspectos de ser CEO de um grande ramo de negócios. No que se revelou um aconselhamento reverso valioso, Donahoe também pediu a Chesky conselhos, sobre design e inovação, e sobre como o eBay poderia manter características de ser jovem e ágil. De Jeff Weiner, Chesky aprendeu a importância de remover os gerentes que não estavam entregando. Do CEO da Salesforce.com, Marc Benioffm, ele aprendeu a como motivar sua equipe executiva. Ele também teve acesso a um grupo informal de apoio entre pares de startups de sua geração, incluindo Travis Kalanick, da Uber, Drew Houston, da Dropbox, Jack Dorsey, da Square, e John Zimmer, da Lyft, todos compartilhando suas lições sobre tudo, de comandar startups a equilibrar amigos, relacionamentos e outros elementos da vida de um jovem fundador.

Um princípio-chave da estratégia de fontes de Chesky era ser criativo para identificar exatamente quem eram os especialistas, e buscar fontes em disciplinas inesperadas. Então, por exemplo, Chesky buscou o antigo diretor da CIA George Tenet, não por confiança e segurança, mas para falar sobre cultura ("Como você faz as pessoas se sentirem comprometidas num lugar onde todo mundo é espião?"). Como especialista em hospitalidade, ele não foi para o Marriott ou Hilton, mas para o French Laundry, para estudar como o lendário restaurante tratava seus clientes e empratava em sua cozinha. Para recrutar, ele concluiu que uma fonte óbvia seria um recrutador, mas uma fonte ainda melhor seria alguém nessas indústrias que vivem e morrem com talentos, como agentes de esportistas ou talvez até os líderes do Cirque du Soleil. Na metade de nossa conversa sobre isso, Chesky parou, olhou para mim e disse que eu poderia ser uma fonte. "Por sinal, estou aprendendo com isso", disse ele, apontando para minhas notas. "Se eu quisesse aprender como entrevistar um candidato, o lugar óbvio seria buscar outro executivo. Mas o melhor lugar seria um repórter."

É claro, Chesky opera num nível de acesso altamente privilegiado; nem todo mundo pode ligar para Jony Ive, Mark Zuckerberg ou Jeff Bezos. Mas

Chesky insiste que sempre há bons mentores, independentemente do nível de alguém. "Quando eu estava desempregado e era um designer, eu também conhecia pessoas e eu era tão cara de pau quanto." Na verdade, se ele se encontrasse com alguns desses pesos pesados, quando era um designer desempregado, ele aponta que não teria sido útil. "Não haveria nada para trocar na conversa. É uma questão de pegar gente que está pelo menos alguns anos na sua frente." Alfred Lin, da Sequoia, diz que muitos dos CEOs têm conexões similares a Chesky, mas não são tão bem-sucedidos. "Acho que a rede é muito útil, mas o potencial precisa estar lá", diz ele.

"Fontes" não precisam estar vivas: Chesky pegou algumas de suas lições mais valiosas de biografias de seus dois maiores heróis, Walt Disney e Steve Jobs, assim como de figuras históricas como o General George S. Patton, o antigo secretário de defesa Robert McNamara, e muitos outros; dúzias de volumes, sobre gerenciamento (seu favorito é *High Output Management*, de Andy Grove); e fontes de indústrias de nicho como *Cornell Hospitality Quarterly*. Dizer que Chesky é um leitor voraz não é justo. Ele leva sua família de férias uma vez por ano, geralmente perto do Natal, quando sua forma de recarregar as energias é devorar tantos livros quantos forem possíveis. Enquanto ele está longe, "ele não para de ler", diz sua mãe, Deb Chesky. "Estamos jantando e ele está lendo." Ele também passa o fim de ano escrevendo sua carta anual para seus empregados, "por horas e dias, tipo, sem parar", diz Deb. "E ele lê para nós, e achamos que é perfeito, então ele acaba mudando cinquenta vezes."

Outra fonte-chave: Warren Buffett. Chesky teve comunicação limitada com o investidor reverenciado sobre como ajudar a expandir o número de quartos disponíveis em Omaha durante o Encontro Anual Berkshire, o Woodstock de investimento que atrai cerca de quarenta mil visitantes e esgota a capacidade hoteleira da cidade. Mas Chesky queria tornar Buffett uma fonte, então ele o buscou e perguntou se ele podia viajar para Omaha para almoçar com ele. Buffett concordou e o almoço durou quatro horas e meia. ("Achei que seria um almoço de uma hora", disse Chesky. "Estávamos em seu escritório há uma hora, então ele disse: 'Vamos almoçar!' E eu, tipo, tá – achei que aquilo fosse o almoço.") A maior lição que Chesky recebeu: o valor de não se deixar levar pelo ruído. "Ele está literalmente no centro de Omaha", diz Chesky. "Não há informações da bolsa, nenhuma TV em nenhum lugar. Ele passa o dia todo lendo. Ele faz, talvez, uma reunião por dia e pensa profundamente." No caminho para casa, Chesky escreveu um resumo de quatro mil palavras sobre sua experiência para mandar para sua equipe. (Há certa simetria nesse acontecimento: quando Buffett tinha mais ou menos a ideia de Chesky, ele viajou para o quartel-general da Disney e conseguiu uma reunião similar e extensa com o próprio Walt Disney. O jovem investidor também registrou tudo o que aconteceu. "Ainda tenho minhas anotações dessa reunião", diz Buffett.)

Buffett diz que está impressionado com Chesky e com a Airbnb. "É uma máquina de hospedagem muito, muito grande", diz ele. "Não atrai a todo mundo. A verdade é que na minha idade e com os meus hábitos eu não vou fazer esse troço de Airbnb. Mas claramente tem um apelo muito forte de ambos os lados, para o consumidor e o fornecedor." Ele pensa que o elemento social é uma parte significativa do apelo também, lembrando como ele e sua família recebiam visitantes em casa com frequência. "Por muitos anos, muita gente ficou na nossa casa como hóspede", diz ele: George McGovern ficou na casa de Buffett, assim como outros líderes políticos, estudantes do Sudão e de todo o mundo. "Pode ser uma experiência muito interessante." Buffett diz que a Airbnb "será um fator importante. Mas também serão o Hilton e Marriott e o resto das cadeias de hotéis. No entanto, ele está impressionado com o crescimento da Airbnb e em particular em quão rápido pode crescer seu fornecimento. "Tem muitas vantagens", diz ele. "Queria eu mesmo ter pensado nisso."

A observação mais consistente daqueles que conhecem Chesky é que ele possui esse nível extremo de curiosidade e o que pode ser descrito como uma obsessão em absorver novas informações constantemente. "A maior força de Brian é que ele é uma máquina de aprendizado", diz Reid Hoffman. "É um conjunto matador para todos os empreendedores bem-sucedidos – a expressão que eu uso é "aprendiz infinito" – e Brian é o exemplo canônico disso." Hoffman se lembra de fazer uma entrevista no palco com Chesky, em São Francisco, nos primeiros anos da Airbnb. Quando eles mal tinham descido do palco, Chesky se virou para Hoffman e perguntou a ele o que achou que Chesky podia ter feito melhor. "Tipo, foi literalmente a primeira coisa que ele disse para mim", Hoffman se lembra.

Chesky faz anotações constantemente. "Ele pode não falar nada após uma reunião, da primeira vez que escuta uma nova ideia, mas sempre tira o seu caderninho, e se você diz algo interessante, ele anota", diz Alfred Lin, da Sequoia. "Na próxima vez que você o encontrar, ele vai ter voltado, olhado as anotações, pensado nisso, falado com um bando de gente sobre o assunto, daí formado sua própria opinião."

Lin e outros dizem que esse foco incansável é a razão principal pela qual Chesky foi capaz de dimensionar sua empresa. "Sim, ele tem uma mente empresarial; sim, ele é muito, muito focado em fornecer uma ótima proposta de custo-benefício", diz Lin. "Mas conhecemos muita gente que também é e que não sobe até CEO."

Marc Andreessen diz que uma das coisas que torna Chesky distinto é que ele curte um desafio. "Nunca tive uma conversa com o Brian em que ele diga 'Oh, meu Deus, é demais.' Ele está sempre tentando descobrir a próxima novidade."

"Ele é um animal em aprendizado", diz Donahoe, do eBay,

Chesky é tão obsessivo em compartilhar as lições que aprende que, e-mails como sua missiva de quatro mil palavras para sua equipe depois da reunião com Buffett são comuns. Desde 2015, na maioria das noites de domingo, ele manda um e-mail para toda a equipe sobre algo novo que ele aprendeu, algo novo em sua mente ou um princípio que ele quer transmitir. "Numa empresa grande, você tem de ser muito forte em falar publicamente ou escrever, porque isso se torna sua ferramenta de gerenciamento", disse ele. "Nos primeiros estágios, você está ao redor de uma mesa de cozinha e são quatro pessoas, então suas interações são diferentes." Uma das suas primeiras cartas era uma série de três partes sobre como aprender – providencial.

É seguro dizer que Chesky nasceu com esse tipo de foco intenso. "Dava para ver desde muito pequeno, tudo no que ele encostava, fazia com força total", diz Deb Chesky. A infância de Chesky foi a mais normal possível: cresceu em Niskayuna, Nova York, subúrbio de Schenectady, filho de Deb e Bob, ambos assistentes sociais (sua irmã mais nova, Allison, foi diretora editorial do conteúdo adolescente da editora Tiger Beat Media e recentemente saiu para abrir sua própria empresa.) A primeira paixão de

Chesky foi hóquei no gelo; começou a patinar aos três anos de idade e logo decidiu que seria o próximo Wayne Gretzky. Quando ganhou equipamento de hóquei em um Natal, insistiu em dormir com ele, com os protetores, patins, taco, capacete e tudo ("Dissemos que ele parecia um crustáceo", diz sua mãe).

Quando ficou claro que ele não seria o próximo Gretzky (como Chesky coloca: "esporte é a única coisa em que você descobre rapidamente suas limitações"), o hóquei deu lugar à arte. Um antigo hobby de desenhar e recriar tênis Nike revelou um sério talento como ilustrador, e depois ele estava na escola quando sua professora de artes disse a seus pais que ele tinha potencial para se tornar um artista famoso. Chesky se dedicou a seu trabalho, e frequentemente desaparecia no museu local por horas, onde desenhava réplicas das pinturas. Numa viagem em família para Florença, ele ficou em frente à estátua de Davi por oito horas, desenhando-a meticulosamente. "Ficamos, tipo, 'Bem, queremos ver outras coisas'", diz sua mãe. "Mas não importava o que estávamos fazendo; ele tinha seu próprio caminho e iria apenas segui-lo."

Foi na RISD que ele começou a mostrar potencial como líder, primeiro no time de hóquei, no qual começou suas travessuras com Gebbia ao promover a liga de esportes da RISD, e então quando ele deu seu discurso memorável e entrega de diplomas para a classe. Previsivelmente, Chesky mergulhou nessa tarefa, devorando cada discurso de formatura que ele podia encontrar. Para acalmar seus nervos na noite anterior, ficou no púlpito por algumas horas observou enquanto a equipe montava as primeiras cadeiras, uma a uma. "Quem faz isso?", pergunta Deb Chesky.

Mas enquanto o aprendizado veio fácil, dominar os macetes de lidar com as pessoas levou certo tempo. Ele aprendeu da maneira mais difícil a não aceitar automaticamente um dos lados da história, caso duas pessoas discordassem. Uma experiência conquistada a duras penas lhe ensinou que suas palavras e ações podiam ter grande influência na empresa. (Pegando um marca-texto verde na mesa a nossa frente, ele diz: "É meio como se eu usasse esse marca-texto verde. Então alguém diz: 'Brian só gosta de marcadores verdes. Livre-se de todos os marcadores que não são verdes em todas as salas!' E eu posso apenas ter pego um marca-texto verde aleatoriamente, sem nenhum motivo.")

Ele demorou para contratar uma equipe de liderança sênior e lhe delegar – a empresa havia chegado a algumas centenas de empregados e ele ainda estava envolvido em milhares de pequenos detalhes –, e inicialmente teve dificuldade para entrevistar candidatos que tinham décadas de experiência a mais do que ele. ("Você se senta na frente deles e eles fizeram isso do outro lado da mesa cinquenta vezes, e você está fazendo pela primeira vez com alguém muito mais experiente do que você, e daí pensa, tipo, 'isso é muito estranho'.") Quando os executivos não funcionavam, ele demorava a mandá-los embora. Quando ele estava com sua equipe executiva completa – a empresa chama o grupo de "e-staff" –, ele teve de pensar em como fazê-los aumentar um pouco o ritmo. "Como você faz as pessoas irem para a próxima fase, quando estão todas cansadas, não viram muito suas famílias e apenas precisam descansar? – e você pensa: 'É, mas eu preciso que você faça dez vezes *mais?*'"

A resposta, que veio de uma consulta com uma "fonte", Marc Benioff, foi que ele não podia pedir que trabalhassem mais, mas podia pedir que eles "elevassem massivamente o nível de pensamento". ("Up-level" [Aumentar o nível] é um cheskyismo que significa fazer um pouco mais. Outros termos de Chesky incluem "skip-leveling", falar com diferentes pessoas de diferentes níveis na empresa; e fazer um "step change", não apenas um passo iterativo, mas uma nova forma de pensar sobre algo. E ele está sempre falando sobre ter uma "estrela do norte", um termo que você pode ouvir várias vezes pelos corredores de Brannan Street ou mesmo entre anfitriões e viajantes hardcore da Airbnb.)

A busca por fontes veio a calhar, quando a Airbnb encarou uma parte de sua maior crise. Durante o incidente do ataque ao apartamento de EJ, em 2011, provavelmente ainda a maior e mais existencial crise da empresa até hoje, Marc Andreessen ajudou Chesky a ampliar seu pensamento acrescentando outro zero para a garantia de U$5 mil que a empresa criou. Quando os irmãos Samwers iam atrás da Airbnb na Europa, Paul Graham disse a Chesky que eles eram mercenários e que a Airbnb era feita por missionários e "missionários geralmente vencem." Ajudou Chesky a tomar a decisão de construir o próprio negócio europeu da Airbnb para competir com os

Samwers. Na crise mais recente em torno da discriminação racial disseminada na plataforma da Airbnb – de certa maneira até maior do que a crise de EJ – ele trouxe forças de fora, como o antigo procurador-geral Eric Holder e a veterana da ACLU, Laura Murphy, mas também foi ao cofundador da Andreessen Horowitz, Ben Horowitz, e sua esposa, Felicia, assim como a CEO da TaskRabbit, Stacy Brown-Philpot.

Aqueles mais próximos a ele elogiam Chesky por sua visão. "Você faz uma foto da mente de Brian e ele já está em 2030 ou 2040", diz Lisa Dubost, uma das primeiras funcionárias da empresa, que trabalhava em cultura, depois mudou para a equipe de negócios de viagem antes de deixar a empresa, em 2016, para morar na Europa com sua família.

"Brian é esse visionário incrível que não olha um, não dois, não três, mas dez passos à frente", diz Belinda Johnson, sua executiva número dois e a pessoa que, além dos fundadores, ou talvez mais do que eles, passe mais tempo com ele. "Ele é muito inspirador – provavelmente mais do que qualquer administrador que já tive", diz Johnson. "Digo isso, mas acho que ele será conhecido como um dos maiores CEOs do nosso tempo."

Esse tipo de elogio começa a parecer um pouco enjoativo depois de um tempo. Mas também é repetido reiteradamente. E enquanto muito da linguagem e mensagem da Airbnb pode parecer cafona para aqueles que "não carregam a missão", como roga um de seus valores centrais, a crença fanática de Chesky e a devoção no que ele vê como o maior propósito da Airbnb parecem ser as coisas que o motivam mais do que tudo.

Ele acredita no compartilhamento de lares "até o osso", diz Chip Conley, e ele fala sobre a missão da empresa, de "pertencer a qualquer lugar", incansavelmente, não como um CEO que solta a frase para vender os produtos que sua empresa faz, mas como o motivo pelo qual ele foi colocado neste mundo.

Paul Graham diz que o que motiva Chesky não são as coisas que geralmente motivam os fundadores: riqueza, influência, sucesso. "Ele não está trabalhando para Brian Chesky", diz Graham. "Sério, honestamente. Já vi tantos fundadores diferentes – literalmente milhares. E posso diferenciar os oportunistas dos que realmente acreditam. Para ele, está muito além do dinheiro ou mesmo da fama."

Por esse motivo, Graham diz, Chesky pode não ter nascido para qualquer papel de CEO. "Ele é o tipo de líder que conduz as pessoas a fazer coisas em que ele mesmo acredita", diz ele. "Não dá para contratá-lo como CEO de alguma empresa aleatória."

Warren Buffett também acha isso. "Ele sente tudo profundamente. Acho que ele faria o que está fazendo, mesmo se não recebesse um centavo por isso."

De fato, enquanto cada CEO do Vale do Silício vende seu próprio peixe, para Chesky, a Airbnb parece mais como um chamado do que um trabalho. "Temos uma missão de criar um mundo onde você possa pertencer a qualquer lugar", explicou para mim durante um almoço. Ele acredita que se mais pessoas no mundo fossem anfitriões, "o mundo seria inerentemente um lugar mais hospitaleiro e compreensivo". Posteriormente, pergunto a ele sobre seus objetivos tangíveis de negócios. "Como um objetivo para até 2020, acho que estamos direcionados a como muitas pessoas podem vivenciar o pertencimento de uma forma profunda, significativa e transformadora." Ele diz que nada é mais importante do que tornar real a missão de todos pertencerem a qualquer lugar: vem antes dos acionistas, vem antes da valorização. Vem antes do lucro, antes do produto, vem antes de tudo.

Ele quer que o valor da Airbnb chegue ao pico em algum momento depois que ele morra.

Não é apenas Chesky. Gebbia e Blecharczyk compartilham dessas crenças, e elas permeiam o ar do quartel-general da empresa. A empresa gosta de dizer que é "as Nações Unidas na mesa da cozinha", juntando pessoas de diferentes mundos e unindo estranhos. "Talvez as pessoas que minha infância me ensinou a considerar estranhos eram, na verdade, amigos esperando para serem descobertos", disse Gebbia numa palestra do TED sobre como a empresa construiu sua plataforma para ter confiança. Quando perguntei sobre seus objetivos para a empresa, Chip Conley disse a um dos meus colegas que ele gostaria de vê-la ganhar o Prêmio Nobel da Paz dentro de dez anos.

Ainda que ninguém duvide de que tudo isso seja sincero, o caráter elevado de "salve o mundo para a humanidade" atraiu sua cota de gozação: "Nada disso é feito com muito senso de humor", escreveu Max Chafkin em *Fast Company,* referindo-se à placa na parede que dizia "Airbnb é o próximo estágio da evolução humana." "Até o famoso anúncio do outdoor da Coca-Cola – 'Eu gostaria de comprar uma Coca-Cola ao mundo / e lhe fazer companhia' – tinha certa noção de proporção."

Durante uma das nossas conversas, perguntei a Chesky se alguém já havia lhe dito que ele era idealista demais. "Acho que é Tom Friedman que tinha uma grande citação", disse ele parafraseando o colunista do *New York Times*. "Ele disse: 'Pessimistas geralmente estão certos, mas os otimistas é que mudam o mundo.'"

Até quem muda o mundo tem sua fraqueza. A visão e ambição de Chesky podem levá-lo, às vezes, a estabelecer objetivos que parecem impossíveis de alcançar. Paul Graham diz que Chesky precisa levar as coisas menos para o pessoal. "Quando alguém diz algo ruim sobre a Airbnb – e quando você fica grande o suficiente, as pessoas sempre dizem coisas ruins sobre você, é uma consequência automática de ser grande – isso o magoa. Machuca mesmo, como se alguém o tivesse atingido. Ele pouparia muito sofrimento se não levasse as coisas para o lado pessoal. Mas talvez seja impossível. Talvez seja uma consequência necessária de liderar por crença."

Marc Andreessen, que teve sua cota de jovens fundadores tentando aumentar suas empresas, diz que Chesky é "um dos melhores novos CEOs desde Mark Zuckerberg". Ele atribui isso a um fato pouco conhecido: antes de se transferir para o Niskayuna High School, Chesky passou dois anos num colégio particular que ensinava procedimentos militares e liderança. "É um erro fácil", Andreessen diz, "supor que Chesky seja apenas um designer". "O lance com o Brian é que ele tem alma de designer, mas a precisão e a disciplina de um aluno de escola militar", diz Andreessen. "Não há nada de abstrato ou *fuzzy*. O design é parte do que o faz funcionar, mas ele foi basicamente treinado para comandar uma campanha militar."

Um ano, em tempo de startup, é como sete em qualquer outro lugar, e enquanto Chesky evoluía, também evoluíam suas "fontes". Hoje em dia, seus mentores deram lugar a consultores pagos. Stanley McChrystal, antigo general do exército, foi trazido para ajudá-lo a aumentar a transparência e o comprometimento entre os líderes de nível médio e alto da empresa. A Airbnb contratou Simon Sinek, o autor e especialista em encontrar e articular o "porquê" das organizações. E embora não esteja na categoria de pago, há também um novo figurão com quem Chesky dividiu o palco em Cuba: o presidente Barack Obama. Os dois passaram cada vez mais tempo juntos: primeiro eles se encontraram no Salão oval, quando Chesky foi trazido para o programa Embaixador Presidencial para Empreendedorismo Global (PAGE), um grupo de empreendedores de elite que inclui o estilista Tory Burch, o fundador da AOL, Steve Case, e o fundador da Chobani, Hamdi Ulukaya. Além da iniciativa de Cuba, Chesky fez parte das delegações oficiais do presidente para encontros de empreendedorismo global em São Francisco e Nairobi, Quênia – onde Chesky participou do jantar de Estado na casa do presidente Kenyatta e conheceu a família queniana de Obama. Há um longo caminho desde o relacionamento mais periférico da empresa com Obama, em seus primeiros dias: relançando a Airbnb em seu discurso de candidatura no CND em 2008, criando o Obama O's a partir dele e "invadindo" sua posse em 2009.

De volta a casa no interior de Nova York, Deb e Bob Chesky ainda não podem compreender totalmente a jornada do filho. "Tudo o que podemos dizer é que foi surreal", diz Deb. "Não sei nem o que mais dizer."

"As más notícias que você precisa ouvir."

Como CEO da Airbnb, Chesky tem os holofotes e a maior parte da atenção da mídia, mas Joe Gebbia e Nate Blecharczyk também têm uma enorme presença no dia a dia da empresa. Se Chesky encontrou sua vocação de líder das tropas e de capitão do navio, seus cofundadores tiveram jornadas de liderança próprias, ambas muito diferentes da de Chesky e uma da outra. Como Chesky, Gebbia buscou ajuda de mentores: Chip Conley, ele diz, é um dos que foram muito úteis para ele; David Kelley, fundador da empresa de design Ideo, é outro, aconselhando-o sobre como manter uma cultura criativa, enquanto a empresa cresce tanto. "Como você mantém um ambiente criativo, onde as pessoas se sentem seguras para propor ideias novas e, talvez, às vezes arriscadas ou assustadoras, sem que elas sejam massacradas?" pergunta Gebbia.

Mas se crescer como líder se tornou fácil para Chesky, foi mais difícil para Gebbia, que estava mais à vontade concebendo ideias ousadas, fora da caixa, com uma pequena equipe, do que administrando uma grande parte de uma organização – que foi o que logo se viu fazendo. Conforme a empresa ficava maior e maior em 2013 e 2014, o crescimento e o ritmo começaram a se tornar sobrepujantes. "Havia tantas partes em movimento", diz ele. "Num instante dava para manter o olho em tudo, e em outro não dava mais." Ele sentiu um nível crescente de ansiedade. "As equipes estão ficando maiores. Os números estão ficando maiores", lembra-se ele. "Tudo está meio crescendo ao seu redor. Então como você cresce com isso?" Ele diz que não podia. "Tenho de admitir. Cheguei a um beco sem saída."

Para ajudar a encontrar a resposta, a empresa pediu que um consultor externo viesse para fazer uma avaliação em 360 graus. Entrevistas sinceras, anônimas, com mais ou menos uma dúzia de pessoas que trabalhavam mais próximo de Gebbia geraram resultados dolorosos. As pessoas o viam como um líder otimista, animado, mas tinha a reputação de perfeccionista, e as pessoas tinham medo de ser sinceras com ele, quando os projetos não funcionavam. "Isso foi forte", diz ele. Toda vez que alguém dava más notícias a ele, sua linguagem corporal se fechava, diziam, e ele se tornava defensivo; então, depois de um tempo, apenas não davam mais essas notícias a ele. "Os problemas proliferavam e pioravam, então eu ouvia sobre eles, e estavam mais difíceis de se lidar".

Esse perfeccionismo também significava que decisões simples geralmente levavam muito tempo para serem tomadas, e ele na maioria das vezes se tornava um gargalo em sua própria empresa. Ele também não percebia bem que, só porque tinha uma forte ética profissional – a mesma motivação que o levou a criar duas empresas antes de começar a Airbnb – não significava que todo mundo também tivesse. A avaliação em 360 lhe revelou que as pessoas de sua equipe não haviam jantado com seus entes queridos há semanas, e não faziam coisas como ir para a academia; na verdade, alguns pensavam em pedir demissão. "Minha busca por perfeição estava desgastando as pessoas."

Assim, começou um enorme processo de educação para Gebbia. Com a ajuda de um técnico (que era "brutalmente honesto"), ele teve de aprender que tudo bem lançar produtos que não fossem perfeitos, e que uma decisão rápida às vezes é melhor do que uma bem embasada. Sua equipe o apoiava e até veio com um novo mantra para ele: "80% é igual a feito". "Isso era uma coisa muito desconfortável para mim até aquele ponto", diz Gebbia. Gradualmente, ele começou a perguntar às pessoas em reuniões e individualmente: "Qual é a má notícia que eu preciso ouvir?".

Ele acabou percebendo que parte do seu comportamento havia se difundido pelo resto da empresa. "As pessoas olham para os líderes para saber como se comportar", ele diz. "Então, se eu não criasse um espaço onde as pessoas pudessem ser sinceras e abertas sobre o que estava acontecendo, isso se refletiria em outros pontos da empresa." Assim, na metade de 2014, Gebbia transformou o que ele havia aprendido numa conversa sincera, feita na frente de algumas centenas de empregados e transmitida para os escritórios da empresa mundo a fora. "Temos um problema com sinceridade na nossa empresa", começou ele, antes de revelar em detalhes o feedback que havia recebido sobre si e como trabalhou para mudar seu enfoque. Ele então apresentou uma teoria que aprendeu. Chamava "elefantes, peixes mortos e vômito" e era um conjunto de ferramentas criado para encorajar conversas difíceis. Ele explicou: um "elefante" é uma grande verdade que todo mundo conhece, mas não fala sobre; um "peixe morto" é uma mágoa pessoal que precisa arejar, geralmente com um pedido de desculpas, oú corre o risco de piorar ("já tive de lidar com alguns peixes mortos", disse ele à plateia); e sessões de "vômito" são tempos separados para as pessoas tirarem as coisas de dentro do peito sem interrupção e sem risco de julgamento. Ele revelou os detalhes de suas ações que aprendera no feedback que se relacionavam com cada um desses aspectos.

Depois de dizer a última frase, ele suspirou profundamente. "Foi uma conversa bem assustadora", disse depois. "Dava para ouvir um alfinete caindo." Mas teve um impacto significativo na empresa. Gerentes setoriais começaram a arrumar tempo para falar exclusivamente sobre "elefantes" e "peixes mortos"; os termos ainda são usados nas divisões. Hoje, Gebbia recebe e-mails de pessoas ao redor da Airbnb com assuntos em letras maiúsculas: JOE: AS MÁS NOTÍCIAS QUE VOCÊ PRECISA SABER. Presa ao monitor de seu computador ele tem uma plaquinha que diz: "80% é igual a feito".

Por volta da mesma época, Gebbia começou a traçar um curso diferente para si, um que estava muito mais próximo de suas raízes no design e de sua paixão por conceber e gerir novas ideias. "Meus superpoderes não estavam sendo utilizados", diz ele. "Eu estava gerenciando gerentes."

Uma oportunidade veio no final de 2013, quando a empresa fez uma reunião executiva *off-site* em Nova York. No ano anterior, os fundadores haviam projetado uma visão para o futuro da empresa num importante projeto interno chamado Snow White (Branca de Neve).

Com ajuda de animadores profissionais, eles fizeram o storyboard da experiência Airbnb, detalhando "frame por frame" o que acontecia, tanto com o viajante quanto com o anfitrião, do primeiro momento em que um cliente acessava o site até o momento em que ele ou ela voltavam para casa de uma viagem. A grande revelação do projeto foi que a própria Airbnb era parte de apenas alguns frames – aqueles que envolviam as acomodações – e precisavam trabalhar para preencher o resto disso. Meses depois, na *off-site*, os fundadores perceberam que não tinham feito progresso o suficiente em direção à visão expandida para o futuro da empresa: para possuir não apenas as acomodações, mas a viagem inteira.

Era hora de começar a entrar nesses outros "frames", e logo foi decidido que Gebbia faria um exercício de protótipo imersivo para começar a explorar como. Ele juntou seis pessoas de design, produto e engenharia e as transferiu para Nova York por três meses, um período e uma estrutura moldados a partir do Y Combinator. (Eles até rascunharam seus próprios valores de base.) Morando e trabalhando com o tempo contado num loft de Airbnb no Brooklyn, eles hackearam juntos vários tipos diferentes de ferramentas *in-app*, moldadas por um pequeno grupo de turistas internacionais da Airbnb com celulares que continham o software instalado, então mandou-os testar suas ideias. No final de três meses, eles teriam um *Demo Day* no quartel-general da Airbnb. Os conceitos foram testados por todo o mapa: um "rastreador de chegada", um tipo de geolocalizador da Uber que tornava mais fácil para o anfitrião saber quando esperar pelo hóspede; um "manual inteligente para a casa"; e algo chamado Local Companion, uma ferramenta de assistente virtual que deixou os viajantes pedirem tudo o que precisavam, fosse uma recomendação de restaurante local, entrega de comida ou respostas para questões sobre a cidade. Também tinha um "botão mágico" que os usuários podiam apertar para ter uma experiência desconhecida, ultracustomizada, que seria moldada de acordo com seus interesses.

Um viajante que era um piloto certificado apertou o botão e ganhou um passeio de helicóptero sobre Manhattan; outra conseguiu uma manicure que veio até sua porta. Um terceiro pediu ajuda em planejar seu noivado, um desafio que a equipe de Local Companion aceitou com alegria, organizando um passeio de carruagem pós-pedido no Central Park, complementado por um tocador de harpa, jantar e balada, e um brunch no dia seguinte em que, em vez da conta, o garçom apresentou a eles um álbum de fotos documentando a experiência.

De volta a São Francisco, o protótipo da operação se transformou numa equipe chamada Home to Home (Lar a Lar), liderada por Gebbia para explorar e testar mais ideias. Uma em particular parecia promissora: a Experience Marketplace, uma plataforma em que anfitriões com um talento ou com conhecimento específicos podiam oferecer por uma taxa experiências para hóspedes em sua cidade. Alguns anfitriões já faziam isso; um cara em Park City colocou em sua inscrição que ele levaria os hóspedes para esquiar em trilhas apenas para locais; um anfitrião de Boston levaria os hóspedes num passeio pessoal em Kendall Square. A equipe fez um piloto em São Francisco e em Paris para recrutar e construir mais dessas experiências. Um anfitrião em Paris, Ludovic, disse à equipe que ele ganhou U$3 mil recebendo gente em seu lar, mas havia recebido U$15 mil em caminhadas ao redor do Marais.

O projeto durou a maior parte de 2014 e ganhou certa força, mas isso foi bem no momento em que Gebbia chegou a seu beco sem saída, e ele logo percebeu que estava tendo problemas em dimensionar e "operacionalizar" as ideias. Com a experiência veio a percepção, para Gebbia, que ele estava mais atraído pela criação de novas ideias do que pela implementação de ideias existentes. Ele gradualmente começou a conceber uma ideia para uma nova divisão da Airbnb que seria dedicada exclusivamente à pesquisa avançada e ao design. Em 2016, a empresa lançou o Samara, um estúdio de design interno, supervisionado por Gebbia, que explora conceitos em larga escala, incluindo o futuro de casas compartilhadas e novos modelos de arquitetura e de turismo que poderiam ajudar a criar mudanças sociais. Seu primeiro projeto foi o Yoshino Cedar House, um novo modelo criado por uma comunidade centro-com-albergue localizado no Japão rural: viajantes da Airbnb podem ficar lá, os moradores podem montar estações para criar lá e os dois podem interagir de maneiras que também tragam benefícios econômicos para uma área rural em declínio. Outras pesquisas incluem operações no "botão mágico", que revelariam melhor o que mais "deleita" cada indivíduo.

Junto ao Samara há algo chamado The Lab, uma pequena equipe focada numa iteração de força curta de produtos e ideias que são mais experimentais, mas podem ser rapidamente testados.

Ambas as equipes foram lançadas da casa de Gebbia, um loft industrial a um quarteirão do quartel-general da Airbnb, e se mudaram para um novo espaço atrás do prédio da Airbnb em meados de novembro de 2016. Esse tipo de operação independente, Skunk Works, é comum entre empresas grandes, e é a queridinha de Gebbia. Traz de volta os dias de Rausch Street, quando ele e Chesky tinham novas ideias no meio de partidas ferozes e suadas de pingue-pongue. "Eu queria ser criador de espaços seguros para invenção de ideias", diz Gebbia.

"O inspetor"

Enquanto Brian Chesky e Joe Gebbia receberam a maior parte da atenção da mídia no decorrer dos anos – e houve muita atenção da mídia – o caminho de Nate Blecharczyk é mais interessante de várias maneiras. Ao que parece, ele é um gênio técnico de codificação. Chesky disse que, nos primeiros dias, ter Blecharczyk a bordo era como ter três engenheiros. Foi ele quem criou todo tipo de formas livres para crescer: o antigo hack da Airbnb no Craigslist, as campanhas publicitárias dinâmicas que podiam mirar cidades específicas e a tecnologia especial de interface com Google AdWords. O sistema de pagamento que ele construiu é lendário na comunidade de engenharia. Com uma pessoa menos talentosa no papel de chefe técnico, a AirBed & Breakfast podia não ter decolado.

Mas Blecharczyk sempre teve uma mente mais orientada aos negócios do que um engenheiro médio. Ele fez o GMAT (Teste de Aptidão Administrativa para Graduados), depois da faculdade, e pensou seriamente em se matricular na faculdade de administração. Também foi bem longe no caminho de tentar começar sua própria rede de *social-advertising* antes de se comprometer com Chesky e Gebbia na AirBed & Breakfast. Pensador metódico e disciplinado, ele é especialmente bom em refletir sobre questões complexas, e então simplificar as ideias. "Sou uma pessoa muito analítica", diz ele. "Se há um talento que eu tenho, é pegar coisas complexas e reduzir." Quando toda a equipe executiva fez o teste de personalidade Indicador Tipo Myers-Briggs num *off-site* um ano, Blecharczyk registrou um tipo de personalidade ISTJ (introversão, sensação, pensamento e julgamento), que se relacionava com o papel de "inspetor" no questionário de personalidade relacionado, Classificador de Temperamento Keirsey. A caracterização fez a equipe executiva gargalhar com o reconhecimento. ("Eles me conhecem assim, como alguém que esmiúça os detalhes.")

Com o tempo, Blecharczyk desenvolveu um interesse por estratégia, especialmente quando, como CTO, ele começou a ver mais das ideias que saíam do departamento de ciências de dados, que respondia diretamente para ele. No verão de 2014, depois que a equipe executiva começou a perceber que a empresa não estava totalmente alinhada em suas várias iniciativas e objetivos, Blecharczyk iniciou um "mapa de atividades" para documentar cada projeto em andamento. Ele identificou 110 projetos, mas estavam extremamente fragmentados, com diferentes executivos supervisionando múltiplos projetos na mesma área. Ele então fez um estudo analítico profundo do crescimento da empresa, o que o deixou mais ciente do desequilíbrio entre a oferta limitada da Airbnb (anfitriões) e sua demanda que crescia rapidamente (hóspedes). "A curto prazo não é um grande problema, mas a longo prazo se torna", diz ele.

Ele foi atraído pela ideia de criar formas de aumentar a taxa de crescimento da oferta. Muitos desses 110 projetos díspares envolviam anfitriões, então, no começo de 2015, Blecharczyk assumiu um papel muito mais amplo, tornando-se responsável por lares e recebendo estratégias e operações.

"O que alavanquei é minha compreensão de nossos sistemas técnicos, tendo o contexto dos últimos oito anos e a autoridade moral de cofundador", diz ele, para juntar projetos díspares de hospitalidade e para pensar estratégia geral da empresa de forma mais ampla. O título de CTO de Blecharczyk não mudou enquanto escrevo isto, mas ele diz que é "um pouco datado, e nesse ponto pode ser meio equivocado".

O teste Myers-Briggs também revelou algo mais: Blecharczyk era o mais diferente de todos, na equipe e na composição geral. "A competência geral da equipe é o inverso do que sou", diz ele. Os técnicos que administram a sessão disseram que era importante e aconselharam o grupo de que a perspectiva de Blecharczyk era tão diferente que ele deveria ser parte de uma conversa essencial que a empresa estava tendo. Ele já estava guardando demais disso como cofundador, mas ficou mais evidente que ele representava um ponto de vista importante. "Isso foi crucial para a fundação de meu papel de estrategista de hoje."

Ano a ano, Blecharczyk também se debruçou sobre livros como *Empresas feitas para vencer*, de Jim Collins; *Os cinco desafios da equipe: uma história sobre liderança*, de Patrick Lencioni; e *Crossing the Chasm*, de Geoffrey Moore. Ele aprendeu a ser mais visível. "Meu temperamento é introvertido", diz ele, mas parte do retorno que ele recebeu no decorrer dos anos é que os empregados valorizam ouvir individualmente dos três fundadores – não apenas de Chesky. "Tive de aprender uma lição importante de liderança: ser visível", diz Blecharczyk.

As pessoas ao redor dele dizem que Blecharczyk também é uma força calma e estabilizadora. "Ele, mais do que ninguém na equipe de liderança, nos mantém com a cabeça no lugar", diz Mike Curtis, um alto engenheiro executivo do Facebook que Blecharczyk contratou como VP de engenharia da Airbnb, em 2013. "Temos tanta ambição como grupo", diz Curtis, "e Nate é o pensador metódico, disciplinado, que pega todos os dados de todas as pessoas diferentes e junta para mostrar ao grupo para que possamos tomar decisões."

As diferenças entre os três fundadores não passam despercebidas. "Pergunte a qualquer um na empresa e vão te contar que temos personalidades muito diferentes", diz Gebbia. Mike Curtis concorda. "Os três têm pontos tão diferentes no espectro. A maneira como equilibram um ao outro é bem louca." (Eles se estranham? "Ah, totalmente!", diz Curtis.) Alguns anos atrás, os fundadores fizeram outro teste de personalidade que os colocaria em três partes de um círculo. Quando os administradores mostraram os resultados, os três caíram em partes diferentes, perfeitamente equidistantes um do outro. "Eles voltaram e disseram: 'Nunca vimos isso antes', conta Gebbia. "Era como um triângulo isósceles perfeito."

Dizem que são essas diferenças que os levaram ao sucesso. "Nenhum de nós sozinho poderia ter feito isso", diz Gebbia. "Dois de nós não poderiam ter feito isso. Mas a combinação do que Nate traz, o que Brian traz e o que eu trago, tudo junto, acho que é como perseveramos pelos desafios que surgiram em nosso caminho nos últimos anos." Os investidores na Airbnb geralmente listam a equipe de fundadores, e especificamente a combinação desses três, como um dos fatores principais que os atraiu à empresa. Chip Conley faz uma analogia popular para isso. "É como os Beatles", diz ele. "Os quatro Beatles podiam fazer seus discos individuais, mas nunca seriam tão bons quanto todos juntos."

"Não ferre com a cultura"

A cultura da empresa quase poderia ser a própria personagem da empresa em qualquer história sobre a Airbnb. Fixação comum entre as startups do Vale do Silício, a cultura tem sido um foco obsessivo para os três fundadores desde que eles saíram do programa Y Combinator. Mas a ficha só caiu totalmente para Chesky em 2012, depois que a empresa fechou sua rodada de financiamento da Série C, uma rodada de U$200 milhões que foi liderada pelo Founders Fund, de Peter Thiel. Os fundadores da Airbnb convidaram Thiel para o escritório e Chesky pediu conselhos a ele. Thiel disse simplesmente: "Não ferre com a cultura."

Ele disse que a cultura da Airbnb era uma das muitas razões pela qual ele investiu, mas disse que era basicamente inevitável que depois que a empresa chegasse a certo tamanho "ferraria com isso." Chesky tomou isso como um desafio e desde então tem um foco de certa forma obsessivo na cultura da Airbnb. "Se você quebra a cultura, você quebra a máquina que faz seus produtos", escreveu ele num post de blog sobre o assunto. Ele argumentava que, quanto mais forte a cultura, mais os funcionários confiariam em fazer a coisa certa e menos se teria necessidade de regras formais e processos. E quanto menos processos e mais leve o equívoco, melhores são as condições para inovação.

De acordo com Chesky, a maneira para não ferrar com a cultura da empresa é torná-la sua maior prioridade e – naturalmente – criá-la. Isso foi uma enorme área de foco para a Airbnb. É por isso que Chesky ficou no palco na reunião da empresa com toda a tripulação, em 2015, e disse aos funcionários que o que mataria a empresa não eram os reguladores, a competição ou nada do gênero, mas perder a habilidade de "enlouquecer"; por isso que ele escreve obsessivamente os e-mails na noite de domingo; e por isso que ele entrevistou pessoalmente cada candidato ao emprego até a empresa ter mais de trezentas pessoas.

O espaço de trabalho da Airbnb é um pilar importante dessa cultura. Em 2013, a empresa se mudou para seu atual quartel-general, um espaço de 23 mil m² que ocupa cinco pisos de uma antiga fábrica de baterias no bairro SoMa, de São Francisco. Dependendo de com quem você fala, o quartel-general é ou uma obra de arte ou quase um templo, como uma pessoa familiarizada com a empresa o descreve. A maior parte das salas de conferência (existem mais de duas dúzias) são réplicas exatas, até a última quinquilharia e os cartazes na parede, de inscrições da Airbnb pelo mundo. Há uma sala do apartamento da Rausch Street, uma réplica da famosa Cúpula de Cogumelo em Aptos, Califórnia, e, uma adição recente, um salão vienense com um piano automático que começa a tocar apenas quando você levanta um livro secreto em uma das prateleiras. ("Apenas nas necessidades – é nisso em que investimos", sintetiza Chesky, quando sentamos nessa sala para uma reunião e ele fica sabendo, pela primeira vez, do segredo do livro.)

Há despensas e minicozinhas em cada piso, que guardam café, outras bebidas e petiscos de algas, livres de castanhas. Há o Eatrium, um oásis sem

213

desperdício que serve todos os tipos de refeições que você esperaria de uma empresa do Vale do Silício com uma valorização de multibilhões de dólares; além de inovações como uma fileira de 48 torneiras de prata servindo água com gás, cerveja, kombucha e Redbnb, um energético artesanal, feito na casa, com hibisco, chá verde e erva-mate.

O grupo de empregados da Airbnb é conhecido como "Airfamily", ou "Airfam" no apelido, e os funcionários podem desfrutar de muitos benefícios e eventos especiais. Isso inclui as sessões de "Air Shares", em que funcionários podem compartilhar habilidades como fotografias ou *tie-dye*. Há um programa, Toastmaster, e um grupo de meditação. Há muita gente se fantasiando na Airbnb, seja no dia de Mad Men, durante o concurso de fantasias de Halloween ou na festa anual da Oktoberfest durante a qual Blecharczyk tradicionalmente aparece em vestimenta *lederhosen*. Muito disso é replicado em escritórios da Airbnb ao redor do mundo.

E há novamente o idealismo. Os empregados de diferentes áreas, de planejamento financeiro e gerenciamento de projeto, levam espontaneamente a missão de "pertencimento" da empresa. Recentemente, o chefe de comunidade Douglas Atkin desenvolveu uma versão da "jornada de transformação 'pertença a qualquer lugar'", a metamorfose que a Airbnb pretende que seus hóspedes experimentem, que se aplica à sua cultura interna, chamada de "jornada de transformação 'pertença *aqui*'". O objetivo é o mesmo: você chega como um estranho e se edita; então você se torna bem-vindo, você se sente num espaço seguro, pode ser você por completo. Como disse um funcionário em Portland a Atkin: "Posso ser a versão integral completa de mim mesmo aqui, não a versão desnatada".

Parece muito exagerado – a versão integral exagerada – mas ainda assim a maioria parece comprar. "A Airbnb trouxe o melhor de mim e uma parte de mim que eu não sabia que existia", diz o VP de produtos Joe Zadeh. "Todos os meus trabalhos anteriores levaram a isso", diz o engenheiro Curtis. Jonathan Golden, o primeiro gerente de produto e veterano da Dropbox e da HubSpot, que trabalhou em finanças antes disso, chama a Airbnb de "a cultura mais colaborativa em que eu já trabalhei, de longe". O lado negativo que vem com isso, diz Golden, é menos eficiência – mais pessoas acabam envolvidas em e-mails e reuniões, porque mais gente participa dessas conversas – mas ele acha que a abertura leva as pessoas a quererem fazer mais.

"Eles pulverizam algo no ar", diz Jeff Jordan, da Andreessen Horowitz. "Como você constrói uma cultura – do topo até embaixo – onde todos acreditam que estão mudando o mundo?" Em 2016, a empresa estava em primeiro lugar no Employee's Choice Awards (Prêmio da Escolha dos Funcionários) da Glassdoor, passando o Google, Facebook, Twitter, Salesforce e outros. Esse tipo de ambiente pode ajudar a suavizar as coisas, quando quase há desastres internos, como aquele que Mike Curtis vivenciou em uma tarde no começo de 2015. Um dos engenheiros da empresa acidentalmente digitou um comando errado num console e, num único toque de teclado, ele deletou quase toda a base de dados da empresa, "tipo, num toque errado", diz Curtis. Quase todos os recursos da Airbnb e muito de seu futuro potencial está baseado no vasto repositório de dados que acumulou sobre como as pessoas viajam pelo mundo. E num instante havia sumido.

"Foi um acontecimento imenso, imenso, de perda de dados", diz Curtis. Foi como a garrafa de tequila apoiada na tecla de delete no famoso episódio de *Silicon Valley*, da HBO, só que era maior e real, e pior, e foi de fato um comando digitado por um engenheiro (e uma das estrelas do departamento). "A gente ficou pálido", Curtis se lembra. Depois de trabalhar 24 horas por dia nos dias seguintes, uma pequena equipe identificou uma correção e foi capaz de recuperar tudo – um processo que levou duas semanas – mas houve alguns dias antes de terem encontrado a solução em que não estava certo se eles conseguiriam. "Foi um dia aterrorizante", diz Curtis. Segundo ele, a reação de Chesky foi dar a ele o espaço que precisava para resolver. "Embora pudesse ter surtado completamente, ele não surtou." O resto da equipe caçoou do engenheiro culpado (que ainda trabalha lá, por sinal), fazendo para ele uma camiseta com o comando certo, que ainda está pendurada no departamento.

Há questões, é claro. Os elementos da cultura da Airbnb que a tornam tão sentimentalista também podem criar uma tendência em relação ao não confronto, a qual levou à conversa de Gebbia sobre o elefante/peixe morto/vômito. É um ambiente de trabalho duro, e Chesky pode ser exigente. Quando a equipe da entrada em Cuba trabalhou incansavelmente para recrutar anfitriões que identificassem quinhentas inscrições numa questão de semanas, os membros da equipe trouxeram seus resultados para o CEO – que disse a eles que estava ótimo, mas que ele queria dobrar para mil inscrições em três semanas. Alguns anos antes, quando a empresa crescia mais rápido do que o esperado, Zadeh disse que ele "se meteu num buraco de tanto trabalhar" e acabou contraindo pneumonia.

Conforme a empresa ficou maior, ela trouxe novos empregados e executivos do topo que nem sempre exibem os mesmos valores que seus antigos funcionários, muitos dos quais ainda se identificam com as raízes remendadas da empresa. Naqueles tempos, os empregados geralmente tinham de descrever para seus amigos o que era a Airbnb, as pessoas não tinham ouvido falar, e isso teve um papel para os tipos pioneiros que se juntaram. Porém, com o passar dos anos, conforme a empresa ficava maior, começava a atrair mais gente com MBA e outros que se juntavam exatamente porque ela ficara tão grande, vendo grandes oportunidades para saltar num foguete e construir suas carreiras. As pesquisas da Glassdoor tiveram partes de "prós" e "contras" e uma das reclamações comuns do lado "contra" era que havia novos gerentes da Airbnb que não tinham experiência, e que a cultura da empresa não se estendia a todas as equipes. "Existem pessoas nocivas", escreveu um empregado. (Outros "contras" eram a falta de um plano de aposentadoria do tipo 401[k] para empregados e que o jantar não podia ser levado para viagem.)

Chesky acha que uma coisa que ajudaria a expandir a cultura é se certificar de que a empresa permanece transparente conforme se ajusta a seu novo tamanho. Implementando uma ideia que ele tirou de Stanley McChrystal, para conseguir melhor comunicação do topo até a base da organização, a empresa instituiu uma nova chamada semanal para membros executivos da equipe, além de cada um de seus subalternos (cerca de cem pessoas).

Enquanto escrevo isso, os fundadores trabalham bem de perto num grande novo esforço, comandado por Douglas Atkins, para revisar o gráfico sagrado da empresa, os seis valores de base instituídos em 2013 (entre eles "seja um anfitrião", "lute pela missão", "aceite a aventura" e "seja um empreendedor 'cereal'"). Esses princípios funcionaram bem quando a empresa era menor, mas com o tempo tornou-se claro que havia muitos deles, alguns conflitavam com outros e o restante era "bonitinho e vago" demais, diz Atkin. Pior, alguns empregados os usavam para sua própria vantagem; se alguém não concordava com uma sugestão de um funcionário, ele podia acusá-lo de "não aceitar a aventura".

Trabalhando por meses, Atkin e os fundadores ("os meninos", como ele os chama) diminuíram os valores para três, que não estavam finalizados durante esta escrita, mas se aglutinavam ao redor de "ser hospitaleiro" ou solidário; criar um caminho e não ser convencional; e – surpresa – colocar a missão na frente de todo o resto. Atkin coordenou o dia do relançamento, quando os empregados seriam "submersos nos valores de base como um saquinho de chá" e ficariam totalmente inculcados deles. Na reunião seguinte de todos os funcionários, o One Airbnb, ele me disse que seria o "clímax do processo e introdução".

Um aspecto de sua cultura que a empresa tenta tratar é que, como muitos dos colegas do Vale do Silício, a Airbnb é branca demais. Essa é uma questão em todas as empresas de tecnologia, porém a Airbnb teve uma grande questão com comportamento discriminatório por anfitriões em sua plataforma. Muitos (incluindo os fundadores da empresa) dizem que a falta de diversidade na empresa – começando com seus fundadores, três homens brancos – é um dos motivos pelos quais eles fracassaram em prever que a plataforma poderia possibilitar tal comportamento.

Na metade de 2016, quando Chesky e Belinda Johnson apareceram no palco juntos na conferência Brainstorm Tech da *Fortune*, a última pergunta da plateia veio de Kimberly Bryant, fundadora da organização sem fins lucrativos Black Girls Code: "Eu me pergunto se vocês não reconhecem que algumas questões no design do produto, como ele está, acontecem porque ele é não inclusivo? Talvez porque há apenas 2% de negros trabalhando na Airbnb, apenas 3% de hispânicos fazem parte da comunidade, e se formos nos aprofundar nos cargos de tecnologia, é 1%." A sala ficou em silêncio. "Então, ainda que eu valorize o esforço no novo design, eu desafiaria vocês a realmente olhar qual é a composição de funcionários de suas empresas."

De acordo com o relatório mais recente de diversidade da Airbnb, empregados negros representam 2,9% do total, hispânicos ou latinos são 6,5% e

57% são homens. Esses números colocam a Airbnb na frente do Facebook, que tem 2% de negros, 4% de hispânicos e 67% de homens; e Google, que tem 2% de negros, 3% de hispânicos e 69% de homens. Mas os números da Airbnb para empregados negros, hispânicos ou latinos diminuíram levemente desde o ano anterior, assim como a porcentagem de mulheres (apesar de a porcentagem em papéis de liderança ter aumentado). A empresa reconhece que esse é um problema e está trabalhando nisso: há uma nova chefia de diversidade, o objetivo de aumentar a porcentagem de minorias sub-representadas entre a base de empregados dos EUA de 10% para 11%, e um conjunto de novos padrões de recrutamento e de políticas – como o requerimento de que todas as votações de candidatos para posições de nível sênior tenham de conter mulheres e minorias sub-representadas. "Temos de fazer melhor", disse Chesky.

Enquanto escrevo isto, Chesky, Gebbia e Blecharczyk têm um novo desafio diante deles: transformar a Airbnb de uma empresa de um produto em uma empresa de vários produtos. Estão se preparando para lançar o próximo capítulo na história da empresa, a entrada no mercado do restante da viagem, além da acomodação. É um projeto já de dois anos e veremos uma mudança significativa.

"Sei como começar um produto – comecei um", disse Chesky a uma plateia no curso "Blitzcalling", de Reid Hoffman, na Universidade Stanford. "Mas como você começa um novo produto dentro de um negócio já existente que é bem-sucedido?". Chesky supôs que seria como lançar o produto original da primeira vez, mas, como ele descobriu, é muito mais complicado: você pode ter mais financiamento e mais recursos, mas as pessoas não entendem por que você as está pressionando para fazer outra coisa; elas querem ficar focadas na missão original. "Mudar de uma empresa de um produto só para uma empresa de dois produtos é uma bela mudança", disse Chesky. Para ajudá-lo, ele arrumou uma nova "fonte": Geoffrey Moore, um consultor de administração com especialidade particular em ajudar executivos a aumentar uma empresa de um produto para vários.

Mas na mente de Chesky, a expansão também foi crítica para o futuro da Airbnb. A maioria das empresas de tecnologia que eram realmente grandes, apontou ele, tinha mais de um produto. A Apple teve primeiro o computador, depois o telefone e o relógio. A Amazon tinha livros, depois todo o resto. "Acho que todas as empresas duradouras têm de fazer isso", disse ele. "Porque se você é uma empresa de tecnologia, você não pode presumir que sua invenção original é o que vai vender daqui a vários anos."

Para a Airbnb, a nova coisa para se começar a vender é o resto da viagem.

8

E o próximo passo?

Enquanto escrevo isto, a empresa está colocando os toques finais em seus planos para o Airbnb Open, o festival de três dias para os anfitriões que a Airbnb monta uma vez por ano para comemorar e confraternizar com suas tropas, encharcá-los com a missão da empresa, salpicar o pó de pirlimpimpim do pertencimento em milhares de seus discípulos mais apaixonados. Tipo de mistura, em menor escala, de um Woodstock, um TED e a Reunião Annual Berkshire Hathaway para a economia compartilhada, é um espetáculo de hospitalidade e uma chance para a empresa pregar, ensinar e homenagear seus convertidos. O evento de 2016 aconteceu em Los Angeles em meados de novembro. Todos que se inscrevem como anfitriões da Airbnb recebem o convite, mas o evento atrai geralmente por volta de cinco mil dos mais comprometidos na comunidade. Os frequentadores vêm de todas as partes do mundo arcando com suas próprias despesas (o que significa passagem de avião, estadia – num Airbnb, é claro – e ingressos que vão de U$25 para um único dia a U$300 para o evento todo). Em 2016, hóspedes da Airbnb também foram convidados, e há sempre alguns investidores, membros do conselho e amigos e familiares dos fundadores, embora o Open seja realmente para os anfitriões. Os críticos podem dizer que é uma execução magistral de uma celebração dos mais importantes stakeholders de uma empresa, envolvido no aconchego da hospitalidade, e não estariam errados. No open, a Airbnb usa seus megafones para motivar a plateia a se mobilizar em apoio a mudanças de lei ao redor dos países e para transmitir seus princípios de hospitalidade para as pessoas responsáveis por entregar o produto.

Porém, este ano o Open seria muito maior do que antes. Seria o palco para a apresentação, há muito planejada, da Airbnb 2.0, de uma "nova" direção para a empresa, que marca o segundo ato na jovem vida inovadora e controversa da empresa. (Também seria o primeiro Open desde o evento de 2015 em Paris, que foi abreviado por ataques terroristas.) Entre os palestrantes estavam Gwyneth Paltrow, Ashton Kutcher, a autora de *Comer, rezar, amar*, Elizabeth Gilbert, o produtor de cinema Brian Grazer (*Uma mente brilhante*), o chef e empreendedor Danny Meyer, e outros nomes de elite. As palestras e as reuniões seriam divididas em vários temas no centro de Los Angeles, e um dos destaques seria o Bélo Awards, o Oscar anual de hospedagem da empresa – batizado com o nome de seu logo curvilíneo, o Bélo – apresentado pelo comediante James Corden.

Por meses, observadores atentos vislumbravam que algo novo estava em andamento. No evento de lançamento para a campanha "viva como um local", meses antes, Chesky pregou que o novo aplicativo da empresa ajudaria sua comunidade de usuários a escapar do vazio sem alma do turismo moderno de massa, e fechou suas observações com uma provocação: "A pergunta é: e se a Airbnb for *além* da casa?" – antes de sair com um "vejo vocês em novembro", abandonando o microfone de forma bem planejada. Pouco depois, viajantes de alguns mercados-chave foram convidados para um teste beta de um novo programa, chamado provisoriamente de City Hosts, uma coleção de excursões de vários dias com locais, disponível para hóspedes da Airbnb em certas cidades.

O Open em Los Angeles marcou o anúncio do projeto, no qual a Airbnb vinha trabalhando desde o fim de 2014 com codinome Magical Trips, que deveria ser lançado apenas como "Trips". Agora, se a Airbnb fez como queria, muita tinta já foi gasta sobre a nova empreitada. Mas, numa prévia antes do evento de novembro, Chesky me mostrou uma demo. Não estava ainda completa – a empresa faria várias mudanças depois que conversássemos – mas marcaria o lançamento de toda uma nova categoria de produtos de viagem, serviços e experiências, todos envolvidos num novo aplicativo que abrigaria tanto o "velho" como o "novo" Airbnb.

Enquanto escrevo, o elemento mais significativo da expansão é o City Host, rebatizado de Experiences e direcionado para ser uma rede de atividades além do turismo, que os viajantes não poderiam fazer de outra forma, experiência que seria oferecida por locais, curada e verificada pela Airbnb, desenhada para mostrar a expertise e a personalidade únicas da pessoa que as oferecia. No lançamento da versão beta, as escolhas incluíam "Viktoria, a perfumista", um "nariz" profissional oferecendo um passeio por casas de perfumaria escondidas em Paris; e "Willy, corredores de elite", que oferecia uma estadia de quatro dias num centro de treinamento nas Alturas, onde a elite de corredores do Quênia mora e treina. Em Miami, um malabarista de fogo doutrinaria você sobre o mundo de "dominar o fogo"; na Itália, você poderia caçar trufas com a terceira geração de caçadores de trufa; e por aí vai. Da maneira como são montadas, essas experiências custariam por volta de U$200, incluiriam três ou quatro atividades diferentes espalhadas por alguns dias e teriam múltiplas pessoas por vez. Então você poderia aparecer para caçar trufas e encontrar um punhado de outras pessoas com mentalidade próxima, os entusiastas de trufas da Airbnb. Os anfitriões ficariam com 80% da tarifa; assim, pela ideia, eles ganham dinheiro, os hóspedes têm uma experiência única que podem contar aos amigos ao voltar para casa e, se tudo for como Chesky espera, inicia-se uma nova disseminação da Airbnb. Há também planos para um mercado paralelo, menor, de experiências à la carte, como surfar ou escalar rochas, que os usuários podiam fazer tanto viajando quanto em suas próprias cidades.

A ideia geral não é nova: nos últimos anos, uma pequena indústria artesanal emergiu com startups que oferecem experiências *peer-to-peer*, mas nenhuma deslanchou. De acordo com Chesky, isso porque a qualidade não foi tão boa e as experiências eram muito turísticas, mas não únicas. E nenhum deles têm uma plataforma acoplada de milhões de usuários comprometidos a quem vender. As ofertas da Airbnb devem ser excursões únicas hiperlocais que dão uma visão de nicho, de especialidade ou de vizinhança. "Essas são imersões profundas no mundo do outro", diz Chesky. "Achamos que isso é algo vertical e totalmente único, que não existe hoje."

Esses itens são apenas uma parte do lançamento: outras áreas de foco incluem um novo impulso em eventos, uma forma para hóspedes reservarem ingressos para eventos grandes, quando vão para a cidade e uma coleção de shows pop-up exclusivos da Airbnb, salons e afins na sala de anfitriões da Airbnb ou no bar da esquina; e uma atualização nos guias da empresa, que vão incluir recomendações locais para *influencers*, assim como sugestões de anfitriões da Airbnb. Haverá um "itinerário inteligente", um tipo de calendário digital para concentrar todas essas novas reservas que a Airbnb espera que os hóspedes façam. Outra seleção do aplicativo fornecerá serviços de rotina como aluguel de equipamento, cartões SIM, conectividade e afins. A empresa também espera fazer um grande movimento no conteúdo de viagens, porque "é o topo da chaminé", diz Chesky. Todas as novas apresentações seriam localizáveis pela internet, porém reserváveis apenas por dispositivos móveis, e os vários elementos seriam mostrados com um foco pesado em vídeo, em vez de fotos. "Achamos que, no futuro, as viagens serão vendidas por vídeos e por experiências imersivas", diz Chesky.

Ele espera que essas novas ofertas virem o turismo convencional de ponta-cabeça, da mesma maneira que seu aluguel de casas mexeu com a hospitalidade. Quando Chesky quer descrever algo que ele acha que é um avanço realmente inventivo, ele usa o termo "a coisa *depois*". A nova ferramenta de guias é a "coisa *depois* dos guias"; a nova Identidade Verificada que a empresa tem na manga será "a coisa *depois* da Identidade Verificada"; a economia compartilhada é "a coisa *depois* da produção de massa". Agora, ele acredita que a Airbnb está apresentando a coisa *depois* da viagem. "Minha esperança é que no fim desse lançamento, tudo que você sabia sobre viagem pareça diferente", diz ele. "Você pode ainda chamar de viagem, você pode ainda chamar de viajar, mas vai fazer todas as viagens que você teve antes parecerem muito, muito diferentes."

De muitas maneiras, esse plano é uma extensão lógica do negócio central da empresa. Reitera o foco de "viver como um local", o enfoque "anti-Frommer" de turismo que a Airbnb tem abrigado nos últimos anos. Durante o processo de iteração, a empresa pescou um turista chamado Ricardo em Fisherman's Wharf e o seguiu com um fotógrafo por alguns dias, documentando-o na Ilha de Alcatraz, tentando exergar de uma Ponte Golden Gate enevoada, e comendo no Bubba Gump Shrimp Company. A Airbnb ficou com seus recibos e descobriu que ele gastou a maior parte de seu dinheiro em franquias de outras cidades. A equipe da Magical Trips rearranjou o que poderia ser uma viagem perfeita para esse mesmo turista, colocando-o num jantar com tema dos anos 1920, fazendo um passeio a pé pelo bairro Bernal Heights, guiado por um local, e apresentando a ele instruções para se apresentar a um passeio "misterioso" espontâneo de bicicleta à meia-noite, no qual sessenta outros ciclistas enfeitaram suas bikes com luzes neon e pedalaram por toda a cidade até duas ou três da manhã. "Neste momento, a viagem é orientada em torno de um *outsider*, com acesso limitado a lugares públicos", diz Chesky. "Isso é como ser um *insider*, imerso numa comunidade. E é uma mudança profunda."

Além das experiências de viagem, os eventos e os guias também sinalizam uma tentativa para fazer usuários de Airbnb os utilizarem em suas próprias cidades. "Esse é o começo da integração da Airbnb em sua vida diária", Chesky me conta. "Não é apenas uma nova forma de viajar, mas uma nova forma de viver, de certa forma." A nova empreitada se chamará Trips, mas ele disse que espera que um dia a empresa perca essa distinção e que todos os produtos e serviços que ofereça na plataforma sejam conhecidos simplesmente como Airbnb. Ele diz que alugar lares pode, no final, representar menos da metade da renda da empresa.

O tipo de negócio para entrar nesses novos projetos é que, se a Airbnb pode oferecer uma gama de experiências através de uma viagem, ela pode conseguir renda adicional em todas as atividades durante a viagem – e mesmo na própria cidade do usuário – e, de maneira crítica, pode aprofundar significativamente sua relação com seu cliente. As novas ofertas também têm o potencial de tornar a plataforma significativamente maior – enquanto ainda reitera a missão de sua marca, de oferecer experiências únicas e unir as pessoas comuns. "O motivo pelo qual estamos fazendo isso é porque pensamos que Trips é o jogo final", diz Chesky. "É onde esteve nosso coração".

Isso, é claro, assumindo que a nova empreitada decole. Por mais mágico e inventivo que seja, para algumas pessoas pode ser uma tarefa pesada passar a maior parte do fim de semana fora, numa atividade que é dirigida por outra pessoa, com estranhos a reboque, pagando algumas centenas de dólares. A Airbnb dá seu toque único na viagem, mas entra também num mercado lotado, enfrentando uma variedade de jogadores no espectro: operadores tradicionais de viagens, Yelp, Foursquare, TripAdvisor e até Lonely Planet e *Condé Nast Traveler*, todos ao mesmo tempo. Quando a Airbnb lançou sua trilha inovadora em acomodações compartilhadas, ela o fez por acidente, acertando algo inesperadamente fantástico, enorme e viral. Com esse lançamento, está tentando o exatamente o oposto disso: é uma ideia que foi concebida, projetada, testada e ajustada por uma equipe de especialistas da Airbnb, e então apresentada formalmente ao mercado. O sucesso pode não ser tão fácil quanto foi da primeira vez. Surge uma questão interessante: as verdadeiras inovações podem ser planejadas e projetadas, ou são mais poderosas quando acidentais?

Essa também é uma nova investida importante para uma empresa cujo negócio central ainda cresce tão rápido. Mas Chesky está há algum tempo impaciente para lançar isso. Ele e os fundadores estão bastante cientes da habilidade de outros poderosos e gigantes da tecnologia que ficaram próximos demais de seu produto central e com o tempo acabaram se tornando irrelevantes. (BlackBerry, Blockbuster, TiVo – os anais da história da tecnologia estão cheios desses exemplos.) Chesky estudou algumas das maiores e mais duradouras empresas de tecnologia, como Google, Apple e Amazon, e chegou a duas conclusões: a sobrevivência da empresa de tecnologia depende da propensão de se ramificar em novas categorias, e o CEO precisa ter a disciplina de colocar uma nova empreitada à frente do negócio existente, assumindo pessoalmente o novo projeto. Por quase dois anos, Magical Trips têm sido o foco principal de Chesky, tomando de um terço a metade de seu tempo.

Para descobrir como a Airbnb faria esse salto, Chesky encontrou inspiração em empresas que fizeram algo similar e tiveram sucesso – em particular a Disney. Ele moldou o processo de operação da Magical Trips segundo a criação de Walt Disney do Walt Elias Disney Enterprises, WED, a empresa separada que se estabeleceu nos anos 1950 para criar a Disneylândia (e que acabou sendo adquirida pela empresa-mãe, rebatizada de Walt Disney Imagineering). "Ninguém viu a Disneylândia chegando", diz Chesky. "A Disneylândia salvou a empresa nos anos 1980. Não haveria Disney sem Disneylândia." Ele se encontrou com o CEO da Disney, Bob Iger, mas também trouxe Jay Rasulo, antigo diretor financeiro da Disney que cuidava de todos os parques temáticos; e o antigo presidente de parques temáticos e resorts, Paul Pressler (que também foi CEO da Gap Inc.) "Esse produto foi criado ao redor dos princípios da Disneylândia", diz Chesky. Ele também se encontrou com suas fontes em outras empresas ramificadas: Jony Ive da Apple, e provavelmente o melhor modelo, ainda que aspiracional, do que Chesky estava tentando fazer: Jeff Bezos, que havia transformado a Amazon de uma livraria on-line numa mega varejista.

Chesky também diz que ouviu conselhos de Elon Musk, da Tesla. Musk o alertou contra se tornar uma empresa que fica tão grande que entra no que ele chama de "era da administração": uma fase de 10% ou 20% de crescimento que a empresa estabelece depois da "era de criação" e da "era da construção" e assinala um negócio maduro. "A Airbnb nunca estará numa era de administração", promete Chesky. "Será sempre uma era de construção. Estará sempre na fase 1, fase 2. E é por isso que vamos lançar muitas coisas novas em novembro – então muitas, muitas outras coisas depois disso. Este lançamento significará algo profundamente diferente para a Airbnb", diz ele.

Há algo mais profundamente diferente para a Airbnb vindo em breve: uma abertura pública inicial. Enquanto escrevo este livro, Chesky e a empresa ainda negam que isso esteja em curso. No primeiro semestre de 2016, Chesky disse à Bloomberg West que não tem planos de tornar o capital público nos próximos dois anos, e que não precisava de capital e, novamente, quando perguntei a ele no segundo semestre, ele disse que não havia planos para a abertura num futuro próximo. Disse que a empresa tinha muito dinheiro: enquanto escrevo, ela levantou U$4 bilhões, incluindo U$555 milhões em setembro de 2016, e deu passos específicos que removem a pressa para se tornar pública: assumiu U$1 bilhão em dívidas de financiamento e incluiu sua rodada mais recente de financiamento de U$200 milhões de oferta secundária para prover liquidez para os antigos funcionários. Chesky reiterou que os investidores da Airbnb são pacientes; muitos deles investiram no começo e já viram um lucro significativo. (Desde seu primeiro investimento, em 2009, a Sequoia participou de cada rodada de financiamento, menos da última, e só porque a empresa quis focar em investidores estratégicos. Seus 15% da empresa valem por volta de U$4.5 bilhões hoje.) Mesmo se quisesse tornar o capital público, a Airbnb provavelmente precisaria esperar até as questões legislativas e regulatórias em Nova York e São Francisco serem resolvidas. Mas seja lá quando fizerem isso, a abertura é a última direção da empresa. Em 2015, a Airbnb contratou como diretor financeiro Laurence Tosi, que ocupava o cargo na empresa para capital privado Blackstone Group.

Chesky diz que há menos pressão por parte de seus investidores para entrar no mercado de capital aberto do que as pessoas pensam, porque a empresa é controlada por seus fundadores e escolheu cuidadosamente investidores que compartilhassem da mesma visão. "No final das contas, você escolhe quem você escuta e que tipo de coragem vai ter", diz ele. "E depende de nós construir o tipo de empresa que queremos. Somos muito transparentes. Dizemos que vamos construir uma empresa de longo prazo. Há um risco envolvido." Ele conta que durante as reuniões com os investidores na maior rodada de financiamento, em 2015, ele passou noventa minutos explicando a visão e a cultura da empresa e seu comprometimento com um horizonte de longo prazo. "Um monte de gente abriu mão. Não era o tipo de empresa que eles queriam. Queriam saber se iríamos abrir o capital em alguns anos. Eu não podia dar a eles essa visão." Ele diz que está fazendo muitas coisas que de fato desacelerarão a empresa, como passar grande parte de 2016 rearquitetando seus aplicativos para celular em vez de otimizar o site, e gerar o projeto Magical Trips há dois anos com um investimento considerável.

Citando uma teoria que ele aprendeu de Reid Hoffman, Chesky diz que deseja que a Airbnb se torne uma empresa de tecnologia "Tier 1" – uma empresa com valor de mercado de várias centenas de bilhões de dólares, como a Apple, Google, Facebook e a Amazon – em vez de uma empresa "Tier 2", aquelas que valem de U$10 bilhões a U$80 bilhões, o que a Airbnb é agora. "Acho que é difícil ser uma 2 com capital aberto", diz ele. "Você quer crescer para Tier 1." Então ele quer crescer o suficiente para se tornar esse tipo de empresa. "E eu diria que quase todos os nossos investidores dizem que minhas ambições são significativamente maiores do que as deles para a empresa." Investidores familiarizados com a empresa dizem que ela tem um objetivo de dez anos para se tornar a primeira empresa de viagens on-line com um valor de mercado de U$100 bilhões.

Mas capital de risco e mercado aberto são animais diferentes, e o segundo se importa muito mais com a habilidade da empresa de continuar a sustentar altos níveis de crescimento e pode não querer pensar em ciclos de dez anos. Também é bem provável que se importem muito mais com o risco legislativo, com o que seus investidores de risco parecem se importar menos. Outros riscos incluem competição: enquanto a Airbnb é dominante, a HomeAway tem mais de 1.2 milhão de inscrições e um novo dono, de bolso cheio, com a Expedia. Em 2015, a HomeAway anunciou a entrada no mercado urbano – o centro da Airbnb – com o novo Cities Initiative, completo, com uma coleção de guias de cidades com recomendações locais. "A Airbnb ajudou a criar o mercado para acomodações alternativas, mas isso não significa que eles ganham a maior parte da economia desse mercado", diz o analista da RBC Capital Markets, Mark Mahaney. "Há dois operadores bem bons na Priceline e na Expedia e eles já têm um fluxo bom para danar."

Mas o consenso é de que há ainda muita entrada para a Airbnb. Com todo seu crescimento, a empresa ainda tem de se apresentar para uma parte significativa do grande público. Pesquisas encomendadas por empresas como Cowen e Goldman Sachs descobriram que menos da metade dos que responderam tinham ouvido falar sobre a Airbnb; Cowen descobriu que menos de 10% haviam usado, sugerindo que a Airbnb podia crescer duas ou três vezes apenas ao tornar a marca mais conhecida. A empresa também descobriu que, entre aqueles que sabiam da Airbnb, mas nunca tinham usado, mais de 80% disseram estar dispostos a experimentar e 66% disseram que planejavam fazer isso em até um ano. "Esperamos que a Airbnb se torne muito maior do que é hoje, e se torne uma das duas ou três maiores na indústria global de acomodação", disseram os pesquisadores da Cowen.

Há também uma oportunidade significativa na China, tanto entre viajantes internacionais quanto entre os domésticos, um grupo que cresceu 700% na Airbnb em 2015. Cidade americanas menores e mercados de férias também são uma área de crescimento importante. "Obviamente todas as empresas acertam algum tipo de ponto de saturação", diz Reid Hoffman. "E alugar um apartamento de uma pessoa estranha não é para todo mundo. Mas nominalmente podem conseguir um grau de magnitude muito maior do que é atualmente."

O ponto de saturação ainda parece bem distante: enquanto isso é escrito, foi dito que a empresa acrescentava 1.4 milhões de hóspedes e 45 mil inscrições por semana. Seu número total de 140 milhões de desembarques, no final de 2016, foi projetado para atingir 160 milhões em fevereiro de 2017 e para subir para além desse número logo depois. A Airbnb não abre seus números, mas os investidores estimam uma renda de U$1.6 bilhão para 2016, com rendimentos, contando juros, impostos, depreciação e amortização (EBITDA) [Lucros antes de juros, impostos, depreciação e amortização] de U$156 milhões; U$2.8 bilhões em 2017, com EBITDA de U$450 milhões; e até U$8.5 bilhões de renda e U$3.5 bilhões de EBITDA em 2020.

É a combinação desses números, junto ao modelo de negócios eficiente da empresa, líder numa categoria com altas barreiras de entrada, sua forte equipe de fundadores e administração e o tamanho da indústria de viagens – de U$7.2 trilhões – que mantêm os investidores sempre voltando.

"O que torna a Airbnb interessante agora é que eles provavelmente serão os mais bem-sucedidos dessa nova safra", diz Max Wolff, estrategista de mercado da 55 Capital Partners. Ele diz que a empresa é "mais esperta e mais madura [do que alguns de seus parentes da tecnologia] e tem potencial para ser um matador transformador da hospitalidade."

A economia de "compartilhamento de ações"?

Seja quando a Airbnb escolher entrar no capital público, haverá um grupo de pessoas fora de Wall Street que prestará muita atenção: alguns dos anfitriões da Airbnb. Não há dúvida de que muitos dos milhões de anfitriões da empresa aproveitarão a ocasião como uma vitória e como um marco importante que trouxe um fluxo de caixa para a empresa. Mas alguns começam a sentir que deveriam ter alguma participação também. Afinal, eles ajudaram a construir o negócio, e controlam o produto e a experiência que tornam a plataforma possível.

Hans Penz e sua esposa alugam dois quartos em uma casa em Staten Island, Nova York. Penz, de 38, é padeiro, e originalmente começou a hospedar como uma maneira de aumentar seu negócio; agora, o casal faz porque gosta da renda extra e de ter pessoas de todo o mundo ficando com eles.

Penz adora receber e é uma dessas pessoas que genuinamente acredita que a Airbnb "está tornando o mundo um lugar melhor." Ele também sente que os anfitriões, ou pelo menos os anfitriões mais engajados, deveriam poder ter ações pré-OPI [oferta pública inicial]. "Os anfitriões são a empresa", diz. Ele conversou sobre isso com outros anfitriões e com a empresa. Se ele fosse um dos investidores da empresa, "eu definitivamente perguntaria à empresa como eles se certificariam de que os anfitriões permaneceriam na Airbnb e não decidiriam começar seu próprio negócio."

Quando perguntei a Chesky sobre essa questão, ele disse que a empresa pensou nisso e conversou internamente. É difícil dar a um milhão de pessoas a equidade no mercado privado, onde cada investidor precisa ter acesso ao financeiro da empresa. "Não deixa de ter suas complicações." A mesma questão veio bem antes, quando a eBay se tornou pública e no final acabou não concedendo ações para seus vendedores. Há muitos problemas potenciais com a ideia e, entre eles, o que os anfitriões possam ficar insatisfeitos se as ações não forem bem. Dito isso, se a Airbnb não encontrar uma forma de recompensar os anfitriões, pode tornar o espetáculo e a celebração de uma OPI num possível momento de ressentimento para parte do grupo mais importante de interesse na empresa.

São questões bem maiores: o que acontece com a alma da empresa se ela se tornar pública? O que acontece com a missão de "pertencer"? O que acontece com mudar o mundo? O que acontece com "as Nações Unidas da mesa da cozinha"? Dá para ter uma missão social e ser um monstro de Wall Street? Muitos dos gigantes da indústria tecnológica, é claro, alegam que têm missões. A do Facebook é "tornar o mundo mais aberto e conectado". A Google tinha "não seja mau" até que seu novo pai, Alphabet, mudou-a para "faça a coisa certa". Mas equilibrar missões e expectativas de Wall Street é uma coisa complicada.

"Eu gosto mesmo desses caras – eles são genuínos", diz Jessi Hempel, editora-chefe da publicação on-line de tecnologia *Backchannel*, sobre os fundadores da Airbnb. "Mas a questão maior é: seria uma empresa de internet que tem de dimensionar um esforço com falhas? Se você acredita numa missão, comece sem fins lucrativos. Seja uma Wikipedia ou Craigslist", diz ela, referindo-se aos modelos da Wikipedia e o que a Craigslist se refere como natureza de serviço público, não comercial (é uma empresa com lucros, mas não pega financiamento de risco). A questão de Hempel é que no momento que uma empresa de tecnologia pega seu primeiro dólar de capital de risco, ela se torna refém do desejo dos investidores de maximizar o retorno. "Os parâmetros específicos de startups baseadas em capital de risco é que a demanda por crescimento é tão grande que ganha preferência sobre tudo", diz ela.

Chesky reconhece esse conflito. (Por um breve instante em 2008, quando ele não sabia nada sobre negócios, ele próprio sentiu que algo sem fins lucrativos era a direção certa.) Mas diz que, como uma empresa privada controlada e administrada pelos fundadores, "se você controla o conselho, a decisão é sua." Se tornar o capital público, a questão é totalmente outra. "Acho que há uma questão em ser pública que eu ainda não resolvi", diz ele. "O objetivo de uma empresa pública é agir no melhor interesse de seus acionistas. Mas o problema é que você não escolhe os acionistas." O interesse deles pode ser retorno de curto prazo. "É difícil conciliar", diz ele. Ele aponta para CEOs de posição firme, como Steve Jobs e Jeff Bezos: "Não acho que Steve tenha escutado um investidor alguma vez. E talvez Bezos tenha sido capaz de, tipo, apenas apagá-los. Mas muitos CEOs não conseguem."

O investidor e membro do conselho da Airbnb Jeff Jordan tem um ponto de vista mais forte. "As pessoas acham que é maligno [tornar-se público ou tomar capital de risco], mas para construir uma empresa duradoura a longo prazo, onde sua criação vai durar por longos períodos, quase todas são empresas públicas", diz ele. "Google, Facebook, Alibaba – essas são as empresas que estão mudando o mundo. Se você quer construir algo duradouro e quer controlar seu próprio destino, tornar-se público é a maneira de fazer isso."

Claramente a Airbnb cresceu a passos largos. Ninguém a confundiria com uma organização sem fins lucrativos hoje em dia. Mas, quando qualquer empresa fica do tamanho da Airbnb, ela inevitavelmente começa a recuar, quando seus primeiros usuários reclamam que ficou grande demais e perdeu a essência do que a tornava especial no começo. Alguns dos primeiros usuários da Airbnb, que se orgulhavam de estar na linha de frente de um novo paradigma e de fazer parte de um tipo de movimento de contracultura, tiveram problema com o fato de a plataforma da empresa ter ficado tão grande e tão *mainstream*.

  Rochelle Short, uma anfitriã de Seattle, começou a usar o site em 2013, tornou-se uma Superanfitriã e começou um blog popular *Letting People In* (Deixando o povo entrar), mas, como ela contou num artigo na publicação eletrônica *The Verge*, ela parou de receber em 2015 porque, na visão dela, as pessoas que usavam a plataforma ficaram muito convencionais. "Acho que a demografia começou a mudar." Ela disse que em 2013 parecia um verdadeiro experimento social, "pioneiros num novo território, atraindo gente com mente aberta, tranquila, que não se preocupava se havia uma manchinha no espelho do banheiro." Ela disse que em 2016 virou coisa de "turista mão de vaca que queria uma experiência de motel Super 8. Não gosto tanto desses viajantes quanto gostava nos primeiros dias." Phil Morris, um anfitrião de Barcelona que criou o site de anfitrião Ourbnb, expressou sentimentos similares numa história oral da Airbnb publicada pelos produtores do podcast *Get Paid for Your Pad*. "Sentimos, de tempos em tempos, que o velho Airbnb era muito mais divertido e pessoal", disse ele.

  Chesky espera que a nova entrada em viagens ajude a trazer de volta um pouco daquela antiga sensação de experimentação social. Ele diz que o produto Trips vai permitir que cheguem mais perto das raízes da empresa. Ao segmentar melhor seus negócios, ele espera que diferentes partes do site possam atrair diferentes tipos de viajantes ao mesmo tempo. Blecharczyk também sente que essa é uma oportunidade para inovações: "Como nos certificamos de que temos a experiência certa para um membro antigo da comunidade, que adora a hospitalidade pessoal que um anfitrião pode providenciar, mas também arrumamos isso para a pessoa que quer ter uma experiência de luxo? É o desafio e a oportunidade." Mas a empresa ainda tem de caminhar numa linha tênue sem parecer corporativa demais ou "mão de vaca". A Airbnb Open de 2016 teve um "parceiro de apresentação" pela primeira vez, American Express, assim como patrocinadores secundários, incluindo a Delta.

Na verdade, o movimento da Trips pode vir como uma surpresa para os críticos da Airbnb. Não gera mais evidências para o argumento de que a empresa busca secretamente os clientes corporativos que gastam mais a todo custo, enquanto corre para a OPI. Não é um território maligno para agarrar mais lares ou mais propriedades comerciais. Chesky diz que se a empresa quisesse ser grande a todo custo, podia facilmente ter feito isso com sua plataforma existente. "Temos tal penetração em habitação e hospitalidade que, se apenas quiséssemos ser grandes, seríamos grandes", diz ele. Em vez disso, a expansão para o negócio de viagens é um movimento que se desdobra à "exclusividade" da Airbnb, pelo menos por enquanto. (Embora a empresa possa acabar encarando uma questão similar de operadores profissionais de passeios guiados que busquem oferecer suas experiências na plataforma de viagens, por enquanto todas as experiências são aprovadas e vetadas pela Airbnb.) Se esse é o futuro da Airbnb, é um que parece se permitir menos oposição de indústrias estabelecidas.

Ainda assim, a oposição à Airbnb só cresceu. Quando falei com algumas partes engajadas na oposição, quando este livro estava indo para o prelo, elas me disseram que acreditam que a Airbnb continua a mascarar os verdadeiros números de aluguéis reservados e os chamados hotéis ilegais no site. A Airbnb segue dizendo que os dados que são colocados aí são errôneos, que ela não quer nada com esse negócio e faz de tudo para parar com isso, incluindo lançar mais de seus próprios dados. Chesky diz acreditar que com o tempo vai provar que está certo. "Acho que a verdade vai vir à tona", diz ele. "A história tem uma forma de ser mais sábia e mais verdadeira do que o presente, porque o presente é nublado e enevoado." Mas conforme a empresa e sua plataforma base continuam a crescer, as questões que envolvem a forma como a Airbnb impacta algumas comunidades também se intensificam. "Até para aqueles que amam a Airbnb o que está havendo em Reykjavik é meio devastador", diz Hempel do *Backchannel*, falando sobre as dificuldades de moradia trazidas pelo rápido crescimento de aluguéis de curto prazo naquele mercado que a empresa e seus pares viabilizaram.

Chesky aprendeu uma grande lição de sua experiência: ele planejou o próximo capítulo do negócio da Airbnb supondo que encararia inimigos.

Quando os fundadores começaram a Airbnb, eles não supunham que ela ficaria tão grande ou tão polarizada e tão detestada. Dessa vez, Chesky diz que ele tem criado o novo negócio de Trips com essa suposição já incutida – e com "olhos bem abertos" para todas as consequências possíveis que o negócio pode ter para vizinhos e atuantes já estabelecidos. "Tendo vivido por oito anos em lares, e com todos os protestos e críticas, isso não vai passar sem críticas", diz ele. Agora, com acesso às maiores mentes do direito e da política, ele se preparou contra um possível contra-ataque. Experiências de "sociabilidade boa", concebidas em parceria com ONGS locais, representam 10% das experiências que a Airbnb vai oferecer. A empresa tem uma parceria ambiciosa com a fundação Make-A-Wish para receber *wish trips* e ajudar a construir experiências. E Chesky e sua equipe deliberadamente escolheram lançar experiências da Airbnb naquelas cidades que eles sentem que se beneficiam mais e recebem melhor, como Nairobi, Detroit, Havana e Cidade do Cabo. "Não vamos lançar em Nova York." (Ele diz que incluíram no lançamento São Francisco, um dos mercados de conflito, só porque a empresa precisava ser capaz de testar o produto em seu próprio quintal.)

A incerteza das leis que envolvem o produto central da Airbnb não os impediu de planejar um futuro com a gigante do aluguel de lares. Em alguns mercados, proprietários já começaram a precificar o aluguel que cobram com a possibilidade de se ter uma renda na Airbnb. Construtoras estão fazendo complexos de apartamentos com desenhos compartilháveis e menos vagas na garagem (sem mencionar pontos de pouso para drones da Amazon no telhado). KB Home, uma das maiores construtoras de residências nos EUA, criou um novo protótipo com quartos "inspirados na Airbnb", com camas e mesas que se dobram e paredes móveis que podem converter, digamos, metade de uma sala num quarto de hóspedes. Quem recebe catálogos de decoração pode ter notado um aumento crescente no espaço dado a produtos como sofás-camas feitos facilitar a recepção de "hóspedes".

De volta à nave mãe da Airbnb, os empregados estão trabalhando na próxima grande iteração. As equipes de engenharia e de produto estão se desdobrando em melhorar a tecnologia de busca da empresa, usando inteligência artificial e aprendizado de máquinas para prever melhor não apenas os padrões de comportamento de anfitriões e hóspedes, baseados em comportamentos anteriores de reserva no site, mas também suas preferências individuais e estéticas (se você prefere arquitetura ultramoderna ou clássica, se seu gosto musical tende a Rachmaninoff ou The Weekend). Há uma nova ferramenta que inscreve um "coanfitrião" para ajudar a cuidar da inscrição e compartilhar a renda. Enquanto isso, a equipe de inovação de Gebbia está focada em criar mais conceitos dentro da unidade Samara, como o projeto atual de tentar desenvolver um método de comunicação sem rede, feito para grandes grupos de migração como refugiados, que têm telefone, mas que perdem acesso a energia.

Chesky e Gebbia também estão trabalhando em criar novas medições para o desempenho da empresa. Atualmente, sua "Estrela do Norte" é quantas noites já reservou, mas por a qualidade dessas noites ser de todo o tipo, eles esperam ter algo que meça melhor o "pertencimento". Quando perguntei sobre como o produto Trips se encaixa nos objetivos de negócios da empresa, Chesky se virou para mim e disse: "O objetivo final do negócio, nossa missão, é criar um mundo onde você pode pertencer a qualquer lugar".

Nunca houve uma empresa como a Airbnb. Cresceu do zero a U$30 bilhões em nove anos. Pegou uma ideia velha e a popularizou numa escala que desde que o eBay surgira com uma versão on-line do mercado de pulgas nunca fora vista. Poucos líderes chegaram ao topo do mundo dos negócios com tão pouca experiência prévia em administração quanto Chesky, Gebbia e Blecharczyk. E enquanto aumentam um negócio que é bem mais complexo do que parece na superfície, há um motivo pelo qual Doug Leone da Sequoia disse a Chesky que ele tem o trabalho mais duro do que qualquer CEO do portfólio da firma. Embora muitas outras empresas inovadoras de tecnologia tenham aberto caminhos polarizadores, é difícil pensar num conflito moderno entre negócios e legisladores, ou entre a velha indústria e a nova indústria, que se tornou tão emotivo e fervoroso quanto a luta pela Airbnb. Tudo por um negócio construído ao redor de um conceito que, à primeira vista, todo mundo achou que fosse bem esquisito.

O negócio provocou ondas além de seu próprio ramo. CEOs com histórico em design agora são desejados pelos fundos de risco que buscam a próxima grande coisa, da mesma maneira que dois phds de Stanford ou um empreendedor de uma rede social de Harvard se tornou o exemplo na esteira do sucesso do Google e do Facebook. Muitos dos investidores que disseram não, ou quase disseram não, reavaliaram a forma que avaliavam *pitches*.

Considerando tudo, a Airbnb nunca deveria ter acontecido. Foram três caras que vieram com uma ideia de negócio bem acidental, enquanto buscavam algo que eles esperavam ser a grande coisa. Tinham pouca experiência em negócios e permaneceram autodidatas. Faziam coisas que, por padrões convencionais de negócios, seriam consideradas contraprodutivas: em vez de focar em aumentar o negócio o mais rápido que pudessem nos primeiros anos, eles dedicaram toda a atenção e recursos a um pequeno número de usuários, a cinco mil quilômetros de distância. Eles investiram no serviço caro e enfadonho de fornecer fotografia profissional personalizada para cada cliente que quisesse. Tornaram algo que era visto como esquisito e tenso, com todos os tipos de risco, em algo não apenas aceitável, mas viral. É a história da Cinderela em grande escala.

Fizeram todas essas coisas com uma rara combinação de talentos que possibilitou que eles ultrapassassem obstáculos enormes e vencessem problemas que poderiam ser complexos demais para outro trio: criar uma plataforma de pagamentos globais, construir uma metodologia de busca e encontro, elaborar sistemas que proveriam o máximo possível de segurança, se não eliminar o risco – todas inovações que foram posteriormente incorporadas em outras plataformas. Essa ideia esquisita, junto a um site claro, rápido, amigável e fácil de navegar, rapidamente encontrou um público faminto. Então pegaram tudo isso e aumentaram. Geralmente se subestima o quanto a Airbnb foi e permanece como uma máquina de execução.

Os três fundadores tiveram seus tumultos, é claro, motivo pelo qual eles não desistiram, quando o negócio deixou de decolar após três tentativas, e porque eles cercaram os primeiros conselheiros, como Michael Seibel e Paul Graham, pedindo tempo, dicas e retorno. E tiveram muita coragem e ousadia, fosse abrindo espaço com uma conversa mole na conferência de design em 2007, dizendo que eram blogueiros, ou entrando em mercados onde seu ramo era ilegal, ou enfrentando forças que outros poderiam considerar ameaçadoras demais, dizendo não aos pedidos dos irmãos Samwer para comprá-los, ou resistindo ao procurador-geral de Nova York, quando ele lhes apresentou uma intimação.

Cometeram muitos erros pelo caminho e, em oito anos, provavelmente aprenderam mais lições para a vida toda. Mais erros e mais lições sem dúvida ainda virão. Mais coisas ruins vão acontecer na Airbnb. Ao mesmo tempo, a competição está se apertando: HomeAway aproxima-se do mercado central da Airbnb, a tradicional indústria hoteleira entra lentamente na categoria de "acomodações alternativas" de que ela outrora zombou, e uma nova safra de startups vem com ideias para híbridos e mudanças experimentais na ideia da Airbnb. Muita coisa pode acontecer daqui em diante.

Chesky, Gebbia e Blecharczyk também tiveram uma ajuda gigante para entrar no mercado no momento certo – e de um público consumidor que estava pronto para fazer uma ideia não ortodoxa como a Airbnb decolar. A Grande Recessão enfraqueceu o poder de gasto de consumidores num nível global, assim como as cidades se tornaram lugares cada vez mais caros para se viver. O levante de millennials e seu sistema de valor dramaticamente diferente representou uma base fértil de consumo, com suas preferências por experiências autênticas, suas tendências anticorporativas e antiestablishment, sua fome por tudo que alega ter o propósito ou a missão e o desejo de buscar uma comunidade onde quer que possam encontrar. A chance de se conectar, o espírito de aventura, o produto estranho e os preços baixos que a Airbnb oferece foram fáceis de aceitar. E graças às mídias sociais e a essa geração ter crescido acostumada a acreditar que todo mundo pode instantaneamente ser um "amigo", eles também estavam acostumados à intimidade instantânea; não foi estranho para eles usar a plataforma para reservar um quarto dentro da casa de alguém.

Há razões específicas pelas quais a Airbnb também pegou entre o resto de nós – não millennials –, como, por exemplo, uma decadência longa, lenta e generalizada do contato humano no mundo complicado de hoje. Uma crescente separação da sociedade já empurrou as pessoas para caixas solitárias, seja em grandes lares suburbanos, em carros, na viagem estafante de trabalho ou, cada vez mais, no transe solitário dos smartphones. Isso vai ainda mais fundo: como Sebastian Junger aponta em seu livro *Tribe*, somos a primeira sociedade moderna na história humana onde as pessoas vivem sozinhas em apartamentos, e onde as crianças têm seus próprios quartos. O declínio gradual da confiança em instituições da sociedade com o passar dos anos, e depois, dos negócios ao governo, acelerado na esteira da Grande Recessão, tornou as pessoas mais receptivas à ideia de "margem" do que elas tinham sido antes (veja Bernie Sanders e o Presidente Donald Trump). Acrescente a isso uma sensação crescente de desconforto com o risco geopolítico e a ideia de que coisas horríveis e imprevisíveis estão acontecendo no mundo, e a vontade de se conectar com os outros se torna um desejo não articulado em todos nós. Seja o que for que você pensa sobre "pertencer", essas forças são de fato uma grande parte do que torna as pessoas mais abertas para tentar essa nova, estranha e acessível experiência de viagem. A Airbnb tocou em tantas coisas diferentes ao mesmo tempo que é difícil imaginá-la decolando da mesma maneira em outra época.

Por mais estranha que essa história toda seja, e por tudo que eles passaram, os fundadores não ficam muito nostálgicos. "Quem tem tempo?" diz Gebbia quando fiz essa pergunta. Chesky também tem pouco tempo para reflexão, apesar de ressaltar um momento, quando seus pais visitaram o apartamento da Rausch Street pela primeira vez, depois que eles começaram esse negócio e viram que o que seu filho falava há tanto tempo era de fato uma empresa, com várias cadeiras ao redor de uma mesa. O pai de Chesky, que não estava convencido de que aquele era um bom passo, viu a primeira prova de que eles tinham mesmo trabalho. "Foi um momento bem tocante", disse Chesky, contando sobre isso para um grupo de novos funcionários da Airbnb.

No momento atual, há muito para se ocupar. Os fundadores estão estabelecendo novos papéis e se preparando para a próxima etapa da louca jornada em que estão, com a grande engrenagem da empresa. Eles começaram a se acostumar com o tipo de responsabilidade que veio com a fortuna que juntaram (é dito que cada um dos três tem capital de U$3.3 bilhões). Eles todos se uniram ao grupo de elite de bilionários que assinou o Giving Pledge [algo como Garantindo Fiança], a campanha criada por Warren Buffet e Bill e Melinda Gates para encorajar os super ricos a se comprometer em dar a maior parte de sua riqueza em vida. Além desse novo papel na empresa, Blecharczyk tem outra responsabilidade, como pai; ele e sua esposa têm uma criança pequena. Além de começar o Samara e o laboratório experimental, Gebbia tem gastado muito do seu tempo envolvido com soluções para a crise global de refugiados. Isso inclui trazer acomodações para ajudar trabalhadores na Grécia e na Sérvia, e lançar um programa de "sustento" na Jordânia, que ajuda refugiados que moram em acampamentos a ganharem renda com tours, além de fornecer outras "experiências locais" para viajantes que visitam a Jordânia. No outono de 2016, Gebbia se juntou a um grupo de líderes do setor privado – incluindo George Clooney e sua esposa Amal – numa mesa redonda com o presidente Obama para discutir soluções para a crise. (Gebbia ainda recebe pedidos ocasionais para suas almofadas CritBuns, e nesses momentos ele entra em sua garagem, pega um rolo de fita adesiva e cuidadosamente monta uma caixa e a envia.)

Nos últimos anos, Chesky diz que aprendeu a recuar e a tentar encontrar mais equilíbrio. Muito se deve ao seu relacionamento com Elissa Patel, sua namorada por quatro anos. Os dois se conheceram no Tinder em 2013 – o primeiro encontro quase não aconteceu por causa de uma falha no iMessage – e ele disse que ela o fez mudar alguns de seus hábitos; por exemplo, sua compulsão em responder e-mails. (Ela lhe disse que seu comportamento com e-mail lembra a forma como um cachorro é com ração: "Ela me diz que eu comeria o saco todo se pudesse.")

Chesky, Gebbia, e Blecharczyk estão bem cientes do que aconteceu com eles, contrariando todas as expectativas. "Não éramos visionários", como Chesky me contou numa das nossas primeiras conversas. "Somos caras comuns. E essa ideia não é lá tão louca."

Mas também é verdade que não seriam três caras comuns que teriam feito o que eles conseguiram. "Tínhamos instinto e tínhamos coragem", diz Chesky. Mas ele acha que uma das maiores forças era exatamente o quão pouco eles sabiam. "Acho que se soubéssemos de tudo, nós provavelmente não teríamos feito isso. Porque, em retrospecto, tudo tinha que se encaixar. Tipo, foi um tipo de acerto estranho de um em um milhão. E se vivêssemos mais mil vidas, seria difícil imaginar que tudo se encaixaria da mesma forma."

Epílogo

NOVEMBRO DE 2016

O teatro Orpheum no centro de Los Angeles está lotado, quando Chesky sobe ao palco. Ele está diante de dois mil anfitriões, hóspedes, imprensa e funcionários da Airbnb. Com uma anotação em alto estilo, ele caminha até a plateia por meio da grande revelação da empresa: um cardápio vasto de quinhentas novas experiências reserváveis, que vão de dança burlesca a astrofotografia, passando por bordado coreano, todas oferecidas por locais. Chesky mostra toda uma nova gama de truques: encontros locais, reservas de restaurantes, ferramentas de recomendação organizadas por paixões (alguém quer curtir uma Los Angeles sem glúten?), uma série de passeios guiados por áudio. Ele insinua que aluguéis de carro, serviços agregados e algo envolvendo voos virão em breve. Tudo estará na nova plataforma Trips, em que os lares serão apenas uma parte. "Tudo o que fazemos e tudo o que faremos será impulsionado pelas pessoas", diz ele.

A plateia aplaude e fica de pé. Estavam concentrados no centro dos membros mais engajados da comunidade da Airbnb: os anfitriões que fizeram a peregrinação para LA abrigaram um conjunto de 745 mil hóspedes, e nos três dias seguintes se inundaram de tudo o que tem a ver com Airbnb. Escutam o CMO Jonathan Mildenhall falar sobre "construir a primeira supermarca comunitária." Aprenderam sobre as atividades sociais da empresa, receberam algumas dicas de design e foram com a equipe de ciências para o Dashboard & Insights Bar. James Corden teve um dia típico, gozou do conceito da Airbnb durante o Bélo Awards, acusou a plateia de ficar secretamente em hotéis e insistiu que pegou os fundadores tentando ganhar um dinheiro extra alugando suas próprias poltronas de primeira fila. Mais tarde naquela noite, houve até uma apresentação surpresa da Lady Gaga.

E ainda entre as festividades, houve a influência oculta dos desafios sérios que a empresa tem pela frente. Depois da fala de Chris Lehane, durante a qual ele relatou que os membros da comunidade da Airbnb formaram mais de cem clubes de compartilhamento de lares e enviaram 350 mil e-mails para oficiais escolhidos em 2016, alguns anfitriões fizeram fila diante dos microfones para fazer perguntas urgentes: por que Nova York instituiu "regras perversas"?; o que a empresa pode fazer para arrumar isso? e, mais importante, a empresa *pode* arrumar isso? Um superanfitrião de Dallas perguntou: como podemos ser grandes vizinhos, quando as maiores preocupações dos legisladores são com festas na casa? Do lado de fora, no último dia, membros do sindicato hoteleiro local, Unite Here, fizeram um protesto barulhento e raivoso, marchando pela South Broadway levantando placas, batendo num tambor, tocando cornetas e gritando em um megafone. Momentos depois, durante uma conversa íntima entre Chesky e Ashton Kutcher, uma manifestante invadiu o evento e subiu até o palco, condenando as inscrições da empresa em assentamentos ocupados por israelenses na Margem Ocidental. (Kutcher saltou de sua cadeira e desarmou a manifestante com uma recepção amistosa antes de fazer uma declaração apaixonada pela Airbnb: "Se dividirmos nossos lares com outros, podemos nos conhecer e nos unir numa unidade de paz que não têm fronteiras!", gritou ele para a plateia, que ficou novamente de pé. "Esta empresa se baseia em unir pessoas e amarmos uns aos outros!")

Mas as interrupções mal foram notadas pela maior parte dos frequentadores. A última sessão do último dia foi um Perguntas e Respostas com os fundadores da Airbnb. O trabalho duro do lançamento da nova plataforma havia passado e finalmente eles podiam relaxar e até relembrar um pouco os primeiros dias da empresa. Chesky e Gebbia lembraram-se do estado de quase exasperação de Blecharczyk com as ideias deles. Contaram a história da apresentação que fizeram certa noite para o investidor que projetava a renda deles em três anos para U$200 milhões. Quando Blecharczyk lhes disse que o número era ridículo e que os investidores saberiam, Chesky e Gebbia concordaram em mudar para U$20 milhões. Mas no dia seguinte, quando a imagem apareceu na apresentação, dizia U$2.5 bilhões. ("Queria ter uma foto da cara do Nate com ele sentado na frente do VC com a gente dizendo que o tamanho do mercado era de U$2 bilhões", disse Gebbia. Blecharczyk apontou que o número não se referia apenas ao tamanho do mercado, mas à renda da empresa: "Há uma grande diferença".)

Foi um momento raro de nostalgia bem quando a empresa entrava no futuro. Mas o passado pode estar sempre com a empresa. Por maior que a Airbnb tenha se tornado, a estranha peculiaridade da ideia original – deixar estranhos dormir na casa de estranhos – é algo que ainda corre em seu DNA. Isso também se refletiu nas conversas no palco. "Ser um recém-adotante envolve ser corajoso", disse Gebbia anteriormente à plateia. "Significa levar numa boa ser chamado de esquisito." Ele apontou que quando os carros foram inventados, os legisladores os forçaram a andar a seis quilômetros por hora, e que até o garfo já foi uma vez considerado "instrumento do diabo". Lehane, de sua parte, comparou a resistência à Airbnb com a resistência à introdução das luzes elétricas nas ruas, no fim dos anos 1800.

Isso serve para um estudo fascinante na trajetória de um inovador. A Airbnb é uma das maiores empresas privadas de tecnologia da história, no meio de um grande passo para novos negócios com muitos dos maiores nomes no mundo corporativo atrás dela. E, ainda assim, é uma empresa que de várias maneiras faz parte de uma contracultura, à margem, ainda em busca de reconhecimento.

O tempo dirá se o novo negócio da Airbnb é um sucesso. Depois do Open, eles voltaram ao trabalho, como de costume – o que incluía a cidade de Nova York, e começaram a descobrir exatamente como seria trabalhar com a fiscalização da cidade.

Percorrer tudo isso é exatamente o desafio de vir com ideias ousadas e grandes mudanças, e não deve ser surpresa que os desafios apenas cresçam e as apostas aumentem quanto maior o inovador se torna. Como Gebbia apontou em sua conversa, não há modelos para o que a empresa faz. "Com hospitalidade mundial, estamos marcando um novo território." Nove anos depois, a Airbnb está de fato apenas fazendo isso – com todas as oportunidades e consequências derivadas. E por esse motivo, por mais colorida, complexa, bem-sucedida e tensa que essa história tenha sido até agora, ela está apenas começando.

Agradecimentos

Este livro foi feito rapidinho, mas com ajuda de todo um pessoal. Há duas pessoas sem as quais ele não existiria. A primeira é Rick Wolff, da Houghton Mifflin Harcourt, a quem eu devo a paixão por este projeto, sua visão, edição habilidosa e sua paciência. A segunda é o editor da *Fortune* e gerente de conteúdo da Time Inc., Alan Murray, que imediata e generosamente concordou em me dar o tempo necessário para seguir com o livro, mesmo que a *Fortune* não tivesse recursos para esbanjar. O fato de Alan ter feito isso sem pestanejar mostra seu compromisso em contar uma história, e devo isso a ele.

Há muito eu achava que a história da Airbnb estava esperando para ser contada, e sou extremamente grata a Brian Chesky por confiar em mim para contá-la e por abrir as portas de sua empresa. Sou grata a Joe Gebbia e Nathan Blecharczyk pelo mesmo motivo, e por dividirem seus pontos de vista. Minha gratidão mais profunda a Kim Rubey, que lutou por este projeto desde o primeiro dia, e trabalhou tão velozmente para que acontecesse; e para Maggie Carr, por conduzir com calma e capacidade por dúzias de entrevistas e montanhas (montanhas) de perguntas. Meus agradecimentos também vão para o resto da equipe de comunicação da Airbnb e para os executivos e funcionários da empresa que passaram um tempo comigo. (Obrigada também à empresa e a Jonathan Mann pela permissão para publicar a letra do jingle de "Obama O's".)

Obrigada a Mellisa Flash, da Trident Media Group, por seu entusiasmo e condução de especialista, e a Lew Korman, por seus sábios conselhos. Sou grata à equipe talentosa e apoiadora da Houghton Mifflin Harcourt: Rosemary McGuinness, Debbie Engel, Emily Andrukaitis, Loren Isenberg, Megan Wilson, e à graça e à paciência de Rachael DeShano, Kelly Dubeau Smydra e Tammy Zambo. Agradecimentos especiais vão para Jamie Joseph, da Virgin Books, por seu interesse aguçado no projeto.

Estou em dívida com Nicole Pasulka, que contribuiu com uma ajuda sem preço para os relatos e os conselhos, e verificou os fatos do livro num prazo superapertado, como se fosse o livro dela. Meu profundo obrigada a High Water Press, i.e., Brian Dumaine e Hank Gilman, por leituras rápidas e habilidosas, e a Jonathan Chew e Tracy Z. Maleef, por sua pesquisa. E agradecimentos especiais a Mary Schein, que sempre torna tudo mais fácil.

Sou grata a Clifton Leaf e meus colegas na *Fortune* que se viraram sem mim por um tempo – especialmente Mason Cohn e a talentosa e imperturbável Megan Arnold, que manteve a *Fortune Live* tinindo (com ajuda crucial de Andrew Nusca, Aaron Task e Anne VanderMey). Pattie Sellers, Nina Easton, Jennifer Reingold, Lisa Clucas, Elizabeth Busch, Michal Lev-Ram, Beth Kowitt, Leena Rao, Kristen Bellstrom e Valentina Zarya seguraram o MPW, e Leena também conduziu a "40 com menos de 40". Agradecimentos adicionais aos colegas da *Fortune*, incluindo Adam Lashinsky, Brian O'Keefe, Nick Varchaver, Matt Heimer, Erin Griffith, Kia Kokolitcheva, Scott De-Carlo, Michael Joseloff, Kelly Champion e Kerri Chyka.

Muitos outros contribuíram com ajuda ou conselhos no caminho: Bethany McLean, Doris Burke, John Brodie, Peter Kafka, Dan Primack, Joanne Gordon, Kate Kelly, Sarah Ellison, Rana Foroohar, Charles Duhigg, Alison Brower, Laura Brounstein, Todd Shuster, Rimjhim Dey, Dan Roberts, Deb Roth, Davidson Goldin, Verona Carter, Alice Marshall, Irina Woelfle e April Roberts, Arun Sundararajan.

Jason Clampet, Bill Hyers, Jessi Hempel, Will Silverman, Jana Rich, Scott Shatford, Jamie Lane, Maryam Banikarim, Sheila Riordan, Kathleen O'Neill, Raina Wallens, Kathleen Maher e Bethany Lampland foram todos generosos em suas visões e ideias. Sou grata a Marc Andreessen, Reid Hoffman, Alfred

Lin, Jeff Jordan, Paul Graham, Michael Seibel, Kevin Hartz, Sam Angus, Greg McAdoo e outros próximos da Airbnb por compartilharem seu conhecimento sobre a empresa. Agradecimentos profundos a Neil Carlson e Erin Carney e seu Brooklyn Creative League por fornecerem um lugar inspirador e receptivo para trabalhar.

E, por último, obrigada a minha família: a todos os Kreiters, especialmente Gil, Noa e Ava, por lidarem com minha ausência, e Zeb e Anna, por sempre estarem interessados. Obrigada a Drew e Adrienne, por seu apoio à distância, e Jake e Rocky Gallagher, por vídeos inspiradores e de fofura em geral. Obrigada aos meus pais, Jack e Joan Gallagher, pelo apoio de sempre, e para meu clã estendido Gallagher e Pelizoto, especialmente Carl e Daryl. E para Gil, meu agradecimento mais profundo, pelo seu ponto de vista, apoio e pelos infinitos jantares Blue Apron e o café forte. Devo umas férias bem boas a você, seja num hotel chique ou numa casa da árvore na Airbnb – você escolhe.

Notas

Todas as citações no texto são de minhas próprias entrevistas, a não ser quando marcado outra fonte.

Capítulo 1: A aposta

24 *humor tosco de banheiro*: A equipe de hóquei da RISD era chamada de Nads (grito de torcida favorito: "*go-NADS!*" [trocadilho com "gônadas"]); a equipe de basquete era chamada de Balls ["Bolas"] (slogan: "Quando está quente, as bolas se grudam"). O mascote da equipe era o Scrotie ["Escrotinho"].

24 *"evento de esporte numa noite de sexta?"*: Austin Carr, "Watch Airbnb CEO Brian Chesky Salute RISD, Whip Off His Robe, Dance like Michael Jackson", *Fast Company*, 17 de fevereiro de 2012, https://www.fastcompany.com/1816858/watch-airbnb-ceo-brian-chesky-salute-risd-whip-his-robe-dance-michael-jackson.

27 *"'disseram que seria na RISD'"*: Sarah Lacy, "Fireside Chat with Airbnb CEO Brian Chesky", PandoDaily, vídeo de YouTube, postado em 14 de janeiro, 2013, https://www.youtube.com/watch?v=6yPfxcqEXhE.

29 *preso em seu trabalho*: Ibid.

32 *em sua roupa íntima*: Ibid.

33 *amigos perguntavam*: Reid Hoffman, "Blitzscaling 18: Brian Chesky on Launching Airbnb and the Challenges of Scale", Stanford University, 30 de novembro, 2015, https://www.youtube.com/watch?v=W608u6sBFpo.

35 *"até termos fregueses"*: Ibid.
39 *"negócios relacionados a viagens"*: Brian Chesky, "7 Rejections", Medium, 12 de julho, 2015, https://medium.com/@bchesky/7-rejections-7d894cbaa084#.5dgyegvgz.
40 *Urban Land Institute*: Brian Chesky e Connie Moore, "Impact of the Sharing Economy on Real Estate", Urban Land Institute Fall Meeting, 6 de outubro, 2015, https://www.youtube.com/watch?v=03kSzmJr5c0.
42 *perdendo a paciência*: Brian Chesky, "1000 days of AirBnB", Startup School 2010, YouTube, postado em 12 de fevereiro, 2013, https://www.youtube.com/watch?v=L-o3vBkoKTrc.
43 *"coma um pouco?"*: "Obama O's", YouTube, postado em 12 de janeiro, 2012, https://www.youtube.com/watch?v=oQTWimfGfV8.
44 *para lançar o Facebook*: Lacy, Fireside Chat.
46 *"'estraguei tudo'", Chesky*: Ibid.
47 *como* Fortune *chamava*: Leena Rao, "Meet Y Combinator's New COO", *Fortune*,
48 de agosto, 2015, http://fortune.com/2015/08/26/meet-y-combinators-new-coo/.
50 *(acessa sua conta)*: Brian Chesky, "1000 days of AirBnB", Startup School 2010, YouTube, postado em 12 de fevereiro, 2013, https://www.youtube.com/watch?-v=Lo3vBkoKTrc.

Capítulo 2: Construindo uma empresa

58 "Como começar uma Startup": Sam Altman, "How to Start a Startup", palestra com Alfred Lin e Brian Chesky, vídeo, acessado em 10 de outubro 2016, http://startupclass.samaltman.com/courses/lec10/.
59 seis novos valores de base em 2013: Os seis valores de base estabalecidos em 2013 foram "Host" ["Hospede"], "Champion the Mission" ["Lute pela missão"], "Every Frame Matters" ["Cada frame importa"], "Be a cereal entrepreneur" ["Seja um empreendedor 'cereal'"], "Simplify" ["Simplifique"], e "Embrace the Adventure" ["Aceite a aventura"].
64 só na primeira metade de 2016: "Uber Loses at Least $1.2 Billion in First Half of 2016", Bloomberg BusinessWeek, 25 de agosto, 2016, https://www.bloomberg.com/news/articles/2016-08-25/uber-loses-at-least-1-2-billion-in-first-half-of-2016.
69 um aumento nas reservas: Owen Thomas, "How a Caltech Ph.D. Turned Airbnb into a Billion-Dollar Travel Magazine", Business Insider, 28 de junho, 2012,

http://www.businessinsider.com/airbnb-joe-zadeh-photography-program-2012-6. 46 de acordo com a TechCrunch: M. G. Siegler, "Airbnb Tucked In Nearly 800% Growth in 2010; Caps Off The Year with a Slick Video", TechCrunch, 6 de janeiro, 2011, https://techcrunch.com/2011/01/06/airbnb-2010/.

71 apenas U$7.8 milhões: Tricia Duryee, "Airbnb Raises $112 Million for Vacation Rental Business", AllThingsD, 24 de julho, 2011, http://allthingsd.com/20110724/airbnb-raises-112-million-for-vacation-rental-business/.

71 Lacy, então na TechCrunch: "Brian Chesky on the Success of Airbnb", entrevista de Sarah Lacy, TechCrunch, vídeo, 26 de dezembro, 2011, https://techcrunch.com/video/brian-chesky-on-the-success-of-airbnb/517158894/.

72 alegaram dez mil inscrições: Alexia Tsotsis, "Airbnb Freaks Out Over Wimdu", TechCrunch, 9 de junho, 2011, https://techcrunch.com/2011/06/09/airbnb.

73 "Blitzscaling permitido pela tecnologia": Reid Hoffman, "Blitzscaling 18: Brian Chesky on Launching Airbnb and the Challenges of Scale", Stanford University, 30 de novembro, 2015, https://www.youtube.com/watch?v=W608u6sBFp0.

79 "'Como não morrer?'": Ibid.

Capítulo 3: Nação Airbnb

84 Punta Mita, México: Francesca Bacardi, "No Resort Necessary! Gwyneth Paltrow Uses Airbnb for Mexican Vacation with Her Kids and Boyfriend Brad Falchuk", E! News, E! Online, 19 de janeiro, 2016, http://www.eon-line.com/news/732247/no-resort necessary-gwyneth-paltrow-uses-airbnb-for-mexican-vacation-with-her-kids-and-boyfriend-brad-falchuk.

84 U$10.000 por noite: Carrie Goldberg, "Inside Gwyneth Paltrow's Latest Airbnb Villa", Harper's Bazaar, 23 de junho, 2016, http://www.harpersbazaar.com/culture/travel-dining/news/a16287/gwyneth-paltrow airbnb-france/.

86 "num Airbnb?": Greg Tannen, "Airbnb-Tenant Reviews of the Candidates", The New Yorker, 8 de julho 2016, http://www.newyorker.com/humor/daily-shouts/airbnb-tenant-reviews-of-the-candidates.

86 "Sonhos se realizam": Natalya Lobanova, "18 Fairytale Airbnb Castles That'll Make Your Dreams Come True", BuzzFeed, 15 de junho, 2016, https://www.buzzfeed.com/natalyalobanova/scottish-airbnb-castles-you-can-actually-rent?utm_term=.ss2Kvbx6J#.abpLnz0PW.

89 "ansiando por pertencer": Brian Chesky, "Belong Anywhere", Airbnb, 16 de julho, 2014, http://blog.airbnb.com/belong-anywhere/.

90 "hippy-dippy concept": Ryan Lawler, "Airbnb Launches Massive Redesign, with Reimagined Listings and a Brand New Logo", TechCrunch, 16 de julho, 2014, https://techcrunch.com/2014/07/16/airbnb-redesign/.

91 "genitália com oportunidades iguais": Douglas Atkin, "How to Create a Powerful Community Culture", apresentação, 30 de outubro, 2014, http://www.slideshare.net/FeverBee/douglas-atkin-how-to-create-a-powerful-community-culture.

92 vagando pelo globo: Prerna Gupta, "Airbnb Lifestyle: The Rise of the Hipster Nomad", TechCrunch, 3 de outubro, 2014, https://techcrunch.com/2014/10/03/airbnb-lifestyle-the-rise-of-the-hipster-nomad/.

94 artigos mais enviados naquela semana: Steven Kurutz, "A Grand Tour with 46 Oases", New York Times, 25 de fevereiro, 2015, http://www.nytimes.com/2015/02/26/garden/retirement-plan-an-airbnb-travel-adventure.html.

Capítulo 4: O feio e o sujo

108 pisos, paredes e mobília: Julie Bort, "An Airbnb Guest Held a Huge Party in This New York Penthouse and Trashed It", Business Insider, 18 de março, 2014, http://www.businessinsider.com/how-an-airbnb-guest-trashed-a-penthouse-2014-3.

117 Airbnb em Madri: Ron Lieber, "Airbnb Horror Story Points to Need for Precautions", New York Times, 14 de agosto, 2015, http://www.nytimes.com/2015/08/15/your-money/airbnb-horror-story-points-to-need-for-precautions.html.

117 livre de acusações: Ibid.

117 em Cosmopolitan.com: Laura Beck, "If You've Ever Stayed in an Airbnb, You Have to Read This Horrifying Tale", Cosmopolitan.com, 15 de agosto, 2015, http://www.cosmopolitan.com/lifestyle/a44908/if-youve-ever-stayed-in-an-airbnb-you have-to-read-this/.

119 o autor Tim Ferriss: "Chris Sacca on Being Different and Making Billions", entrevista de Tim Ferriss, The Tim Ferriss Show, áudio em podcast, 19 de fevereiro, 2016, http://fourhourworkweek.com/2015/05/30/chris-sacca/.

122 férias juntos: Zak Stone, "Living and Dying on Airbnb", Medium, 8 de novembro, 2015, https://medium.com/matter/living-and-dying-on-airbnb-6bff8d600c04#.8vp51qatc. 96 carbon monoxide: Ibid.

125 uma investigação do USA Today: Gary Stoller, "Hotel Guests Face Carbon Monoxide Risk", USA Today, 8 de janeiro, 2013, http://www.usatoday.com/story/travel/hotels/2012/11/15/hotels-carbon-monoxide/1707789/. Um antigo estudo: Lindell K. Weaver e Kayla Deru, "Carbon MonoxidePoisoning at Motels, Hotels, and Resorts", American Journal of Preventative Medicine, julho, 2007. De acordo com a Associação Nacional de Proteção a Incêndios: Richard Campbell, "Structure Fires in Hotels and Motels", National Fire Protection Association, setembro, 2015. 100 relativo a anfitriões não negros: Benjamin Edelman e Michael Luca, "Digital Discrimination: The Case of Airbnb.com", Harvard Business School Working Paper, no. 14-054, janeiro, 2014.

126 comparado a hóspedes brancos: Benjamin Edelman, Michael Luca e Dan Svirsky, "Racial Discrimination in the Sharing Economy: Evidence from a Field Experiment", American Economic Journal: Applied Economics, 16 de setembro, 2016, https://ssrn.com/abstract=2701902.

127 rejeições pararam: Shankar Vedantam, Maggie Penman e Max Nesterak, "#AirbnbWhileBlack: How Hidden Bias Shapes the Sharing Economy", Hidden Brain, NPR, áudio em podcast, 26 de abril, 2016, http://www.npr.org/2016/04/26/475623339/airbnbwhileblack-how-hidden-bias-shapes-the-sharing-economy.

128 "sua cabeça XXX": Elizabeth Weise, "Airbnb Bans N. Carolina Host as Accounts of Racism Rise", USA Today, 2 de junho, 2016, http://www.usatoday.com/story/tech/2016/06/01/airbnb-bans-north-carolina-host-racism/85252190/.

128 recomendações de especialistas: Laura W. Murphy, Airbnb's Work to Fight Discrimination and Build Inclusion, relatório para a Airbnb, 8 de setembro, 2016, http://blog.airbnb.com/wp-content/uploads/2016/09/REPORT_Airbnbs-Work-To-Fight-Discrimination-and-Build-Inclusion-pdf.

130 "nós provavelmente não cumpriríamos nossa missão": "Airbnb Just Hit 100 Million Guest Arrivals", discussão no palco com Brian Chesky e Belinda Johnson, moderada por Andrew Nusca na conferência Brainstorm Tech da Fortune, Aspen, Colorado, postado em 12 de julho, 2016, https://www.youtube.com/watch?v=7DU-0kns5MbQ&list=PLS8YLn_6PU1no6n71efLRzqS6lxAzpAuW&index=25.

Capítulo 5: A ira do Air

136 multas totalizando U$40.000: Ron Lieber, "A Warning for Hosts of Airbnb Travelers", New York Times, 30 de novembro, 2012, http://www.nytimes.com/2012/12/01/your-money/a-warning-for-airbnb-hosts-who-may-be-breaking-the-law.html.

138 renda de U$6.8 milhões: New York State attorney general Eric T.Schneiderman, Airbnb in the City, New York State Office of the Attorney General, outubro, 2014, http://www.ag.ny.gov/pdfs/Airbnb%20report.pdf.

139 relatos de análise de dados: Scott Shatford, "2015 in Review – Airbnb Data for the USA", Airdna, 7 de janeiro, 2016, http://blog.airdna.co/2015-in-review-airbnb-data-for-the-usa/.

139 em novembro de 2013: Jason Clampet, "Airbnb's Most Notorious Landlord Settles with New York City", Skift, 19 de novembro, 2013, https://skift.com/2013/11/19/airbnbs-most-notorious-landlord-settles-with-new-york-city/.

139 vinte e dois colchões: Ben Yakas, "Check Out This 'Luxury' Manhattan2BR with 22 Beds", Gothamist, 29 de agosto, 2014, http://gothamist.com/2014/08/29/check_out_this_luxury_manhatt.php

139 trinta e cinco dólares por noite: Christopher Robbins, "3-Bedroom Apartment Transformed into 10-Bedroom Airbnb Hostel", Gothamist, 10 de dezembro, 2015, http://gothamist.com/2015/12/10/airbnb_queens_hostel.php.

140 o fim do anúncio: "Meet Carol: AirbnbNYC TV Spot", Airbnb Action, YouTube, postado em 16 de julho, 2014, https://www.youtube.com/watch?v=TniQ4oKeQhY.

140 para fazer o estudo: "Airbnb: A New Resource for Middle Class Families", Airbnb Action, 19 de outubro, 2015, https://www.airbnbaction.com/report-new-resource-middle-class-families/.

142 sobre habitação acessível: "The Airbnb Community Compact", Airbnb Action, 11 de novembro, 2015, https://www.airbnbaction.com/compactdetaileden/.

142 quarenta e um por ano: Growing the Economy, Helping Families Pay the Bills: Analysis of Economic Impacts, 2014, relatório de resultados, Airbnb, maio, 2015, https://1zxiw0vqx0oryvpz3ikczauf-wpengine.netdna-ssl.com/wp-content/uploads/2016/02/New-York-City_Impact-Report_2015.pdf.

142 habitação alugada por dez por cento: BJH Advisors LLC, Short Changing New York City: The Impact of Airbnb on New York City's Housing Market, Share Better,

142 junho, 2016, https://www.sharebetter.org/wp-content/uploads/2016/06/NYCHousingReport_Final.pdf

142 alguns meses antes: "One Host, One Home: New York City (October Update)", Airbnb, outubro, 2016, https://www.airbnbaction.com/wp-content/uploads/2016/11/Data-Release-October-2016-Writeup-1.pdf.

145 em alguns mercados de aluguel de férias: Drew Fitzgerald, "Airbnb Moves into Professional Vacation Rentals", Wall Street Journal, 19 de maio, 2015, http://www.wsj.com/articles/airbnb-signals-expansion-into-professional-vacation-rentals-1432051843.

147 alugando unidades em Airbnb: Andrew J. Hawkins, "Landlord Related Cos. Cracks Down on Airbnb", Crain's New York Business, 2 de outubro, 2014, http://www.crainsnewyork.com/article/20141002/BLOGS04/141009955/landlord-related-cos-cracks-down-on-airbnb.

148 "ele está tentando me provocar": Mike Vilensky, "Airbnb Wins Big-Name Allies in Albany Battle", Wall Street Journal, 9 de agosto, 2016, http://www.wsj.com/articles/airbnb-wins-big-name-allies-in-albany-battle-1470788320.

148 "ignorar a lei estatal": Rich Bockmann, "Airbnb Is Not Taking It Lying Down", The Real Deal, 1 de março, 2016, http://therealdeal.com/issues_articles/as-opponents-line-up-airbnb-fights-to-win-legitimacy-in-nyc/.

148 narração irritada: "New Ad Highlights Airbnb's Problem with the Law, from Los Angeles to New York, San Francisco to Chicago and Everywhere in Between", Share Better, acessado em 9 de outubro, 2016, http://www.sharebetter.org/story/share-better-releases-new-ad-airbnb-problems-everywhere/.

148 autores escreveram: Rosa Goldensohn, "Council Members Threaten Ashton Kutcher, Jeff Bezos with Airbnb Crackdown", Crain's New York Business, 11 de março, 2016, http://www.crainsnewyork.com/article/20160311/BLOGS04/160319990/new-york-city-council-threaten-ashton-kutcher-jeff-bezos-with-airbnb-crackdown.

148 como "teatral": Ibid.

149 ("#CorradoAirbnb"): Lisa Fickenscher, "Activists Call on Brooklyn Half Organizers to Dump Airbnb as Sponsor", New York Post, 20 de maio, 2016, http://nypost.com/2016/05/20/activists-call-on-brooklyn-half-organizers-to-dump-airbnb-as-sponsor/.

150 "para ver uma organização perder": Erin Durkin, "Airbnb Foes Celebrate Win

after Gov. Cuomo Signs Home-Sharing Bill, Orders Company to Drop Lawsuit Blocking Legislation", New York Daily News, 1 de novembro, 2016, http://www.nydailynews.com/news/politics/airbnb-foes-win-cuomo-signs-bill-orders-biz-drop-suit-article-1.2854479.

154 sobre as regras: David Lumb, "Chicago Allows Airbnb to Operate Under Restrictions", Engadget, 23 de junho, 2016, https://www.engadget.com/2016/06/23/chicago-allows-airbnb-to-operate-under-restrictions/.

158 parceria com a Airbnb: Kia Kokalitcheva, "Inside Airbnb's Plan to Partner with the Real Estate Industry", Fortune, 13 de setembro, 2016, http://fortune.com/2016/09/13/airbnb-building-owners-program/.

159 na metade de 2016: "Airbnb Just Hit 100 Million Guest Arrivals", discussão no palco com Brian Chesky e Belinda Johnson, moderada por Andrew Nusca, na conferência Brainstorm Tech da Fortune, Aspen, Colorado, postado em 12 de julho, 2016, https://www.youtube.com/watch?v=7DU0kns5MbQ&list=PLS8YLn_6PU1no-6n71efLRzqS6lxAzpAuW&index=25.

160 São Francisco e Roma: Andrew Sheivachman, "Iceland Tourism and the Mixed Blessings of Airbnb", Skift, 19 de agosto, 2016, https://skift.com/2016/08/19/iceland-tourism-and-the-mixed-blessings-of-Airbnb/.

160 uma oferta já apertada de habitação: Kristen V. Brown, "Airbnb Has Made It Nearly Impossible to Find a Place to Live in This City", Fusion, 24 de maio, 2016 http://fusion.net/story/305584/airbnb-reykjavik/.

161 "torne seguro": Tim Logan, "Can Santa Monica – or Anyplace Else – Enforce a Ban on Short-Term Rentals?", Los Angeles Times, 13 de maio, 2015, http://www.latimes.com/business/la-fi-0514-airbnb-santa-monica-20150514-story.html.

162 "todos ganham": Bockmann, "Airbnb Is Not Taking It."

Capítulo 6: Hospitalidade renovada

167 marcos nacionais: "Holiday Inn Story", Kemmons Wilson Companies, acessado em 9 de outubro, 2016, http://kwilson.com/our-story/holiday-inns/.

168 "O Dono da Hospedaria Mundial": Victor Luckerson, "How Holiday Inn Changed the Way We Travel", Time, 1 de agosto, 2012, http://business.time.com/2012/08/01/how-holiday-inn-changed-the-way-we-travel/.

168 durante o boom do petróleo: "History and Heritage", Hilton Worldwide, acessado

em 9 de outubro, 2016, http://hiltonworldwide.com/about/history/.

168 em Arlington, Virginia: "Meet Our Founders", Marriott, acessado em 9 de outubro, 2016, http://www.marriott.com/culture-and-values/marriott-family-history.mi.

168 "um truque novo": Chip Conley, "Disruptive Hospitality: A Brief History of Real Estate Innovation in U.S. Lodging", palestra, Urban Land Institute Fall Meeting, 6 de outubro, 2015, https://www.youtube.com/watch?v=XHlMnKjH50M.

169 cadeia de hotel em 1987: "About", Joie de Vivre, acessado em 9 de outubro, 2016, http://www.jdvhotels.com/about/.

169 programa da conferência: Brian Chesky e Connie Moore, "Impact of the Sharing Economy on Real Estate", Urban Land Institute Fall Meeting, 6 de outubro, 2015, https://www.youtube.com/watch?v=03kSzmJr5c0.

169 contou ao Globe and Mail: Shane Dingman, "A Billionaire on Paper, Airbnb Cofounder Feels 'Great Responsibility' to Do Good", Globe and Mail, 17 de dezembro, 2015, http://www.theglobeandmail.com/report-on-business/careers/careers-leadership/a-billionaire-on-paper-airbnb-co-founder-feels-great-responsibility-to-do-good/article27825035/.

170 "o resto de nós sentiu falta": Nancy Trejos, "Study: Airbnb Poses Threat to Hotel Industry", USA Today, 2 de fevereiro, 2016, http://www.usatoday.com/story/travel/hotels/2016/02/02/airbnb-hotel-industry-threat-index/79651502/.

171 "um antidoto para a solidão": Diane Brady, "IAC/InterActiveCorp Chairman Barry Diller's Media Industry Outlook for 2014", Bloomberg BusinessWeek, 14 de novembro, 2013, http://www.bloomberg.com/news/articles/2013-11-14/retail-expert-outlook-2014-iac-interactivecorps-barry-diller. "ou na casa de alguém": Gary M. Stern, "Airbnb Is a Growing Force in New York, But Just How Many Laws Are Being Broken?", Commercial Observer, 12 de outubro, 2015, https://commercialobserver.com/2015/10/airbnb-is-a-growing-force-in-new-york-but-just-how-many-laws-are-being-broken/.

172 crescimento da demanda da indústria: Lodging and Cruise – US: Lowering Our Outlook to Stable on Lower Growth Prospects in 2017, Moody's Investors Service, 26 de setembro, 2016, https://www.moodys.com/.

172 A economia compartilhada dá entrada: Jamie Lane, "The Sharing Economy Checks In: An Analysis of Airbnb in the United States", CBRE, janeiro, 2016, https://

cbrepkfcprod.blob.core.windows.net/downloads/store/12Samples/An_Analysis_of_Airbnb_in_the_United_States.pdf.

172 os hotéis mais vulneráveis: Georgios Zervas, "The Rise of the Sharing Economy: Estimating the Impact of Airbnb on the Hotel Industry", Boston University School of Management Research Paper Series, 7 de maio, 2015, https://pdfs.semanticscholar.org/2bb7/f0eb69a4b026bccb687b546405247a132b77.pdf.

173 "ritmo de crescimento contínuo": Kevin May, "Airbnb Tipped to Double in Size and Begin Gradual Impact on Hotels", Tnooz, 20 de janeiro, 2015, https://www.tnooz.com/article/airbnb-double-size-impact-hotels/.

175 acordos foram anunciados: Alison Griswold, "It's Time for Hotels to Really, Truly Worry about Airbnb", Quartz, 12 de julho, 2016, http://qz.com/729878/its-time-for-hotels-to-really-truly-worry-about-airbnb/.

175 a indústria de reuniões: Greg Oates, "Airbnb Explains Its Strategic Move into the Meetings and Events Industry", Skift, 29 de junho, 2016, https://skift.com/2016/06/29/airbnb-explains-its-peripheral-move-into-the-meetings-and-events-industry/.

175 do começo de 2015 ao começo de 2016: "Airbnb and Peer-to-Peer Lodging: GS Survey Takeaways", Goldman Sachs Global Investment Research, 15 de fevereiro, 2016.

177 "para vir a ele": Susan Stellin, "Boutique Bandwagon", New York Times, 3 de junho, 2008, http://www.nytimes.com/2008/06/03/business/03boutique.html.

178 para inscrever: "VRBO/HomeAway Announcement", Timeshare Users Group, 6 de junho, 2005, http://www.tugbbs.com/forums/showthread.php?t=35409.

179 de acordo com Airdna: Scott Shatford, "2015 in Review – Airbnb Data for the USA", Airdna, 7 de janeiro, 2016, http://blog.airdna.com/2015-in-review-airbnb-data-for-the-usa/.

180 ("cercando a Airbnb"): Greg Oates, "CEOs of 5 Leading Hotel Brands on Their Hopes and Fears in 2016", Skift, 7 de junho, 2016, https://skift.com/2016/06/07/ceos-of-5-leading-hotel-brands-on-their-hopes-and-fears-in-2016/.

181 a nova marca: Greg Oates, "Hyatt Hotels Launches Its New Brand: The Unbound Collection", Skift, 2 de março, 2016, https://skift.com/2016/03/02/hyatt-hotels-launches-a-new-brand-the-unbound-collection/.

182 "um negócio viável": Craig Karmin, "Hyatt Invests in Home-Rentals Firm", Wall

Street Journal, 21 de maio, 2015, http://www.wsj.com/articles/hyatt-invests-in-home-rentals-firm-1432232861.

183 "realmente bom": Nancy Trejos, "Choice Hotels to Compete with Airbnb for Vacation Rentals", USA Today, 23 de fevereiro, 2016, http://www.usatoday.com/story/travel/roadwarriorvoices/2016/02/23/choice-hotels-compete-airbnb-vacation-rentals/80790288/.

183 "para aceitar": Deanna Ting, "AccorHotels CEO: It's Foolish and Irresponsible to Fight Against the Sharing Economy", Skift, 6 de abril, 2016, https://skift.com/2016/04/06/accorhotels-ceo-its-foolish-and-irresponsible-to-fight-against-the-sharing-economy/.

184 xampu e sabonete são fornecidos: Michelle Higgins, "Taking the Work out of Short-Term Rentals", New York Times, 19 de junho, 2015, http://www.nytimes.com/2015/06/21/realestate/taking-the-work-out-of-short-term-rentals.html.

186 "o mesmo risco": Christina Ohly Evans, "The Many Sides of Marriott's Arne Sorenson", Surface, 5 de agosto, 2016, http://www.surfacemag.com/articles/power-100-hospitality-arne-sorenson.

188 "uma cidade poderia": Sarah Lacy, "Fireside Chat with Airbnb CEO Brian Chesky", PandoDaily, vídeo de YouTube, postado em 14 de janeiro, 2013, https://www.youtube.com/watch?v=6yPfxcqExhE.

188 teve certa repercussão: Sam Biddle, "Love Note from an Airbnb Billionaire: 'Fuck Hotels'", Valleywag, 4 de abril, 2014, http://valleywag.gawker.com/love-note-from-an-airbnb-billionaire-fuck-hotels-1558328928.

189 "'então você vence": Essa citação é frequentemente atribuída a Gandhi, mas acredita-se ter se originado num discurso de 1918 pelo ativista trabalhista Nicholas Klein, falando com os trabalhadores de vestuários reunidos da América: "Primeiro eles te ignoram. Depois eles te ridicularizam. Então eles te atacam e querem te queimar. Então constroem monumentos para você. É o que vai acontecer com os trabalhadores de vestuários reunidos da América.", Eoin O'Carroll, "Political Misquotes: The 10 Most Famous Things Never Actually Said", Christian Science Monitor, 3 de junho, 2011, http://www.csmonitor.com/USA/Politics/2011/0603/Political-misquotes-The-10-most-famous-things-never-actually-said/First-they-ignore-you.-Then-they-laugh-at-you.-Then-they-attack-you.-Then-you-win.-Mohandas-Gandhi.

Capítulo 7: Aprendendo a liderar

192 "destruíram a casa": "Remarks by President Obama at an Entrepreneurship and Opportunity Event – Havana", Release de imprensa, White House Office of the Press Secretary, 21 de março, 2016, https://www.whitehouse.gov/the-press-office/2016/03/21/remarks-president-obama-entrepreneurship-and-opportunity-event-havana.

202 Prêmio Nobel da Paz em dez anos: J. P. Mangalindan, "Meet Airbnb's Hospitality Guru", Fortune, 20 de novembro, 2014, http://fortune.com/2014/11/20/meet-airbnb-hospitality-guru/.

203 "noção de proporção": Max Chafkin, "Can Airbnb Unite the World?", Fast Company, 12 de janeiro, 2016, https://www.fastcompany.com/3054873/can-airbnb-unite-the-world.

217 a composição de funcionários de suas empresas: Kia Kokalitcheva, "Fixing Airbnb's Discrimination Problem Is Harder than It Seems", Fortune, 12 de julho, 2016, http://fortune.com/2016/07/12/airbnb-discrimination-hiring/.

218 "negócio bem-sucedido?": Reid Hoffman e Brian Chesky, "Blitzscaling 18: Brian Chesky on Launching Airbnb and the Challenges of Scale", Stanford University, 30 de novembro, 2015, https://www.youtube.com/watch?v=W608u6sBFp0.

Capítulo 8: E o próximo passo?

229 tinha ouvido do Airbnb: Julie Verhage, "One Wall Street Firm Expects Airbnb to Book a Billion Nights a Year Within a Decade", Bloomberg, 11 de abril, 2016, http://www.bloomberg.com/news/articles/2016-04-11/one-wall-street-firm-expects-airbnb-to-book-a-billion-nights-a-year-within-a-decade; Airbnb: Survey Says... It Is Having a Bigger Impact; Consumers Like It, Goldman Sachs Global Investment Research, 2 de maio, 2016.

239 seus próprios quartos: Sebastian Junger, *Tribe: On Homecoming and Belonging* New York: Twelve, 2016.

239 vale U$3.3 bilhões: "Forbes 400: The Full List of the Richest People in America, 2016", Forbes, 4 de outubro, 2016.

FONTES More Pro e Circular